# 非金融企业债务融资工具规则解析

主　编　时文朝

副主编　杨　农

中国金融出版社

责任编辑：王雪珂
责任校对：刘　明
责任印制：程　颖

**图书在版编目（CIP）数据**

非金融企业债务融资工具规则解析（Fei Jinrong Qiye Zhaiwu Rongzi
Gongju Guize Jiexi）/时文朝主编 . —北京：中国金融出版社，2013.7
中国银行间市场交易商协会系列培训教材
ISBN 978 – 7 – 5049 – 6824 – 1

Ⅰ . ①非… Ⅱ . ①时… Ⅲ . ①企业债务—企业融资—培训—教材
Ⅳ . ①F275. 1

中国版本图书馆 CIP 数据核字（2013）第 048444 号

出版
发行　　**中国金融出版社**

社址　北京市丰台区益泽路 2 号
市场开发部　（010）63266347，63805472，63439533（传真）
网 上 书 店　http://www. chinafph. com
　　　　　　（010）63286832，63365686（传真）
读者服务部　（010）66070833，62568380
邮编　100071
经销　新华书店
印刷　北京市松源印刷有限公司
尺寸　169 毫米×239 毫米
印张　17. 5
字数　320 千
版次　2013 年 7 月第 1 版
印次　2013 年 7 月第 1 次印刷
定价　39. 00 元
ISBN 978 – 7 – 5049 – 6824 – 1/F. 6384
如出现印装错误本社负责调换　联系电话（010）63263947

# "中国银行间市场交易商协会系列培训教材"总序

　　金融是现代经济的核心。债券市场作为资本市场的重要组成部分，是衡量金融市场发达程度的重要标志，在一国（地区）经济发展中发挥着至关重要的作用。一个具有深度和广度的债券市场，既可以为政府、金融机构、非金融企业等提供快速便捷、合乎规范的融资渠道，又可以为各类投资者提供信息公开、灵活多样的投资渠道；既有助于基准利率的形成，为金融资产定价提供依据，又可以改变社会融资结构，提高储蓄向投资转化的效率，降低银行体系的潜在风险。同时，债券市场也是政府宏观调控的重要平台，可以为财政政策、货币政策、产业政策的实施提供有效支持。正因如此，世界各国均十分重视债券市场的发展，其市场规模、产品创新、交易方式的创新，风险分担、分散机制创新日新月异。

　　近年来，党中央、国务院高度重视金融市场发展，出台了一系列政策措施，在"十二五"规划纲要中更是明确提出"要加快多层次资本市场体系建设，显著提高直接融资比重，积极发展债券市场"。2005年以来，我国债券市场取得了长足发展，在国债、金融债、企业债的基础上，外币债、资产支持证券、短期融资券、中期票据、集合票据、信用风险缓释工具等品种相继引入，现券、回购、远期、互换等交易方式有序推出，现已形成以场外市场（银行间债券市场）为主，场内市场（交易所债券市场）为辅，分工合作、相

1

互补充、互联互通的市场体系，在改善社会融资结构、支持国民经济发展中发挥着越来越重要的作用。我们很高兴有机会见证并亲身参与这一过程。

中国银行间市场交易商协会自2007年9月成立以来，集市场成员之智慧，在推动银行间市场自律、创新、服务方面进行了大胆探索，也取得了一些成效。在市场管理方式变革探索方面，协会在央行及监管部门的支持、指导下，落实中央关于改变政府管理经济的方式，充分发挥市场在资源配置中的基础性作用的要求，推出实施了注册制；在自律管理方面，协会在央行和外管局的支持指导下，发布了中国版场外金融衍生产品交易主协议、贷款转让交易主协议及一系列规则指引；在产品创新方面，推出了中期票据及其结构化产品、以外币计价的中期票据、超短期融资券及中小企业集合票据等；在服务方面，协会立足会员实需，组织市场成员跟踪分析国际国内经济金融运行，为市场成员进行业务决策提供依据。积极开展多层次、有针对性的培训，从业务与市场道德方面，提升从业人员综合素质。经过四年发展，协会已拥有会员单位2 000多家，到2011年11月末经协会注册发行的非金融企业债务融资工具金额达5万多亿元人民币，非金融企业债务融资工具的余额、累计发行额、当年发行额分别占全部的60%、70%和80%，为我国债券市场的发展作出了贡献。

然而，我们也应该看到，银行间债券市场的发展也面临着一些制约因素，市场快速扩张、产品与制度创新对从业人员提出了更高的要求，从业人员的知识水平、职业操守和操作规范需要进一步提升。建立并完善符合银行间市场需求的从业者资质认证体系因而成为题中之义，而教材编写正是构建这一体系的基础和重要环节。遗憾的是，目前市面上还没有一套权威的、规范的、与银行间市场发展需求相适应的教材。为填补这一空白，我们组织市场成员、高等院校、研究机构的专家学者编撰了此套"中国银行间市场交易商协会系列培训教材"丛书。"中国银行间市场交易商协会系列培训教材"丛书（第一辑）共七本：《银行间市场综合知识读本》、《非金融企业债务融资工具实用手册》、《非金融企业债务融资工具规则解析》、《非金融企业债务融资工具尽职调查》、《银行间市场固定收益产品交易》、《信用增进》、《信用评级》，基本涵盖银行间市场业务的全貌。这套丛书，我认为有以下三个特点：第一，实用性。丛书立足银行间市场实践，从实务中来，到实务中去，既有原理阐释，又有案例分析；既可以做教材使用，完整阅读，也可以根据工作需要，选择阅读；还可以作为工具书置于案头，备不时之需。第二，通俗性。丛书追根溯源，还理论以本来面目，以平实的语言和实例深入浅出地阐释银行间市场的抽象理论和复杂产品，使银行间市场以外的人也能学习、理解并掌握。第三，创新性。丛书既融合了债券市场的经典理论，又与银行间市场的飞速发展紧密结合，如包含信用增进行业、投资人付费评级等创新内容，力求在教材体系中反映市场最新进展。本丛书的出版恰逢中国金融市场，尤其是债券市场建设和发展的关键时期，我相信，丛书的出版将会为促进我国金融市场发展作出一些贡献。

# 引　言

在过去的五年间，我国债务资本市场取得了长足发展，市场规模快速增长，基础制度逐步完善，创新步伐不断加快，产品种类日益丰富、市场参与者渐趋成熟，为改善社会融资结构、维护金融稳定、促进金融深化、支持国民经济健康快速发展发挥重要作用。在此期间，作为我国债务资本市场中最重要的产品之一，非金融企业债务融资工具（以下简称债务融资工具）的发展受到了社会各界的关注，它在贯彻落实国家关于宏观经济的方针政策、发挥金融支持实体经济发展作用方面亦扮演了重要的角色。截至2013年3月末，银行间市场累计发行了5 491只债务融资工具，发行金额为9.05万亿元，发行额占公司信用类债券（含企业债、公司债、可转债、可分离债）发行总额的71.1%。此外，未到期债务融资工具余额为4.71万亿元，占公司信用类债券总余额的57.8%。随着十八大的胜利召开，我国债务资本市场迎来新的历史性机遇。站在新的起点上，对债务融资工具自律管理规则进行系统梳理和解析，有助于引导市场强化从业规范，加强风险管理，推动中国债务资本市场健康可持续发展。

本书立足于债务融资工具市场的操作实践，结合实务中的具体案例和基本经验，对债务融资工具的规则、指引、规程、管理办法等方面进行全面详细解析，以期为非金融企业、承销商等开展债务融资工具发行承销相关业务的市场机构提供指导和借鉴。

本书结构上包括四大部分，第一部分为基础篇，主要是对非金融企业债务融资工具发行注册、信息披露、中介服务等规则进行解析。第二部分为产品篇，主要是对非金融企业短期融资券、中期票据、集合票据等指引进行解析。第三部分为操作篇，主要是对募集说明书、尽职调查、后续及应急管理等指引进行解析。第四部分主要是对注册发行和后续管理的工作规程、管理办法、协议文本进行解析，包括现场调查、自律处分等工作规程，注册专家等管理办法以及承销协议文本等。

# 目　　录

## 第三篇　操作篇

第四篇  其他篇

# 第一篇
## 基础篇

# 《银行间债券市场非金融企业债务融资工具发行注册规则》

(2008 年 4 月 15 日第一届常务理事会第二次会议审议通过，
2009 年 2 月 24 日第一届常务理事会第三次会议修订)

## 制定背景及意义

为加强市场在金融资源配置中的基础性功能，促进市场主体在直接债务融资工具产品开发和管理中发挥应有作用，推进银行间债券市场金融产品发展，在制度上规范银行间市场成员的自律管理，中国人民银行于 2008 年 4 月 9 日颁布了《银行间债券市场非金融企业债务融资工具管理办法》（中国人民银行令〔2008〕第 1 号，以下简称《管理办法》）。《管理办法》第十三条规定"交易商协会依据本办法及中国人民银行相关规定对债务融资工具的发行与交易实施自律管理。交易商协会应根据本办法制定相关自律管理规则，并报中国人民银行备案"。

为切实履行人民银行赋予交易商协会关于非金融企业债务融资工具的自律管理职责，交易商协会在成立之初即开始研究市场自律的方法和制度。根据《管理办法》有关规定，在充分吸收市场成员意见和建议的基础上，经多次讨论和修改，交易商协会组织制定并发布了《银行间债券市场非金融企业债务融资工具发行注册规则》（以下简称《注册规则》）等一系列规则指引。

《注册规则》规定了债务融资工具注册管理的原则、机制和程序。注册制的基本内涵包括：强调非实质性判断、企业充分披露信息、中介机构尽职履责、投资者风险自担和市场自律管理。在注册机制方面，交易商协会引入注册专家集体决议制度。注册专家由交易商协会会员推荐，报常务理事会审定。交易商协会秘书处设注册办公室，负责注册文件的接收、初评和安排注册会议。在注册程序方面，企业通过主承销商递交注册文件，经注册办公室初评后，提交注册会议复评，由注册会议评议结果决定是否接受企业注册。

## 总体框架

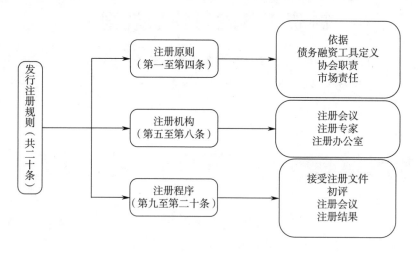

图 1-1　《注册规则》总体框架图

《注册规则》共二十条，可以分成三大部分，分别是：注册的基本原则、注册机制及机构以及注册程序。

## 条款解析

**第一条**　为规范银行间债券市场非金融企业债务融资工具的发行注册，根据中国人民银行《银行间债券市场非金融企业债务融资工具管理办法》及相关法律法规，制定本规则。

解析：

本条是关于《注册规则》制定目的与依据的规定。

本条款明确了制定本规则的目的是规范银行间债券市场非金融企业债务融资工具的发行注册，主要依据为中国人民银行公布的《银行间债券市场非金融企业债务融资工具管理办法》。

**第二条**　本规则所称非金融企业债务融资工具（以下简称债务融资工具），是指具有法人资格的非金融企业（以下简称企业）在银行间债券市场发行的，约定在一定期限内还本付息的有价证券。

解析：

本条是关于非金融企业债务融资工具定义的规定。

本条款主要是对债务融资工具进行定义，要点如下：

（1）本《注册规则》中债务融资工具定义与《管理办法》一致；

（2）明确发行人须是非金融机构的企业法人；

（3）发行场所确定为银行间债券市场；

（4）发行期限没有明确限制；

（5）发行币种无限制；

（6）产品属于还本付息的有价证券。

**第三条**　中国银行间市场交易商协会（以下简称交易商协会）负责受理企业债务融资工具的发行注册。

解析：

本条是关于债务融资工具发行注册受理主体的规定。

根据《管理办法》第四条，本条款明确了交易商协会履行债务融资工具注册的职责。

**第四条**　接受发行注册不代表交易商协会对债务融资工具的投资价值及投资风险进行实质性判断。注册不能免除企业及相关中介机构真实、准确、完整、及时披露信息的法律责任。

解析：

本条是关于注册与有关参与主体责任关系的规定。

本条款的理解可参考以下两点：

（1）交易商协会负责对注册文件形式要件、信息披露内容的完备性进行评议，不对发行人及债务融资工具投资价值及投资风险进行实质性判断；

（2）发行人和中介机构不得因已在交易商协会注册而免除信息披露责任，企业和相关中介机构信息披露必须遵循诚实信用原则，不得有虚假记载、误导性陈述或重大遗漏，并对其信息的真实性、准确性、完整性、及时性负责。

**第五条**　债务融资工具发行注册实行注册会议制度，由注册会议决定是否接受债务融资工具发行注册。

解析：

本条是关于注册会议制度的规定。

本条款明确了债务融资工具发行注册实行注册会议制度。注册会议通过对注册文件形式要件和信息披露的完备性进行评议，决定是否接受注册。

**第六条　注册会议原则上每周召开一次。注册会议由 5 名经济金融理论知识丰富、熟知相关法律法规、从业经验丰富、职业声誉较高的金融市场专家（以下简称注册专家）参加。**

解析：

本条是关于注册会议专家组成及基本素质的规定。

本条款对注册会议召开原则进行了规定，具体明确如下内容：

（1）明确了注册会议召开频度，原则上每周召开一次；

（2）明确了注册会议参会人数，每次由 5 名注册专家参会；

（3）明确了注册专家基本条件。

**第七条　注册专家由交易商协会会员推荐，交易商协会常务理事会审定。**

解析：

本条是关于注册专家产生的规定。

本条款明确了注册专家的形成机制。注册专家名单由交易商协会会员推荐，并由常务理事会审议通过。

**第八条　交易商协会秘书处设注册办公室，负责注册文件的接收、初评和安排注册会议。**

解析：

本条是关于注册办公室职责的规定。

本条款明确了债务融资工具注册的常设机构及其职责，即交易商协会秘书处下设的注册办公室负责注册文件的接受、初评和安排注册会议。

**第九条　企业通过主承销商将注册文件送达办公室。注册文件包括：**

（一）债务融资工具注册报告（附企业《公司章程》规定的有权机构决议）；

（二）主承销商推荐函及相关中介机构承诺书；

（三）企业发行债务融资工具拟披露文件；

（四）证明企业及相关中介机构真实、准确、完整、及时披露信息的其他文件。

**解析：**

本条是关于注册文件的规定。

本条款明确了注册文件通过主承销商送达注册办公室，注册办公室不直接接受企业报送注册文件；注册文件强调法律形式完备及信息披露充分的原则，具体明确如下内容：

（1）注册报告应注意三个方面。一是应为红头（或其他正式格式），有文号；二是标题名称应为《关于……的注册报告》；三是要有关于"自愿接受交易商协会自律管理"，"在债务融资工具存续期内自愿接受并配合交易商协会的业务调查，按规定进行信息披露"等相关承诺。

有权机构决议是企业注册发行债务融资工具的法律基础和依据，内部有权决议程序应遵从《公司法》和《公司章程》约定。

（2）主承销商推荐函应注意三个方面。一是应为红头（或其他正式格式），有文号；二是应明确注册金额，注册金额与注册报告一致；三是应加盖主承销商公章，并注明日期。

承诺书包括企业、主承销商、评级机构、会计师事务所、律师事务所、信用增进机构（如有）的承诺书。承诺书中应至少包括：承诺自愿接受交易商协会自律管理，在债务融资工具存续期内自愿配合交易商协会的业务调查；不存在虚假记载、误导性陈述和重大遗漏，并对其真实性、准确性、完整性承担个别和连带法律责任。

（3）企业发行债务融资工具拟披露文件遵照《信息披露规则》要求，至少应包括发行公告、发行计划（如有）、募集说明书、信用评级报告和跟踪评级安排、法律意见书、企业最近三年经审计的财务报告和最近一期会计报表。

（4）证明企业及相关中介机构真实、准确、完整、及时披露信息的其他文件至少包括发行人营业执照、承销协议、承销团协议附件、中介机构营业执照、律师和注册会计师的从业资格执照等。

**第十条　企业应在注册报告中声明**

**（一）自愿接受交易商协会的自律管理；**

**（二）在债务融资工具存续期内，自愿配合交易商协会的业务调查。**

**解析：**

本条是关于注册报告的规定。

本条款明确了企业作为市场参与主体之一，共同维护市场的持续健康发展，应接受交易商协会的自律管理；注册发行之后，在债务融资工具存续期间，要配合交易商协会的业务调查。

第十一条　企业全体董事或具有同等职责的人员应认真审阅并理解债务融资工具相关的法律法规和自律规则，承诺注册文件中不存在虚假记载、误导性陈述或重大遗漏，并对其真实性、准确性、完整性承担个别和连带法律责任。

解析：

本条是关于企业全体董事或具有同等职责的人员有关义务与职责的规定。

本条款明确要求具有董事会的企业，全体董事应声明信息披露承诺；未成立董事会的企业，由公司章程规定的同等职责人员声明信息披露承诺。全体董事或具有同等职责的人员，应对注册文件的真实性、准确性、完整性承担个别和连带法律责任。

第十二条　注册办公室在初评过程中可建议企业解释、补充注册文件内容。

解析：

本条是关于初评建议的规定。

本条款明确了当注册办公室初评人员发现企业注册文件要件存在瑕疵或信息披露内容不完备，需要企业进一步补充信息时，可向企业发出补充信息的函，建议企业补充相应信息。

第十三条　注册办公室可调阅主承销商及相关中介机构的工作报告、工作底稿或其他有关资料。中介机构未能尽职而导致注册文件不符合要求的，办公室可要求中介机构重新开展工作。

解析：

本条是关于注册办公室工作措施的规定。

（1）本条款明确了注册办公室除在初评过程中可建议企业解释、补充注册文件内容外，还可以视情况要求中介机构提供尽职调查报告、财务分析以及工作底稿等其他基础资料，以便协助判断信息完备性。

（2）对于未能尽职而导致注册文件不符合要求的中介机构，注册办公室可要求其重新开展工作。

第十四条　注册办公室应至少提前 2 个工作日，将经过初评的拟披露注册文件送达参加注册会议的注册专家。

解析：

本条是关于注册专家提前获取注册文件的规定。

本条款明确了应给予注册专家适度充裕的时间，对注册发行文件内容进行审阅，规定了在每次注册会议召开前 2 个工作日，注册办公室须将上会项目注册文件电子版发送给注册专家审阅。

第十五条　参加会议的注册专家由注册办公室从注册专家名单中随机抽取。如有担任企业及其关联方董事、监事、高级管理人员，或者存在其他情形足以影响其独立性的，该注册专家应回避。

解析：

本条是关于注册会议专家产生及回避原则的规定。

（1）本条款规定了参会注册专家产生方式，即从注册专家名单中随机抽取产生；

（2）本条款明确了参会注册专家工作的原则性，即保持独立原则和回避原则。

第十六条　参加会议的注册专家应对是否接受债务融资工具的发行注册做出独立判断，意见分为"接受注册"、"有条件接受注册"、"推迟接受注册"三种。

5 名注册专家均发表"接受注册"意见的，交易商协会接受发行注册；2 名（含）以上注册专家发表"推迟接受注册"意见的，交易商协会推迟接受发行注册；不属于以上两种情况的，交易商协会有条件接受注册，企业按照注册专家意见将注册文件修改完善后，交易商协会接受发行注册。

解析：

本条是关于注册专家意见的规定。

（1）本条款确定了注册专家的意见分为"接受注册"、"有条件接受注册"、"推迟接受注册"三种；

（2）本条款还详细说明了注册会议结论的形成机制。

第十七条　交易商协会接受发行注册的，向企业出具《接受注册通知书》，注册有效期 2 年；推迟接受发行注册的，企业可于 6 个月后重新提交注册文件。

解析：

本条是注册额度及推迟注册的规定。

本条款明确了注册后 2 年有效期内，企业在注册金额内发行债务融资工具，无须再次注册。对推迟接受注册的企业因信息披露达不到公开募集资金的要求，需要有内部治理结构和信息披露制度加强完善的过程，因此，对注册会议结论为推迟接受注册的发行人，其再次提交注册文件的时间应不早于 6 个月后。

**第十八条　企业在注册有效期内可一次发行或分期发行债务融资工具。企业应在注册后 2 个月内完成首期发行。企业如分期发行，后续发行应提前 2 个工作日向交易商协会备案。**

**企业在注册有效期内需更换主承销商或变更注册金额的，应重新注册。**

解析：

本条是关于首期发行、后续备案及重新注册的规定。

（1）本条款明确了注册有效期内，企业可根据用款需要一次发行或分期发行；

（2）在额度有效期内分期发行的，除首期外，应至少于公告日前 2 个工作日将当期发行文件向交易商协会备案，2 个工作日内无异议，企业即可公告发行。

**第十九条　本规则由交易商协会秘书处负责解释。**

解析：

本条是关于本规则解释权的规定。

本条款明确《注册规则》的解释权归属于交易商协会秘书处。

**第二十条　本规则自发布之日起施行。**

解析：

本条是关于本规则实施日期的规定。

本条款明确《注册规则》的实施日为发布之日。

# 《银行间债券市场非金融企业债务融资工具非公开定向发行规则》

## 制定背景及意义

### 制定背景

债务融资工具非公开定向发行就是向特定范围具备风险识别和风险承担能力及意愿的投资人发行债务融资工具，并限定在特定投资人范围内流通转让的发行方式。与公开发行方式相比，非公开定向发行具有灵活性强、发行相对便利、信息披露要求相对简化、适合投资者个性化需求、有限度流通等特点。在成熟市场经济国家，非公开定向发行市场与公开发行市场是其债券市场功能互补、协调发展的两个组成部分。

近几年，我国债务融资工具市场持续快速健康发展，为企业利用直接融资改善融资结构，促进国民经济平稳较快发展作出贡献。在市场迅速发展扩容的同时，因缺乏更加灵活、便利的非公开定向发行方式，仍然有一些关系国计民生的融资主体以及众多中小企业，无法分享债券市场快速发展的成果。由于缺乏非公开定向发行平台，投资人缺乏有效分层，制约了推出结构设计相对复杂化的金融产品，企业债务融资市场功能提升不适应市场参与者的需求。

### 制定意义

推出非公开定向发行方式有助于加快多层次金融市场体系建设，显著提高直接融资比重。非公开定向发行可以根据发行人的情况"量身定做"，真正实现债券产品个性化创设，拓宽了非金融企业融资渠道，对于完善发行管理体制、推进债券品种多样化有直接促进作用。非公开定向发行可以引入风险偏好型投资者，有助于化解目前中小企业因规模较小、风险较大，被风险厌恶型投资者拒之门外的困境，也为附认股权票据以及结构化产品等多种创新融资品种的推出提供了新平台。

推出非公开定向发行方式有助于保持宏观调控针对性、灵活性、有效性。债券市场由于市场化程度高、信息披露透明有效、机构投资人专业化运作，承销商、会计师、律师等中介服务机构各负其责，市场机制对不同行业、不同企业能够在微观上进行有效筛选。稳步推进债券非公开定向发行创新，就等于在既有的公开发行债券市场之外，多了一种缓冲宏观调控压力的市场化手段，更有利于切实增强宏观调控针对性、灵活性、有效性，在加快推进结构调整的同时，保持经济平稳较快发展。

推出非公开定向发行方式有助于进一步发挥债券市场支持实体经济发展的有效性。公开发行方式对企业信用资质要求较高，信息披露要求较严，很多规模较小且主体信用评级较低的企业，难以通过公开发行方式进行债务融资。一些关系国计民生的融资主体，由于信息披露等原因无法分享债券市场快速发展的成果。通过非公开定向发行方式，发行人与投资人进行谈判并签订发行协议，合理协商解决信息披露问题，有利于促使更多企业通过债券市场融资，发挥债券市场支持实体经济发展的作用。

## 总体框架

《银行间债券市场非金融企业债务融资工具非公开定向发行规则》（以下简称《非公开定向发行规则》）分别对非公开定向发行的总体原则、注册、发行、登记、托管、流通、信息披露、自律管理、市场约束等内容进行了明确和规范。其总体框架如下：

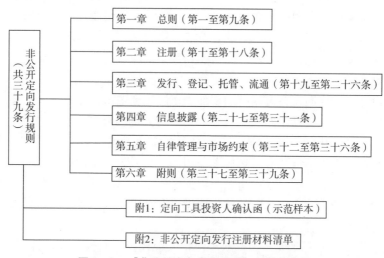

图1-2 《非公开定向发行规则》总体框架图

## 条款解析

### 第一章　总　则

**第一条**　为推动金融市场发展，加快多层次资本市场体系建设，提高直接融资比重，拓宽非金融企业融资渠道，根据中国人民银行《银行间债券市场非金融企业债务融资工具管理办法》（中国人民银行令〔2008〕第1号）及相关法律法规，制定本规则。

**解析：**

本条规定了《非公开定向发行规则》制定的目的和依据。

非公开定向发行市场与公开发行市场是一国债券市场功能互补、协调发展的两个组成部分。与公开发行方式相比，非公开定向发行具有灵活性强、发行相对便利、适合投资者个性化需求、有限度流通等特点，有利于多种创新融资品种的推出，并促使更多企业通过债券市场融资，进一步发挥债券市场支持实体经济的作用。《非公开定向发行规则》制定的目的就在于通过推出非公开定向发行方式推动金融市场发展，落实国家关于加快多层次资本市场体系建设、提高直接融资比重、拓宽非金融企业融资渠道的政策要求。

2008年中国人民银行发布《银行间债券市场非金融企业债务融资工具管理办法》（中国人民银行令〔2008〕第1号），明确规定非金融企业在银行间债券市场发行债务融资工具应在交易商协会注册，其中第十三条规定"交易商协会依据本办法及中国人民银行相关规定对债务融资工具的发行与交易实施自律管理"。这是协会行使自律管理职权、制定自律规则的法律依据。

**第二条**　本规则所称非公开定向发行是指具有法人资格的非金融企业（以下简称企业），向银行间市场特定机构投资人（以下简称定向投资人）发行债务融资工具，并在特定机构投资人范围内流通转让的行为。

**解析：**

本条界定了非公开定向发行的概念，明确了其核心构成要素。

非公开定向发行就是向特定范围具备风险识别和风险承担能力及意愿的投资人发行债务融资工具，并限定在特定投资人范围内流通转让的发行方式。

本条明确了非公开定向发行的发行主体、发行对象、交易流通范围等核心构成要素。非公开定向发行的主体是具有法人资格的非金融企业，发行企业应当按照《中国银行间市场交易商协会会员管理规则》成为协会会员，遵守协会章程，接受协会自律管理；非公开定向发行的对象是银行间市场具备相应风险识别和承担能力的机构投资人；非公开定向发行的发行和流通范围限于前述特定机构投资人之间。

**第三条** 在银行间债券市场以非公开定向发行方式发行的债务融资工具称为非公开定向债务融资工具（以下简称定向工具）。

**解析：**

本条规定了非公开定向债务融资工具的概念。

在银行间市场，不同于短期融资券、中期票据、超短期融资券从期限上进行定义，也与中小企业集合票据从发行主体和产品特点角度定义相区别，非公开定向债务融资工具指采用非公开定向发行的方式发行的债务融资工具。定向工具期限可长可短，发行主体可以是中小企业或其他符合规定的实体，产品设计可以多样化，只要是依照《非公开定向发行规则》向特定范围合格机构投资人定向发行并有限流通的债务融资工具均属于定向工具。非公开定向发行是债务融资工具发行方式的创新，通过极具包容性的规范，为市场产品创新预留了发展空间，为投资人满足个性化资产配置需求、发行人丰富融资方式选择提供了条件。

**第四条** 中国银行间市场交易商协会（以下简称交易商协会）依据相关规定，对定向工具的发行、登记托管、结算和流通转让实施自律管理。

**解析：**

本条明确了非公开定向发行债务融资工具由交易商协会实施自律管理。

定向工具的发行、登记托管、结算和流通转让是定向工具发行与交易的重要环节。《银行间债券市场非金融企业债务融资工具管理办法》（中国人民银行令〔2008〕第 1 号）第十三条"交易商协会依据本办法及中国人民银行相关规定对债务融资工具的发行与交易实施自律管理"，是协会作为银行间市场的新型自律组织，从功能管理角度负责对定向工具的发行、登记托管、结算和流通转让实施自律管理的法律依据。

**第五条** 定向工具不向社会公众发行。

**解析：**

本条是禁止性规定，明确了定向工具发行范围的限制。

在向社会公众发行融资工具的情况下，投资者范围不确定，风险判断和承担能力差异很大。尤其是对于缺乏金融市场知识的普通个人投资者，往往承担定向工具价值变化的风险。当市场波动时，金融风险甚至可能向社会风险转化。世界各国向社会公众发行的债务融资工具大都通过严格的发行条件、强制性信息披露制度和评级要求来保护弱势投资者利益。定向工具强调投融资双方自主协商和产品的个性化设计，信息披露标准、评级要求和发行条件可以灵活约定，不适合缺乏专业投资能力的社会公众参与投资。因而本条明确了定向工具不向社会公众发行。

**第六条**　定向投资人是指具有投资定向工具的实力和意愿、了解该定向工具投资风险、具备该定向工具风险承担能力并自愿接受交易商协会自律管理的机构投资人。

**解析：**

本条界定了定向投资人的概念。

非公开定向发行信息披露可由投融资双方协商确定，注册程序更为便捷，产品可以灵活设计，为结构化融资工具等创新产品提供了平台，也便于投资者灵活配置资产，提高风险管理能力及盈利水平。非公开定向发行方式在给予投资人更大选择空间的同时，也要求定向工具的投资人具备与之相适应的能力，从而依照市场化原则将风险交由适当的市场主体承担，保护投资人权益，维护市场秩序。

定向投资人投资能力判断遵循实力和意愿相结合原则，具体应当符合以下条件：一是具有与投资定向工具相适应的风险识别和承担能力；二是具有投资定向工具的意愿；三是必须是银行间市场的机构投资者；四是该机构投资者应成为协会会员，接受协会自律管理。

**第七条**　定向投资人由发行人和主承销商在定向工具发行前遴选确定。定向投资人投资定向工具应向交易商协会出具书面确认函（确认函示范样本见附1）。

**解析：**

本条规定了定向投资人的确定方式。

由于定向发行强调投融资双方自主协商确定发行条件，发行前，发行人和主承销商与潜在投资人沟通彼此投融资需求、谈判匹配双方交易条件。此过程已经大体确定投资人范围。投资人确认函是指机构投资人为参与定向工具投资向交易商协会出具的一种确认函。通过出具投资人确认函，投资人履行内部风控审批流程，一方面确保其切实了解投资风险，落实内部控制制度；另一方面以书面形式承诺其具有投资定向工具的实力和意愿，了解该定向工具投资风险，具备该定向工具风险承担能力，并自愿接受交易商协会自律管理。

**第八条　定向工具投资人应自行判断和承担投资风险。**

**解析：**

本条规定了定向工具投资人自主决策、自担风险的原则。

非公开定向发行制度设计的根本逻辑是，能交由市场解决的问题，不动用行政手段解决；能用自律方式约束的问题，不动用行政管制手段；相信市场机制能够找到合理的均衡水平。债务资本市场的信用风险是客观存在的，有风险承担能力的合格机构投资人，以合理的风险溢价为补偿承担风险是成熟市场的发展规律。协会按照市场化原则，对非金融企业债务融资工具管理实施注册制管理。注册制下，投资人风险自担是前提，协会不对债务融资工具的价值和风险做实质性判断，而是由投资人在发行人充分信息披露的基础上自行判断风险。

与其他在银行间债券市场公开发行的债务融资工具相比，定向工具是向一定范围具有风险承担能力和意愿的合格投资人有限发行和流通的融资工具。在发行条件、信息披露、评级要求等方面赋予投资人更多的选择权，为投资人实现多样化投资提供了平台，也要求发行人有更强的风险判断和承担能力，明确自身投资可能存在的风险，并对投资决策负责。

**第九条　定向工具发行与流通转让应遵循平等、自愿、公平、诚信、自律的原则。**

**解析：**

本条规定了定向工具发行和流通过程中参与各方应遵循的基本原则。

定向工具本质是一种投资合同，其发行条件由投融资双方通过《定向发行协议》协商确定，在合格投资人范围内按市场规律自由流通。定向工具发行与流通转让遵循平等、自愿、公平、诚信等四项《合同法》总则所确立的基本原则。平等原则是指交易双方法律地位平等、权利义务对等，不得存在一方的地位与意志凌驾于另一方之上的情况；自愿原则意味着市场主体自主自愿地进行交易活动，让投融资各方根据自己的知识、认识和判断，以及直接所处的相关环境去自主选择、自由协商，去追求自己最大的利益；公平原则要求定向工具发行与交易参与各方之间的权利义务要公平合理，强调一方给付与对方给付之间的等值性，合理确定收益和风险；诚信原则要求定向工具发行及交易当事人在定向工具发行及存续期间以及在交易流通全过程中，都应诚实守信、切实履行承诺及义务。

同时，银行间债券市场是银行间市场的机构投资者按市场化原则自由参与、自觉维护形成的市场，自律是市场运行的基础。自律原则是指银行间市场参与者应当严格遵守法律法规、依照协会章程和自律规则，遵循行业守则和职业道德，在定向工具的发行和交易活动中自我约束、互相监督。交易商协会作为由银行间市场参与者通过章程创设的、代表市场参与者进行市场自律管理的组织，将依照有关法律法规、协会章程和自律规则的规定，对定向工具发行与交易实施自律管理。

# 第二章 注 册

**第十条 企业发行定向工具应在交易商协会注册。**

**交易商协会只对非公开定向发行注册材料进行形式完备性核对。交易商协会不对非公开定向发行注册材料作任何实质性审核，不对与非公开定向发行注册材料相关的非公开定向发行行为作任何实质性判断，也不对《定向发行协议》的履行提供任何承诺或担保。**

解析：

本条规定了定向工具发行实施注册制。

企业在银行间市场发行债务融资工具，享受银行间市场带来的融资便利，理应遵循市场自律规则，接受协会自律管理。注册既是企业接受自律管理的意思表示，也是协会作为自律组织的管理方式。

注册制有别于审批制，是市场化的管理方式。注册制以信息披露为核心，强调在发行人充分信息披露、中介机构尽职履责基础上由投资人自主决策、自担风险。市场自律管理者不对债务融资工具的价值和风险进行实质性判断，而是从市场运行、发展角度，对债务融资工具信息披露是否达到最低披露要求进行评议。公开发行中，根据《发行注册规则》《信息披露规则》和《募集说明书指引》《注册会议规程》等自律规则指引的规定，采用注册办公室初评、注册专家会议复评的工作模式，按照市场化、专业化的原则对非金融企业债务融资工具发行实施注册管理。

非公开定向发行需要履行的注册程序相较于公开发行更加简化，不要求以公开方式进行信息披露，也不强制要求评级和担保。发行人仅需向交易商协会提交相应注册材料，交易商协会只对非公开定向发行注册材料进行形式完备性核对。这种核对不是对定向工具的价值与风险的实质性审核和判断，注册不是对《定向发行协议》所规定的权利实现与义务履行的承诺和担保。

**第十一条　非公开定向发行的注册工作应遵循公平、公正、公开原则。**

**解析：**

本条是对定向工具发行注册活动应遵循的总原则的规定。

公平原则要求定向工具发行活动的各个参与者在法律上享有平等地位和平等机会，公平地参加竞争。公正原则就是指非公开定向发行的注册工作适用统一的行为规则，市场参与者的合法权益受到同等的保护，协会在注册工作中对参与各方一视同仁，以独立、客观的态度开展注册工作。公开原则是指协会注册工作的制度规则、操作流程和评议结果向市场公开，保证信息透明，接受市场监督。

**第十二条　企业发行定向工具应提交相应注册材料（注册材料清单见附2）。**

**解析：**

本条规定了申报定向工具注册应提交的注册材料，包括以下十个方面。

（1）非公开定向发行注册信息表（以下简称注册信息表），注册信息表旨在以表格化形式，简明列示该期定向工具发行的所有核心信息。注册信息表由主承销商出具，有多家主承销商的各家主承销商应分别出具，并由经办人员签字，加盖主承销商公章。

（2）非公开定向发行注册材料报送函（以下简称报送函），报送函由发行人向协会出具，是企业对自身概况的陈述和发行意愿的表达。报送函应简要说明企业历史沿革、经营情况、财务状况和定向工具发行原因及核心发行条件，并加盖发行人公章。

（3）内部有权机构决议，由发行人有权决策机构作出，是发行人发行定向工具依法履行内部必要程序的证明文件。依照《公司法》、相关法律法规和企业章程的规定，根据企业性质不同，有权决策机构不同，一般企业应当为股东大会的决议，国有企业还应当出具相应级别国资委同意发行的批复文件，内部有权机构决议应有符合法律规定和章程要求的签字和盖章。

（4）企业法人营业执照（副本）复印件或同等效力文件，此类文件属于证明发行人主体资质的文件。企业法人营业执照须经过当年年检，并加盖发行人公章。

（5）非公开定向发行注册推荐函（以下简称推荐函），由主承销商向协会出具，是主承销商对自身具备主承销资质和企业符合发行条件的书面承诺。推荐函应对主承销商资质、承销工作开展，尤其是尽职调查开展情况进行必要描述，简要说明认为企业具备发行定向工具条件的理由，推荐函应加盖主承销商公章，有多家主承销商的各家主承销商应分别出具。

（6）最近一年经审计的财务报表，由具备相应审计资质的会计师事务所出具，须加盖审计机构公章和发行人公章。

（7）定向发行协议，定向发行协议是定向工具的核心发行文件，约定了发行人与投资人间的权利义务，明确了该期定向工具的核心发行条件，一经生效即发生法律约束力。《定向发行协议》由发行人和投资人共同出具，须有发行人和各定向投资人的签章。

（8）《非公开定向发行法律意见书》（以下简称《法律意见书》），《法律意见书》由具备相应资质的律师事务所为本期定向工具发行专门出具，应当根据相关法律法规、协会自律规则和发行人内部规章，对本期定向工具发行活动的合法合规性发表专业法律意见。《法律意见书》应当有两名经办律师的签名，并加盖律师事务所公章。

（9）定向工具投资人确认函（以下简称投资人确认函），投资人确认函由各定向投资人为参与定向工具投资向交易商协会出具。通过出具投资人确认函，投资人履行内部风控审批流程，一方面确保其切实了解投资风险，落实内部控制制度；另一方面以书面形式承诺其具有投资定向工具的实力和意愿并自愿接受交易商协会自律管理。投资人确认函须有投资人的法定代表人或取得相应授权的代表签字，并加盖该投资人公章。

（10）相关机构及从业人员资质证明，此类文件是为定向工具发行提供中介服务的中介机构及其人员具备相应执业资质的证明。包括主承销商、律师事务所、会计师事务所的执照，并有相关签字经办人的执业资格证书，须年检的应通过年检，并加盖出具机构的公章。


**第十三条　交易商协会根据相关自律规则指引接收非公开定向发行注册材料，对形式完备的非公开定向发行注册材料办理注册手续。**

解析：

本条规定了接受定向工具注册的条件，即符合形式完备性要求。协会按照相关自律规则指引，接收非公开定向注册材料，材料一经接收即进入注册流程，经核对，对注册材料符合形式完备性要求的项目，协会将发布接受注册通知书接受注册。

**第十四条** 对形式不完备的非公开定向发行注册材料，交易商协会通过主承销商一次性书面告知发行人予以补正。

在交易商协会书面通知发出后 10 个工作日内未补正材料的，视作发行人放弃本次注册。补正材料后，形式仍不完备的，视作发行人放弃本次注册；交易商协会以合理方式及时通过主承销商告知发行人。

**解析：**

本条规定了对不符合形式完备性要求的定向工具注册材料的处理。

协会接收注册材料后对注册材料进行形式完备性核对，认为形式不完备的，应当一次性出具建议补充注册材料的函，通过主承销商反馈给发行人。建议补充注册材料必须一次提出，不得追加要求补充注册材料，这体现了协会作为自律管理组织服务市场成员、提高注册效率的自我要求和自我约束。

发行人通过主承销商接到建议补充注册材料的函，应当将相关材料补充完整反馈给协会，补充时限是 10 个工作日。未能在规定期限内补充完整的，不予注册，视作放弃申请发行，协会将告知发行人和主承销商不予注册的情况；在规定期限内进行补充并符合形式完备性要求的，协会依照注册程序发布"接受注册通知书"接受注册。需要明确，能否获得注册，关键在于发行人自身报送的材料是否合规齐备，是否接受注册不代表协会对定向工具的价值与风险做出判断，接受注册更不是对各方权利实现与义务履行的承诺。

**第十五条** 非公开定向发行注册材料形式完备性核对实行核对人和复核人双人负责制，主要流程包括：

（一）企业或相关中介机构应提交非公开定向发行注册材料正式件一份。

（二）核对人根据相关自律规则指引对非公开定向发行注册材料进行核对。若核对人认为非公开定向发行注册材料形式完备，则直接交由复核人进行复核；若核对人认为非公开定向发行注册材料形式不完备，经复核人复核后，核对人可通过主承销商向企业出具补充信息的建议函。

（三）复核人对核对人工作进行复核，复核人可根据需要通过主承销商向企业出具补充信息的建议函。复核人认定非公开定向发行注册材料形式完备，则按照规定程序办理相关后续工作。

**解析：**

本条明确了非公开定向发行的注册核对工作流程。非公开定向发行核对工作实行双岗位负责制，初核岗与复核岗双重核对，互相监督，以保证注册工作客观、公正。

**第十六条**　交易商协会接受发行注册的，应向企业出具《接受注册通知书》，注册有效期 **2** 年。企业在注册有效期内需更换主承销商或变更注册金额的，应重新注册。

解析：

本条规定了协会接受非公开定向发行注册的正式文件和注册效力。

接受注册的，协会将向企业出具《接受注册通知书》，并将《接受注册通知书》在协会网站公布。《接受注册通知书》确认注册金额及发行人应履行的义务，是企业发行定向工具的依据之一。

注册有效期两年，注册有效期内需更换主承销商或变更注册金额的，应重新进行注册。

**第十七条**　《接受注册通知书》发出后，已注册的《定向发行协议》不得修改。否则，《接受注册通知书》自动失效。

解析：

本条规定了《定向发行协议》修改将导致注册失效。

《定向发行协议》是定向工具的核心注册文件，约定了投资人、发行人之间的权利义务，确定了定向工具的核心要素，是协会接受定向工具注册的关键依据。《定向发行协议》修改将导致注册基础丧失，《接受注册通知书》注册无效，尚未使用的注册额度失效；已发行定向工具处于存续期间的，发行人应当按相关规则指引以及《定向发行协议》约定继续履行相应义务。

**第十八条**　企业在注册有效期内可分期发行定向工具，首期发行应在注册后 **6** 个月内完成。

解析：

本条规定了非公开定向工具的发行要求。

发行人可以在两年注册有效期内，根据自身融资需求和融资规划，灵活使用注册额度进行分期发行。但是，首期发行应当自接到《接受注册通知书》6个月内完成，这一期限的确定经过综合考虑与权衡，既促使企业基于真实融资需求进行注册，又尽量保持发行时与申请注册时基本条件一致，也为企业寻求合适发行窗口预留了适当的时间。

# 第三章  发行、登记、托管、流通

第十九条  企业向定向投资人发行定向工具前，应与拟投资该期定向工具的定向投资人达成《定向发行协议》。

《定向发行协议》的内容包括但不限于：

（一）发行人的基本情况；

（二）发行人对定向工具的募集资金用途合法合规、发行程序合规性的声明；

（三）拟投资定向工具的机构投资人名单及基本情况；

（四）发行人与拟投资定向工具的机构投资人的权利和义务；

（五）定向工具名称、发行金额、期限、发行价格或利率确定方式；

（六）募集资金用途及定向工具存续期间变更资金用途时的告知方式和时限；

（七）信息披露的具体标准和信息披露方式；

（八）定向工具的流通转让范围及约束条件；

（九）投资风险提示；

（十）法律适用及争议解决机制；

（十一）保密条款；

（十二）协议生效的约定。

解析：

本条规定了企业发行定向工具应当与拟投资定向工具的投资人达成《定向发行协议》，并规定了《定向发行协议》的必备条款。

本条列举了十二项《定向发行协议》的必备条款，这些条款体现了《合同法》《证券法》等相关法律法规的规定和协会自律规则指引的要求，是定向工具发行的核心要件，经市场成员与相关领域专家反复讨论，是市场惯例和实践经验的总结和提炼。在此基础上，投融资双方可以依照市场化原则协商补充约定，以实现定向工具灵活设计，满足各自个性化的投融资需求。

非公开定向发行制度坚持市场化逻辑，强调自主协商和个性化设计，使债务融资工具市场的大门向更多发行主体敞开。这种变化并不意味着发行标准降低，更不意味着市场约束和风险防范的减弱。非公开定向发行将引入债权人和债务人自主协商机制，体现了契约自由原则，是更高层次的市场开放和市场约束。这种变化不仅意味着更多企业可以发债，而且意味着更多"量体裁衣"式的产品可以面世。非公开定向发行为推动债务资本市场产品多样化搭建了开放的平台。

从操作角度需要说明以下几点：一是《定向发行协议》是注册必备文件，在注册发行前投融资双方必须达成《定向发行协议》；二是注册阶段《定向发行协议》尚未生效，投融资双方须就协议生效条件作出明确约定，通常约定为经协会注册后生效；三是签署协议的定向投资人是拟投资定向工具的投资人，协议签署明确了投资人的投资意愿以及投资人的范围，但发行时实际认购的投资人才是定向工具实际持有人；四是《定向发行协议》生效后对所有签署协议的人具有约束力，但是根据是否实际购买或正在持有定向工具，不同定向投资人间的权利义务有所区别。

**第二十条　企业发行定向工具应由符合条件的承销机构承销。企业自主选择主承销商。需要组织承销团的，由主承销商组织承销团。**

解析：

本条规定了定向发行工具的承销要求。

承销机构作为专业中介机构有协助发行人融资所需的专业经验技术和人员网点。承销机构作为市场的重复博弈者，更加注重维护长期声誉。具备良好声誉和强大实力的承销机构有助于企业融资顺利进行，承销机构督导发行人信息披露，在合法授权情况下，代理维权保护投资人利益，有助于构成市场化约束机制。本条从三方面对定向工具承销事宜进行了规定：一是定向工具的发行应进行承销，企业有权自主选择主承销商，但应当聘请具备银行间市场债务融资工具相应资质的承销机构担任主承销商；二是发行人应与主承销商签订承销协议，明确约定彼此在承销活动中的权利和义务；三是如果需要组织承销团承销，应当由主承销商牵头组团，主承销商与承销团成员间应签订承销团协议，约定各方权利义务，承销团成员与发行人间不具备直接的权利义务关系。

**第二十一条　承销机构承销定向工具应遵守相关规定和规则，勤勉尽责、诚实守信。**

解析：

本条规定了承销机构开展定向工具承销工作的要求。

承销机构及其从事承销业务的工作人员应当遵守《公司法》《银行间债券市场非金融企业债务融资工具管理办法》等相关法律法规规章以及协会《中介服务规则》《尽职调查指引》《发行规范指引》等自律规则和指引，以勤勉尽责、诚实守信的态度提供承销服务。

**第二十二条　定向工具的发行价格按市场化方式确定。**

**解析：**

本条规定了定向工具市场化定价原则。

由于非公开定向工具的个性化和复杂性，且不具有公开发行产品全市场流通的特点，非公开定向工具的发行价格、发行利率、所涉费率遵循自律规则，按市场方式确定。首先，由于定向工具投资者范围有限，流动性较低，应该比同类可比的公开发行产品有流动性溢价。其次，借鉴债券公开发行中，利率决定机制市场化的经验，流动性溢价的幅度由市场机制确定，由自律组织监督实施。最后，随着定向发行市场规模扩大和参与者增多，在合理竞争基础上，逐步形成有效的市场定价参照系，定价机制实现更高程度的市场化。

**第二十三条　定向工具采用实名记账方式在中国人民银行认可的登记托管机构登记托管。**

**解析：**

本条规定了定向工具的登记托管事宜，目前，定向工具采用实名记账方式在银行间市场清算所股份有限公司登记托管。

**第二十四条　定向工具应在《定向发行协议》约定的定向投资人之间流通转让。**

**解析：**

本条确立了定向工具有限流通的原则，规定了定向工具的流通范围。

从债券发行的性质及监管理念出发，公开发行大都通过严格的发行审核和信息披露制度来保护投资者利益，因此并不需要控制交易流通范围。非公开定向发行缩小了信息披露范围，简化了发行注册条件，必须要通过限制交易流通来保障非公开定向工具始终在定向投资人范围内流通，以此保护投资者利益。

有限流通转让是非公开定向发行的重要特征。一方面，通过设定限售期限制交易流通时间、界定"合格投资者"限制交易流通受让人等措施，合理界定了非公开定向工具的固有属性；另一方面又逐步明确了非公开定向工具的豁免转售条件，适度拓展了其流通性。

**第二十五条　企业应在定向工具发行完成后的次一工作日，通过主承销商向交易商协会书面报告发行情况。**

**解析：**

本条规定了企业发行完成后的报告义务。

企业发行完成后，应对发行完成时间、发行规模、发行价格、定价方式、发行期限、起息日和兑付日、定向投资人及其投资额度、发行工作安排等情况进行总结并报告协会。履行报告义务的时限是发行完成后的次一工作日，报告应以书面形式作出，报告应经过主承销商报送协会。

**第二十六条** 为定向工具提供登记托管、流通转让服务的机构，应按照交易商协会的要求，及时向交易商协会提供定向工具相关信息；应于次月的 5 个工作日内，将本月定向工具托管结算和流通转让情况书面报送交易商协会。

**解析：**

本条规定了为定向工具提供登记托管、流通转让服务的机构向协会报送定向工具相关信息的职责。

根据《银行间债券市场非金融企业债务融资工具管理办法》（中国人民银行令〔2008〕第 1 号）第十三条、第十四条和第十五条的规定，交易商协会依据该办法及中国人民银行相关规定对债务融资工具的发行与交易实施自律管理；中央结算公司负责债务融资工具登记、托管、结算的日常监测，每月汇总债务融资工具发行、登记、托管、结算、兑付等情况，并向交易商协会报送；同业拆借中心负责债务融资工具交易的日常监测，每月汇总债务融资工具交易情况，并向交易商协会报送。

信息报送分为两类，一类是定期报送，即于次月的前 5 个工作日内报送本月定向工具托管结算和流通转让情况；另一类是临时报送，即应交易商协会的要求报送相关信息。协会依据人民银行有关规定履行自律管理职责、获取相关信息，既是有效开展自律管理的必要条件，也是切实履行自律管理职责的必然要求。

## 第四章 信息披露

**第二十七条** 企业发行定向工具应向定向投资人披露信息。信息披露应遵循诚实信用原则，不得有虚假记载、误导性陈述或重大遗漏。

**解析：**

本条规定了定向工具信息披露的基本原则。

从理论上看，在解决融资的信息不对称问题上，债券非公开定向发行与公开发行具有不同特性。公开发行主要依靠强制性信息披露和评级，非公开定向发行一般是通过投资者的尽职调查研究、债券特定限制条款设计、事后监督和再谈判等手段来完成，信息密集是其最重要的特性。尽管信息获取和传递方式有所差异，但是发行人向投资人进行信息披露始终是融资活动的必然要求，在实现信息支持投资决策的功能上，信息披露也应遵循一致的基本原则。

本条规定了定向工具的基本信息披露要求。一是信息披露的范围，限于该定向工具的投资人，以保护发行人信息秘密，确保投资人的特殊知情权；二是发行人披露信息应当遵循诚实信用原则，保证所披露信息的真实、准确、完整和及时，不得有虚假记载、误导性陈述或重大遗漏。

**第二十八条　企业向定向投资人发行定向工具，信息披露的具体标准和信息披露方式，应在《定向发行协议》中明确约定。**

**解析：**

本条规定了定向工具信息披露的具体标准和信息披露方式由投融资双方协商确定。

尽管不再规定强制公开信息披露和信息披露的具体标准，发行人和投资人仍然必须在《定向发行协议》中约定适合特定投资者群体保护要求的信息披露方式和标准，明确信息披露权利义务。通过自由协商决定信息披露的方式和标准，使发行人的信息披露指向更确定、更有针对性；投资人对发行人的监督和约束更直接、效率更高。这是非公开定向发行的一个重要特点，体现了定向工具的灵活性和个性化特征。

需要说明的是，自主约定并不意味着信息披露标准必然降低，而是允许投资人可以根据产品特点与发行人协商确定适当的信息披露标准。合理确定非公开定向发行市场信息披露标准，一方面要保护发行人的涉密事项不受影响，适当简化信息披露要求；另一方面要保护发行人的基本权利，保持信息披露作为市场化约束手段的重要性。

**第二十九条　企业应在定向工具完成债权债务登记的次一工作日，以合理方式告知定向投资人当期定向工具实际发行规模、期限、利率等情况。**

**解析：**

本条规定了定向工具发行完成后，发行人向定向投资人披露发行情况的义务。履行这一义务的时限是定向工具完成债权债务登记的次一工作日；公告的范围包括但不限于当期定向工具实际发行规模、期限和利率，还可以包括其他当期定向工具的核心要素；公告的方式由投融资双方在《定向发行协议》中协商确定。

**第三十条　企业在定向工具完成债权债务登记后，可通过交易商协会认可**

的网站公告当期定向工具实际发行规模、期限、初始投资人数量、流通转让范围等基本信息。

解析：

本条规定了定向工具发行完成后发行人公告发行情况的义务。公告的范围包括但不限于实际发行规模、期限、初始投资人数量、流通转让范围等基本信息；公告应在交易商协会认可的网站进行。

第三十一条　企业应在定向工具本息兑付日前 5 个工作日，以合理方式告知定向投资人本金兑付及付息事项。

解析：

本条规定了发行人向定向工具投资人披露本息兑付事宜的义务。披露时限是在本息兑付日前至少 5 个工作日，披露方式由投融资双方在《定向发行协议》中协商确定。

## 第五章　自律管理与市场约束

第三十二条　企业发行定向工具所募集资金的用途应符合法律法规和国家政策要求。

解析：

本条规定了定向工具募集资金用途的基本要求。

定向工具募集资金用途的基本要求是应当符合国家法律法规和产业政策要求，不得将募集资金投向禁止投向的领域。在此前提下，发行人可以根据《定向发行协议》约定自由使用募集资金，并依照协议约定在履行信息披露义务等相应义务的前提下根据经营需要变更募集资金用途。

第三十三条　为定向工具提供服务的承销机构、信用评级机构、注册会计师、律师等专业机构和人员应勤勉尽责，严格遵守执业规范和职业道德，按国家法律规定、行业自律标准及合同约定履行义务。上述专业机构和人员所出具的文件含有虚假记载、误导性陈述和重大遗漏的，应当就其负有责任的部分承担相应的法律责任。

解析：

本条规定了为定向工具提供服务的中介机构及其人员的义务，中介机构包括承销机构、信用评级机构、会计师事务所、律师事务所以及其他中介机构。中介机构在开展尽职调查的基础上出具专业意见或专业报告，应当保证所出具文件的真实性、准确性、完整性，其所出具的文件含有虚假记载、误导性陈述和重大遗漏的，中介机构及相关经办人员应当就其负有责任的部分承担相应的法律责任。

**第三十四条　为定向工具提供登记托管、结算、流通转让服务的机构，应按相关法律法规和交易商协会的自律规则履行职责。**

**解析：**

本条规定了为定向工具提供登记托管、结算、流通转让服务的机构的义务，即按照《银行间债券市场非金融企业债务融资工具管理办法》（中国人民银行令〔2008〕第1号）、《银行间债券市场债券登记托管结算管理办法》（中国人民银行令〔2009〕第1号）以及协会的相关自律规则履行职责。

**第三十五条　定向工具发行和流通转让中，任何商业机构不得以欺诈、操纵市场等行为获取不正当利益。**

**解析：**

本条是禁止性规定，对定向工具发行、交易活动中的欺诈和操纵市场行为加以明令禁止。

首先是禁止欺诈，该行为对债务融资工具市场的正常秩序具有极大的破坏性，而且使债务融资工具市场中的经济关系变得混乱，市场效率降低甚至陷于瘫痪，所以只有禁止债务融资工具市场中的欺诈行为，才能保证市场的正常运行。

禁止操纵市场，即不允许以人为的不正当方式控制债务融资工具市场的供求关系，影响交易价格，造成市场的异常状态，转嫁市场风险，谋取非法利益。上述行为是以破坏正常的交易秩序，损害正常的投资活动为代价的，其结果是操纵债务融资工具市场的违法者获取了不正当利益，大多数投资者受到损害，因而本规则对这种行为明令禁止。情节严重的，将受到国家法律的制裁。

**第三十六条　交易商协会对定向工具发行、登记托管、结算和流通转让中违反自律管理规则的机构和人员，有权采取警告、诫勉谈话、公开谴责等处理措施。**

**解析：**

本条规定了交易商协会对定向工具发行、登记托管、结算和流通转让过程中市场机构及其从业人员违反自律规则行为的自律处分职权。根据其违反行为的情节轻重，协会可以相应采取警告、诫勉谈话、公开谴责等多种措施对其进行自律处分。

# 第六章　附　则

**第三十七条**　定向工具信用评级和跟踪评级的具体安排由发行人与定向投资人协商确定，并在《定向发行协议》中明确约定。

解析：

本条是定向工具发行的信用评级安排的规定。

定向发行不强制要求评级，而是由发行人、投资人协商确定是否进行评级，这也是定向工具灵活性和个性化的一个重要特点。但是，对是否评级的具体安排应在《定向发行协议》中明确约定，明确相应的权利义务。

**第三十八条**　本规则由交易商协会秘书处负责解释。

解析：

本条规定了交易商协会对《非公开定向发行规则》享有解释权。

**第三十九条**　本规则自发布之日起施行。

解析：

本条规定了《非公开定向发行规则》自发布之日起施行。

附1：定向工具投资人确认函（示范样本）
附2：非公开定向发行注册材料清单

附 1

## 定向工具投资人确认函
### （示范样本）

中国银行间市场交易商协会：

我机构确认如下事项：

一、我机构自愿投资_____（发行人名称）拟发行的 ×_____（本期定向工具全称）。

二、我机构了解该期定向工具的投资风险，有能力并愿意承担该期非公开定向工具的投资风险。

三、我机构自愿接受中国银行间市场交易商协会自律管理，履行会员义务。

特此函告。

_____（投资人机构名称）

签章：

_____年_____月_____日

附 2

## 非公开定向发行注册材料清单

| 序号 | 责任人 | 题　名 |
|------|--------|--------|
| 1 | 主承销商 | 非公开定向发行注册信息表 |
| 2 | 发行人 | 非公开定向发行注册材料报送函 |
| 3 | 发行人 | 内部有权机构决议 |
| 4 | 发行人 | 企业法人营业执照（副本）复印件或同等效力文件 |
| 5 | 主承销商 | 非公开定向发行注册推荐函 |
| 6 | 发行人 | 最近一年经审计的财务报表 |
| 7 | 发行人和投资人及其他相关方 | 定向发行协议 |
| 8 | 律师事务所 | 非公开定向发行法律意见书 |
| 9 | 投资人 | 定向工具投资人确认函 |
| 10 | 会计师事务所、律师事务所及其他中介机构 | 相关机构及从业人员资质证明 |

# 《银行间债券市场非金融企业债务融资工具信息披露规则》

## 制定背景及意义

### 制定背景

信息披露制度是规范企业通过银行间债券市场融资行为的一项基础性制度，是注册制的核心。信息透明度直接影响市场运行效率。在一个竞争充分、运行高效的市场中，只有信息真实、准确、完整、及时地被披露，投资者才能据以作出理性的投资决策。

2008 年 4 月，交易商协会发布实施《银行间债券市场非金融企业债务融资工具信息披露规则》（以下简称《信息披露规则》），对信息披露定义、工作范围和原则、工作方法和内容、工作要求和违规处理等方面进行了规定，确立了银行间债券市场债务融资信息披露的制度框架。近几年，债务融资工具市场迅速发展的实践充分证明，《信息披露规则》总体适应了当时市场发展的需要。

随着近年来市场规模快速发展和发行人群体日益扩大，市场运行出现了一些新情况，市场发展对《信息披露规则》提出了一些新要求：一是重大事项界定相对概括，需要进一步细化明晰；二是企业变更已披露信息的情况逐渐增多，相关操作程序有待明确；三是有必要进一步明确信息披露的及时性要求；四是信息披露要求应内化于企业管理，落实工作机制；五是信息披露违规自律处分原规定过于笼统，需进一步完善。

为顺应市场发展需求，保持市场持续快速健康发展的势头，2012 年，协会组织市场成员修订了《信息披露规则》，以制度化安排解决市场快速发展对原有规则提出的新要求。

### 制定意义

《信息披露规则》的重要意义体现在以下三个方面。

第一，《信息披露规则》通过加强信息披露制度建设，规范市场信息披露行为，减少发行体与投资者之间、投资者与投资者之间的信息不对称程度，既是投资人保护制度的重要内容，也是防范市场系统性风险的基石；

第二，《信息披露规则》通过推动企业制定完善信息披露事务管理制度，明确信息披露义务和责任，既有助于提高信息披露质量和效率，保护投资人合法利益，又有助于引导企业规范制度建设、加强内部治理、提升市场形象，进而促进市场的制度规范、结构优化和长远发展；

第三，《信息披露规则》通过对债务融资工具发行体和相关中介机构信息披露的原则、内容、形式和罚则进行明确要求，既为信息披露行为建立了规范的制度和流程框架，也为交易商协会对银行间债券市场履行自律管理和服务职责提供重要依据。

## 总体框架

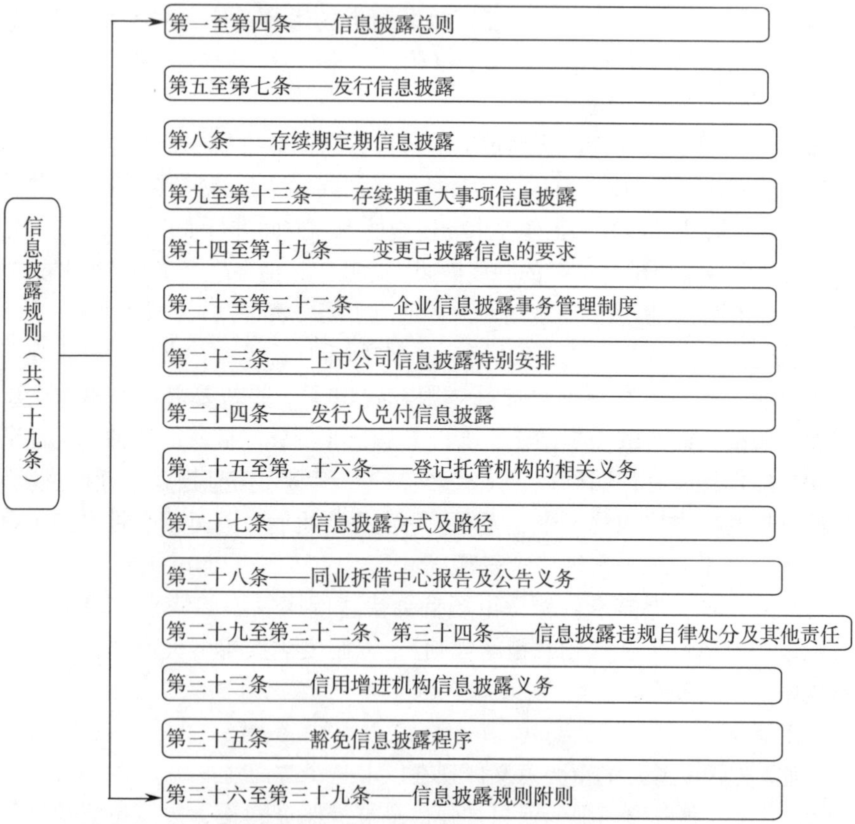

图 1-3　《信息披露规则》总体框架

## 条款解析

**第一条**　为规范非金融企业（以下简称企业）在银行间债券市场发行债务融资工具的信息披露行为，保护投资者合法权益，根据中国人民银行《银行间债券市场非金融企业债务融资工具管理办法》及相关法律法规，制定本规则。

**解析：**

本条明确规定了本自律规则的制定目的、法律依据和适用范围。

《信息披露规则》规范的是与债务融资工具相关的信息披露活动。发行人是信息披露的第一义务人，是本规则约束的主要当事人，参与信息披露工作、为信息披露提供服务的相关中介机构，以及发行人和相关中介机构的有关责任人员，在开展信息披露工作时同样应当遵守本规则的有关规定。

**第二条**　企业及其全体董事或具有同等职责的人员，应当保证所披露的信息真实、准确、完整、及时，承诺其中不存在虚假记载、误导性陈述或重大遗漏，并承担个别和连带法律责任。个别董事或具有同等职责的人员无法保证所披露的信息真实、准确、完整、及时或对此存在异议的，应当单独发表意见并陈述理由。

**解析：**

本条确立了信息披露的基本原则，即真实、准确、完整、及时四原则，并明确了企业及其相关责任人员的信息披露责任。

真实、准确、完整、及时四原则是成熟证券市场对信息披露的通行原则。真实是指文件的内容必须反映实际情况，不得弄虚作假；准确是指文件应当按照规定的格式制作，对有关情况所作的陈述和提供的数据与实际情况应当符合，或者是合乎逻辑的推测，不得有误导性陈述；完整是指所提交的申请文件的种类应当齐全，符合规则要求，每份申请文件的内容应当完整，不得有遗漏；及时是指信息披露应在规定时限内、在应披露事实出现后合理时差内进行，以保证所披露信息的有效性和实用性。确立信息披露的真实、准确、完整、及时四项基本原则是保证市场评估债务融资工具的质量，保护广大投资者利益的需要。

本条还规定了发行企业及其相关责任人员信息披露的基本义务和责任，包含三层意思：一是明确规定了发行企业信息披露应当遵循真实、准确、完整和及时的原则。二是明确了企业信息披露工作的义务和责任主体，即发行企业及其全体董事或具有同等职责的人员是信息披露义务主体，应保证相关信息在规定期限内按要求披露。对所披露信息在真实、准确、完整和及时性方面的瑕疵，承担个别及连带法律责任。三是明确了若个别董事或具有同等职责的人员无法保证所披露的信息真实、准确、完整或对此存在异议，需独立发表意见并陈述理由，有充分证据证明其已经履行勤勉尽责义务的，可以按规定免责。

**第三条　为债务融资工具的发行、交易提供中介服务的承销机构、信用评级机构、会计师事务所、律师事务所等中介机构及其指派的经办人员，应对所出具的专业报告和专业意见负责。**

解析：

本条明确了非金融企业债务融资工具发行和交易过程中提供服务的专业中介机构的责任。

专业中介机构的范围不限于本条列举的承销机构、信用评级机构、会计师事务所、律师事务所四类，凡是为债务融资工具的发行、交易提供服务的专业中介机构及其经办人员，都应严格依照《发行注册规则》《非公开定向发行规则》《中介服务规则》《尽职调查指引》《募集说明书指引》等自律规范性文件的有关规定，遵守相关领域专业人员的职业操守，在尽职调查基础上发表意见，对所出具专业报告和意见的真实性、准确性和完整性负责。

**第四条　债务融资工具的投资者应对披露信息进行独立分析，独立判断债务融资工具的投资价值，自行承担投资风险。**

解析：

本条明确了债务融资工具市场投资者应当自主决策、自担风险。银行间债券市场是面向机构投资者的市场，银行间市场的投资者有更强的风险识别和承担能力，可以谨慎判断风险、合理投资。

**第五条　企业应通过中国银行间市场交易商协会（以下简称交易商协会）认可的网站公布当期发行文件。发行文件至少应包括以下内容：**

（一）发行公告；

（二）募集说明书；

（三）信用评级报告和跟踪评级安排；

（四）法律意见书；

（五）企业最近三年经审计的财务报告和最近一期会计报表。

首期发行债务融资工具的，应至少于发行日前五个工作日公布发行文件；后续发行的，应至少于发行日前三个工作日公布发行文件。

**解析：**

本条规定了企业发行债务融资工具应向市场公开发行的文件以及时限要求。企业注册后首期发行或者后续备案发行，应提前公布上述发行文件，以便潜在投资者及时关注相关信息，做出投资判断。

根据《银行间债券市场非金融企业债务融资工具管理办法》（人民银行令〔2008〕第1号）及相关规定，目前，协会认可的公布发行文件的网站主要是交易商协会网站（www.nafmii.org.cn）、中国货币网（www.chinamoney.com.cn）、中国债券信息网（www.chinabond.com.cn）及上海清算所网站（www.shclearing.com）等指定网站。

**第六条** 企业应在募集说明书显著位置作如下提示：

"本企业发行本期×××（债务融资工具名称）已在中国银行间市场交易商协会注册，注册不代表交易商协会对本期×××（债务融资工具名称）的投资价值做出任何评价，也不代表对本期×××（债务融资工具名称）的投资风险做出任何判断。投资者购买本企业本期×××（债务融资工具名称），应当认真阅读本募集说明书及有关的信息披露文件，对信息披露的真实性、准确性和完整性进行独立分析，并据以独立判断投资价值，自行承担与其有关的投资风险。"

**解析：**

本条规定了企业发行债务融资工具材料中应履行的必要风险提示，并进一步明确了投资者风险自担的市场理念。

《银行间债券市场非金融企业债务融资工具管理办法》（中国人民银行令〔2008〕第1号）第三条规定"债务融资工具发行与交易应遵循诚信、自律原则"；第十二条规定"债务融资工具投资者应自行判断和承担投资风险"。《信息披露规则》第四条规定"债务融资工具的投资者应对披露信息进行独立分析，独立判断债务融资工具的投资价值，自行承担投资风险"。本条规定是对前述规定的细化，进一步强调了投资者风险自担的原则。

**第七条** 企业最迟应在债权债务登记日的次一工作日，通过交易商协会认可的网站公告当期债务融资工具的实际发行规模、价格、期限等信息。

**解析：**

本条规定了企业债务融资工具发行结果的公告时限及公告内容，以便投资者及相关机构能够及时、准确地了解相关信息。

债权债务登记日，是指债务融资工具在托管机构完成债权债务登记，确立债权债务关系的日期。企业应最迟在债权债务登记日的次一工作日，在包括交易商协会网站（www. nafmii. org. cn）、中国货币网（www. chinamoney. com. cn）、中国债券信息网（www. chinabond. com. cn）及上海清算所（www. shclearing. com）等网站，对本次债务融资工具的发行情况进行公告，内容包括但不限于：债务工具名称、代码、实际发行总额、计划发行总额、发行利率、发行期限、票面价格、主承销商等。

**第八条　在债务融资工具存续期内，企业应按以下要求持续披露信息：**

**（一）每年4月30日以前，披露上一年度的年度报告和审计报告；**

**（二）每年8月31日以前，披露本年度上半年的资产负债表、利润表和现金流量表；**

**（三）每年4月30日和10月31日以前，披露本年度第一季度和第三季度的资产负债表、利润表和现金流量表。**

**第一季度信息披露时间不得早于上一年度信息披露时间，上述信息的披露时间应不晚于企业在证券交易所、指定媒体或其他场合公开披露的时间。**

**解析：**

本条是关于发行企业、信用增进机构定期财务信息披露时限及披露内容的基本要求。

就披露时限来看，每一年度共涉及四次定期财务信息披露。从保证信息披露"公平"的角度出发，首先，本规定明确了企业财务信息的披露时间节点，同时第一季度信息应不早于上一年度信息披露时间；其次，本规定指出了企业财务信息应披露的内容；最后，强调了对于在不同平台均需承担披露义务的主体，在银行间债券市场平台的披露时间不得晚于其他平台的要求。

就披露内容来看，年度财务信息方面，要求披露企业财务报告以及审计机构出具的审计报告，需按照相关财务信息编制、列报。对于上市公司而言，"财务报告"为年度财务信息载体的专有名词，涉及相关管理部门对年度财务信息的各方面要求，上市公司需同时符合有关要求进行编制；对于其他企业，鼓励提高财务信息编制标准，在符合基本要求的基础上，根据企业自身实际情况，完整、准确地披露与企业偿债能力相关的信息，逐步提高财务信息的质量。季度财务信息方面，披露的最低要求为相应期间的资产负债表、利润表和现金流量表。

　　**第九条**　在债务融资工具存续期内，企业发生可能影响其偿债能力的重大事项时，应及时向市场披露。

　　前款所称重大事项包括但不限于：

　　（一）企业名称、经营方针和经营范围发生重大变化；

　　（二）企业生产经营的外部条件发生重大变化；

　　（三）企业涉及可能对其资产、负债、权益和经营成果产生重要影响的重大合同；

　　（四）企业发生可能影响其偿债能力的资产抵押、质押、出售、转让、划转或报废；

　　（五）企业发生未能清偿到期重大债务的违约情况；

　　（六）企业发生大额赔偿责任或因赔偿责任影响正常生产经营且难以消除的；

　　（七）企业发生超过净资产10％以上的重大亏损或重大损失；

　　（八）企业一次免除他人债务超过一定金额，可能影响其偿债能力的；

　　（九）企业三分之一以上董事、三分之二以上监事、董事长或者总经理发生变动；董事长或者总经理无法履行职责；

　　（十）企业做出减资、合并、分立、解散及申请破产的决定，或者依法进入破产程序、被责令关闭；

　　（十一）企业涉及需要说明的市场传闻；

　　（十二）企业涉及重大诉讼、仲裁事项；

　　（十三）企业涉嫌违法违规被有权机关调查，或者受到刑事处罚、重大行政处罚，企业董事、监事、高级管理人员涉嫌违法违纪被有权机关调查或者采取强制措施；

　　（十四）企业发生可能影响其偿债能力的资产被查封、扣押或冻结的情况，企业主要或者全部业务陷入停顿，可能影响其偿债能力的；

　　（十五）企业对外提供重大担保。

　　**解析：**

　　本条规定了债务融资工具存续期间应予披露的重大事项的外延。

　　重大事项信息披露制度的意义在于使投资人能够了解企业生产经营过程中发生的存在风险隐患、影响偿债能力的情况。借鉴成熟的市场制度，总结银行间债券市场运行经验，本条归纳出了投资人最为关注、在发行人生产经营过程中较常出现的可能影响其偿债能力，进而影响投资人投资判断的重大事项，是重大事项的最低标准。

**第十条**　本规则第九条列举的重大事项是企业重大事项信息披露的最低要求，可能影响企业偿债能力的其他重大事项，企业及相关当事人均应依据本规则通过交易商协会认可的网站及时披露。

**解析：**

本条是重大事项信息披露的兜底条款，规定了重大事项判断的一般标准是"可能影响企业偿债能力"。

符合"可能影响企业偿债能力"这一条件的重大事项即使不属于第九条所列举的重大事项范围，也应依照重大事项信息披露的要求进行披露。在具体履行重大事项信息披露义务时，发行人应当以诚信的态度权衡企业所发生的情况是否会影响自身偿债能力，本着对投资人负责的态度，确定是否应予披露。

**第十一条**　企业应当在下列事项发生之日起两个工作日内，履行重大事项信息披露义务，且披露时间不晚于企业在证券交易所、指定媒体或其他场合公开披露的时间，并说明事项的起因、目前的状态和可能产生的影响：

（一）董事会、监事会或者其他有权决策机构就该重大事项形成决议时；

（二）有关各方就该重大事项签署意向书或者协议时；

（三）董事、监事或者高级管理人员知悉该重大事项发生并有义务进行报告时；

（四）收到相关主管部门决定或通知时。

**解析：**

本条规定了重大事项发生时企业应及时履行信息披露义务的时限，以及规定期限的起算时点，体现了信息披露的及时性原则。

首先，本条明确了当发生应予披露的重大事项时，企业应当在事件发生之日起两个工作日内进行披露。

其次，本条明确了不同重大事项如何分别计算披露时限的起点。如果某一事件无法确定应当归属哪一类重大事项，为保护投资人知情权，应当依据最早出现的时间节点计算时限，从严履行信息披露义务。

最后，为保证银行间债券市场投资人与其他市场投资人具有同等的知情权，本条明确规定了企业履行重大事项信息披露义务的披露时间不晚于企业在证券交易所、指定媒体或其他场合公开披露的时间。

**第十二条**　在第十一条规定的事项发生之前出现下列情形之一的，企业应当在该情形出现之日起两个工作日内披露相关事项的现状、可能影响事件进展的风险因素：

（一）该重大事项难以保密；

（二）该重大事项已经泄露或者市场出现传闻。

解析：

本条是《信息披露规则》2012 年修订新增条款，规定了在特殊情况下企业应对重大事项进行应急披露，还包括披露的内容、时限以及时限起算点的要求。

本条包括三层意思：一是明确当出现可能影响企业偿债能力的事件时，即使该事件尚未构成第十一条所确立的"发生"标准、产生对企业运营的实质性影响或法律约束效力，只要属于难以保密的事件或信息已经泄露或市场已有传闻的事件，都应进行应急性信息披露以使投资人正确掌握事件状况信息、确保投资人公平的知情权；二是明确了此类应急性重大事项披露也应遵守两个工作日的披露时限；三是明确了此类事件披露内容的要点，即应当披露事件的当前状况，以及存在的可能影响事件进展的风险因素，使投资者掌握事件真实状况，但不应做不必要的预测、判断或宣传。

**第十三条**　企业披露重大事项后，已披露的重大事项出现可能对企业偿债能力产生较大影响的进展或者变化的，应当在上述进展或者变化出现之日起两个工作日内披露进展或者变化情况、可能产生的影响。

解析：

本条规定了企业在对重大事项进行首次信息披露后跟踪信息披露的要求。

本条是《信息披露规则》2012 年修订新增条款，规定了企业在对重大事项进行了首次信息披露后，应对该重大事项进行必要的跟踪披露，并明确了跟踪信息披露的标准和要求。第一，已披露重大事项的变化或进展对企业偿债能力可能产生影响时，应当进行跟踪披露；第二，披露时限及起算时点是自该变化或进展发生之日起两个工作日内；第三，披露的内容应当包括对时间变化进展情况的描述，并客观分析该变化进展对企业偿债能力可能产生的影响。

**第十四条**　企业披露信息后，因更正已披露信息差错及变更会计政策和会计估计、募集资金用途或中期票据发行计划的，应及时披露相关变更公告，公告应至少包括以下内容：

（一）变更原因、变更前后相关信息及其变化；

（二）变更事项符合国家法律法规和政策规定并经企业有权决策机构同意

的说明；

（三）变更事项对企业偿债能力和偿付安排的影响；

（四）相关中介机构对变更事项出具的专业意见；

（五）与变更事项有关且对投资者判断债务融资工具投资价值和投资风险有重要影响的其他信息。

解析：

本条是针对企业变更已披露信息适用情形及变更公告基本内容的规定。

企业保证已披露信息真实、准确、完整，这是信息披露制度严肃性和有效性的根本要求，企业信息一经披露，原则上不得随意变更。但实务操作中，由于已披露信息差错、会计政策和会计估计变更导致已披露财务信息调整，因正常生产经营需要变更募集资金用途或中期票据发行计划等原因，变更已披露信息的需要客观存在。企业可以在具有真实客观需要的情况下变更已披露信息，并应出具相应变更公告。

本规定第（一）项中，变更原因是指企业应披露发生更正已披露信息、变更会计政策和会计估计、变更募集资金用途、变更中期票据发行计划的原因；变更前后信息是指企业应披露变更前的已披露信息和本次变更后的披露信息；变化是指企业应将变更前后的信息加以对比分析，指出其中变化的情况和数据等。

本条第（二）项中，符合国家法律法规和政策规定是指企业应说明本次变更行为和变更后内容符合与之相关的国家现行法律法规和政策规定；企业有权决策机构是指根据企业章程或其他规章制度规定，有权决定本次变更事项的企业内部组织或机构，一般包括股东大会、董事会、总经理办公会、财务部门等。

本条第（四）项中，相关中介机构对变更事项出具的专业意见是指某些拟变更已披露信息在披露前受到相关中介机构的认证，则企业在变更此类信息时，应有原中介机构针对变更行为和变更后信息发表的专业意见，例如企业变更经审计财务信息时，应有原审计责任主体对变更事项和变更后信息出具的专业意见。

第十五条　企业更正已披露财务信息差错，除披露变更公告外，还应符合以下要求：

（一）更正未经审计财务信息的，应同时披露变更后的财务信息；

（二）更正经审计财务报告的，应同时披露原审计责任主体就更正事项出具的相关说明及更正后的财务报告，并应聘请会计师事务所对更正后的财务报告进行审计，且于公告发布之日起三十个工作日内披露相关审计报告；

（三）变更前期财务信息对后续期间财务信息造成影响的，应至少披露受影响的最近一年变更后的年度财务报告（若有）和最近一期变更后的季度会计报表（若有）。

解析：

本条是针对企业变更已披露财务信息做出的延伸性规定。

企业变更已披露财务信息，一方面要按照本规则第十四条要求披露变更公告，另一方面还要根据所变更财务信息的性质，按照本条规定进行其他信息披露。

本条第（一）项中，未经审计财务信息是指未经会计师事务所审计并发表审计意见的财务报表，一般为季度财务报表和半年度财务报表。根据本款规定，企业更正未经审计财务信息，应按本规则第十四条要求披露变更公告，同时还应披露更正后的财务报表。

本条第（二）项中，经审计财务报告是指经会计师事务所审计并发表审计意见的财务报告，包括审计报告、相关财务报表和附注，一般为年度财务报告或其他经审计的非年度财务报告；原审计责任主体是指对作为变更对象的已披露财务报告发表审计意见的原会计师事务所。

根据本项规定，企业更正经审计财务报告，一是应按本规则第十四条要求披露变更公告，并在公告中对企业将聘请会计师事务所对更正后财务报表进行审计和预计完成时间向投资者进行提示；二是披露变更公告的同时，应披露原审计责任主体就更正事项出具的专业意见（以原审计责任主体名义出具的独立性文件）；三是于变更公告发布后三十个工作日内披露经过重新审计的更正后的财务报告。

本条第（三）项指，由于会计期间和财务数据的连续性，前期财务信息的变更将可能导致对后续期间财务信息产生影响以及一并变更，在该种情形下，企业除了按照本规则第十四条、第十五条第（一）、第（二）项规定披露变更公告、相关中介机构专业意见、变更当期变更后的财务报告（或财务报表），还应披露受变更影响的最近一年变更后的年度财务报告（若有）和最近一期变更后的季度会计报表（若有）。

**第十六条　企业变更债务融资工具募集资金用途，应至少于变更前五个工作日披露变更公告。**

解析：

本条是针对企业变更债务融资工具募集资金做出的专门规定。

变更募集资金用途是指在债务融资工具存续期内，企业由于生产经营需要，实际资金用途可能与债务融资工具募集说明书约定的资金用途不一致，需要发生变更的情况。变更募集资金用途必须遵循两点要求，一是至少于相关债务融资工具募集资金实际使用变更前五个工作日披露变更公告；二是变更公告必须符合本规则第十四条规定，特别是对该变更行为及变更后资金用途符合国家相关法律法规和政策规定并经企业有权决策机构同意的情况进行明确说明。

**第十七条　企业变更中期票据发行计划，应至少于原发行计划到期日前五个工作日披露变更公告。**

解析：

本条是针对中期票据企业变更中期票据发行计划做出的专门规定。

变更中期票据发行计划是指已经发行中期票据的企业根据其资金需求状况，不能按照其于相关中期票据发行文件中披露的发行计划执行，需要变更的情形。为了切实保障投资者权益，企业变更中期票据发行计划应至少于原发行计划到期日前五个工作日披露变更公告，以便投资者对于该变更情况提前知情。

**第十八条　若投资者认为变更事项对其判断相关债务融资工具投资价值和投资风险具有重要影响，可依据《银行间债券市场非金融企业债务融资工具持有人会议规程》提议召开债务融资工具持有人会议。**

解析：

本条是针对发生某些可能对投资者判断相关债务融资工具投资价值和投资风险产生重要影响的变更事项时，对投资者可以通过召开持有人会议的方式维护自身合法权益进行提示。

根据本条规定，投资者应对变更事项对其判断相关债务融资工具投资价值和投资风险的影响自主判断，若认为变更事项将产生重大影响，则可提议召开债务融资工具持有人会议对相关事项进行审议，持有人会议的召开应按照《银行间债券市场非金融企业债务融资工具持有人会议规程》相关规定执行。

**第十九条　企业变更已披露信息的，变更前已公开披露的文件应在原披露网站予以保留，相关机构和个人不得对其进行更改或替换。**

解析：

本条是针对维护企业变更前后文件完整性和变更行为规范性的专门规定。

变更前已公开披露的文件是指企业已披露的拟变更信息的承载文件。本条规定，尽管企业由于客观原因对该文件相关信息进行变更，可能涉及披露相关信息变更的新文件，但变更前已公开披露的文件应在原披露网站予以保留，包括企业、披露平台或其他相关机构和个人均不得对该文件进行变更和替换，以保证企业披露信息文件的完整性、可查性和变更行为的规范性。

第二十条　企业应当制定信息披露事务管理制度。信息披露事务管理制度内容包括但不限于：

（一）明确企业应遵守的信息披露标准；

（二）未公开信息的传递、审核、披露流程；

（三）信息披露事务管理部门及其负责人在信息披露中的职责；

（四）董事和董事会、监事和监事会、高级管理人员等的报告、审议和披露的职责；

（五）董事、监事、高级管理人员履行职责的记录和保管制度；

（六）未公开信息的保密措施，内幕信息知情人的范围和保密责任；

（七）财务管理和会计核算的内部控制及监督机制；

（八）对外发布信息的申请、审核、发布流程，与投资者、中介服务机构、媒体等的信息沟通与制度；

（九）信息披露相关文件、资料的档案管理；

（十）涉及子公司的信息披露事务管理和报告制度；

（十一）未按规定披露信息的责任追究机制，对违反规定人员的处理措施。

企业信息披露事务管理制度应当经企业董事会或其他有权决策机构审议通过，并向市场公开披露其主要内容。

解析：

本条规定企业在银行间市场发行债务融资工具应当按照企业内部决策程序制定必要的信息披露事务管理制度，并向市场披露。

本条第一款的第（一）至第（三）项在制度层面明确了信息披露管理中信息披露的标准、信息公开前在企业内部的流转程序和信息披露事务管理的组织人员三项基本内容；第（四）、第（五）两项明确了作为企业治理和经营的核心职能机构——董事会、监事会和高管层应当履行的信息披露职责，董事、监事和高级管理人员个人根据相应职责权限应当履行的信息披露职责，以及前述机构人员履行信息披露职责情况的记录和保管制度；第（六）项明确了企业应当制定信息传播范围和保密控制制度；第（七）项专门规定了财务会计信息的相关监督控制制度；前述七项制度更强调信息在企业内部流转的管理制度。第（八）、第（九）和第（十）项则是企业信息向外传递的相关制度，包括信息对外披露流程，信息披露文件的制作、审核和保管，对外沟通信息渠道和机制，以及子公司的信息披露制度；第（十一）项则强调通过企业内部追责机制的建立和执行，确保企业信息披露事务管理制度真正发挥作用。

本条第二款一是明确信息披露制度应经过企业董事会层面决策机构的审议通过，以体现制度的严肃性和权威性，确保制度在整个企业内部从上到下得到贯彻和执行；二是规定信息披露制度主要内容向市场公开，这有助于市场了解企业信息披露制度的建设情况，使企业在市场上树立起管理有序、诚信负责的良好形象，便于投资人、自律管理组织和新闻媒体对企业信息披露制度及其执行情况进行监督。

**第二十一条　企业应当制定重大事项的报告、传递、审核、披露程序。董事、监事、高级管理人员知悉重大事项发生时，应当按照企业规定立即履行报告义务；董事长或企业主要负责人在接到报告后，应当立即向董事会或其他有权决策机构报告，并敦促负责信息披露事务的主要责任人组织重大事项的披露工作。**

解析：

本条专门规定了企业应当具备的重大事项信息披露事务管理制度，旨在通过明确企业建立专门的重大事项披露制度以提升银行间债券市场重大事项信息披露的质量。一是规定了企业应当制定重大事项的报告、传递、审核、披露一整套管理流程；二是明确了董事、监事、高级管理人员获悉重大事项时的立即报告义务；三是规定董事长或企业负责人有义务将重大事项报告企业决策机构，并有责任督导重大事项的信息披露工作。

**第二十二条　高级管理人员应当及时向董事会或其他有权决策机构报告有关企业经营或者财务方面出现的重大事项、已披露事件的进展或者变化情况及其他相关信息。**

解析：

本条规定了高级管理人员的重大事项报告义务。

高级管理人员负责企业日常经营运转，一方面能够及时掌握企业各方面发生的影响企业生产经营的情况，另一方面也有较为充分的信息和广阔的视野把握所发生事件是否可能对企业的偿债能力产生重大影响。本条明确规定了企业高级管理人员有义务就企业发生的重大事项、已披露事件的进展和变化情况及相关信息向董事会或有权决策机构进行报告，这有助于提升高级管理人员的重大事项信息披露意识，明确高级管理人员报告重大事项的职责，更好地督促企业落实重大事项信息披露工作。

**第二十三条　已是上市公司的企业可豁免定期披露财务信息，但须按其上市地监管机构的有关要求进行披露，同时通过交易商协会认可的网站披露信息网页链接或用文字注明其披露途径。**

解析：

本条是对上市公司财务信息披露要求与银行间债券市场披露要求的衔接条款。

发行企业均应按照银行间债券市场的有关要求披露财务信息。考虑到上市公司按照其上市监管要求披露的财务信息能够满足银行间债券市场关于财务信息披露的最低要求，因此，从减轻发行人重复披露负担的角度，对于上市公司，在披露的形式上可进行"豁免"，可灵活选择直接披露加盖公章的上市地财务信息原文，或者拟定财务信息披露公告，于公告中包含上市地财务信息原文的链接信息或用文字注明其披露途径。

这种豁免不是信息披露义务的豁免，而是对重复信息披露形式的豁免。上市公司若发生虚假记载、误导性陈述和重大遗漏，也将受到协会的自律处分。

**第二十四条　企业应当在债务融资工具本息兑付日前五个工作日，通过交易商协会认可的网站公布本金兑付、付息事项。**

解析：

本条是关于债务融资工具付息、兑付信息披露的有关要求。

为给予有关机构，如投资者、代理兑付机构以充足的操作时间，要求发行企业于相关债务融资工具兑付日前五个工作日披露相关信息；付息、兑付信息的披露途径与其他信息保持一致，应为交易商协会认可的网站。

**第二十五条　为债务融资工具提供登记托管和代理兑付的机构（以下简称登记托管机构）在债务融资工具本、息兑付日 12 时未足额收到兑付资金的，应及时以书面形式向交易商协会报告。**

**登记托管机构在债务融资工具本、息兑付日营业终了仍未足额收到兑付资金的，应向投资者公告企业未足额划付资金的事实。**

解析：

本条是关于债务融资工具付息、兑付环节可能出现突发或异常情况时处理机制的规定。

作为债务融资工具付息、兑付资金的"中介服务"机构,登记托管和代理兑付的机构承担了第一时间报告、向市场公告违约事实的义务。对于可能出现违约情形的处理,应秉承审慎的态度,避免误发信息造成市场混乱。为实现对相关情况的妥善处置,结合实际操作中,登记托管机构与发行企业关于付息、兑付资金协议约定划拨的时间节点,本条款规定于兑付当日中午 12 时。若出现潜在违约苗头,登记托管机构应向市场自律管理机构报告有关事实,预留充足时间组织相关各方及时处理应对。若截至兑付日营业终了,登记托管机构仍未足额收到兑付资金的,应向投资者公告企业未足额划付资金的事实。

**第二十六条** 登记托管机构应于每个交易日通过交易商协会认可的网站披露上一交易日日终,单一投资者持有债务融资工具的数量超过该支债务融资工具未偿付存量 30% 的投资者名单和持有比例。

解析:

本条是对债券持有集中度的信息披露要求。

若单一投资者持有债务融资工具数量超过 30% 的,登记托管机构应披露相关债务融资工具、该投资者持有数量。

债务融资工具持有数量分布情况,对于债务融资工具的流动性、市场价格被操纵的可能性、发生不利事件情况下各方投票权重占比等至关重要。因此披露单一投资者较高比例持券信息,有利于市场透明度的提升。

**第二十七条** 企业信息披露文件应以不可修改的电子版形式送达全国银行间同业拆借中心(以下简称同业拆借中心),同业拆借中心依据本规则及时完成信息披露文件的格式审核工作后,对符合规定格式的信息披露文件及时予以公布。

对按照本规则第五条、第九条要求披露的信息,同业拆借中心应及时发送至登记托管机构,并由登记托管机构及时在其官方网站公布。

解析:

本条是对信息披露文件审核方式、审核主体以及文件传递方式的有关要求。

为保证信息披露文件形式上的合规性和一致性,作为信息披露的重要平台,同业拆借中心承担了形式审核的责任,并需将有关信息及时发送至有关登记托管机构进行披露。

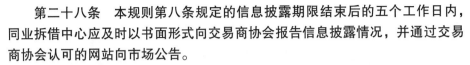

第二十八条　本规则第八条规定的信息披露期限结束后的五个工作日内，同业拆借中心应及时以书面形式向交易商协会报告信息披露情况，并通过交易商协会认可的网站向市场公告。

解析：

本条是对同业拆借中心向交易商协会书面报告、公告各期财务信息披露情况的有关要求。提供交易和信息披露服务的中介机构应接受自律组织的自律管理。

第二十九条　企业未按本规则第二十条规定制定信息披露事务管理制度的，给予警告处分，可并处责令改正或暂停相关业务。

企业未按本规则规定向市场公开其信息披露事务管理制度主要内容的，给予通报批评处分，可并处责令改正。

解析：

本条是2012年修订的新增条款，规定了企业未制定信息披露事务管理制度和未向市场公开披露其信息披露事务管理制度主要内容的自律处分措施，以保障相关规定的有效执行。对于未按照第二十条第一款要求制定相关制度的，对企业给予警告处分，同时根据企业违规行为的情节轻重可以相应给予责令改正或暂停相关业务的行为罚。对于违反第二款要求，已制定相关制度但未公开披露的，其行为危害程度较未制定相关制度为轻，因此适用的自律处分措施也较轻，处以通报批评的声誉罚，并处行为罚责令改正。

第三十条　企业违反本规则相关规定，未按要求真实、完整、及时地披露信息的，根据情节严重程度可给予诫勉谈话、通报批评，并处责令改正；对负有直接责任的董事、高级管理人员和其他直接责任人员，给予诫勉谈话、通报批评，并处责令改正。

企业披露的信息有虚假记载、误导性陈述或者重大遗漏的，根据情节严重程度可给予警告、严重警告或公开谴责处分，可并处责令改正、责令致歉、暂停相关业务、暂停会员权利或取消会员资格处分；对负有直接责任的董事、高级管理人员和其他直接责任人员，可给予警告、严重警告或公开谴责处分，可并处责令改正或认定为不适当人选。

解析：

本条是针对企业披露信息不真实、不准确、不及时以及信息存在虚假记载、误导性陈述或者重大遗漏适用的自律处分措施规定。

根据违规情节的轻重，将该类违规行为分为两个层次。第一层次为未按要求真实、完整、及时地披露信息，处分对象主观上无过错或者存在轻微过失，客观上造成危害结果较轻，将其界定违规情节较轻；第二层次是虚假记载、误导性陈述或者重大遗漏的，该层次违规主体主观恶性大，危害后果较严重，影响较恶劣，将其界定为违规情节较重的层次。

出现本条款所述情节的，对于机构和个人实行双重处分。不仅企业对于违规行为负有责任，企业董事、高级管理人员及其他直接责任人员对于违规行为亦负有责任，应根据情况给予处分。

本条根据违规行为层次规定了不同档级组合的自律处分措施。第一款规定的是违规情节较轻的层次，根据情节严重程度给予诫勉谈话、通报批评，并处责令改正；对负有直接责任的董事、高级管理人员和其他直接责任人员，给予诫勉谈话、通报批评，并处责令改正。第二款规定的是违规情节较重的层次，根据情节严重程度可给予警告、严重警告或公开谴责处分，可并处责令改正、责令致歉、暂停相关业务、暂停会员权利或取消会员资格处分；对负有直接责任的董事、高级管理人员和其他直接责任人员，可给予警告、严重警告或公开谴责处分，可并处责令改正或认定为不适当人选。该层次自律处分档级高，处分重。

需要注意的是，在具体给予自律处分决定时，根据违规行为的情节、自律处分措施的轻重，协会将分别在各层次内相机选择搭配行为罚和声誉罚。

**第三十一条** 对信息披露违规的中介机构，根据情节严重程度可给予诫勉谈话、通报批评、警告或严重警告处分，可并处责令改正、责令致歉或暂停相关业务；对负有直接责任的董事、高级管理人员和其他直接责任人员，可给予诫勉谈话、通报批评、警告或严重警告处分，可并处责令改正或认定为不适当人选。

解析：

本条是针对中介机构信息披露违规适用的自律处分措施规定。

信息披露规则规定，为债务融资工具的发行、交易提供中介服务的承销机构、信用评级机构、会计师事务所、律师事务所等中介机构及其指派的经办人员，应对所出具的专业报告和专业意见负责。

具体情形有：中介机构及其指派的经办人员，出具的专业报告和专业意见不真实、不准确、不完整、不及时，以及有虚假记载、误导性陈述或重大遗漏等情形。

违反本条款的，对于机构和个人实行双重处分。不仅机构对于违规行为负有责任，中介机构董事、高级管理人员及其他直接责任人员对于违规行为也负有责任，应根据情况给予处分。

在处分档级方面需要说明以下四点：一是因为企业是信息披露的第一责任主体，中介机构履行督导或提供其他专业服务，因此给予中介机构的处分相对于企业的处分要重。二是本条没有区分违规较轻和较重的层次，统一规定在一款，在具体适用时，根据违规行为的情节，根据情节严重程度可给予诫勉谈话、通报批评、警告或严重警告处分，可并处责令改正、责令致歉或暂停相关业务；对负有直接责任的董事、高级管理人员和其他直接责任人员，可给予诫勉谈话、通报批评、警告或严重警告处分，可并处责令改正或认定为不适当人选。三是在具体给予自律处分决定时，根据违规行为的情节、自律处分措施的轻重，分别在各自的层次内选择搭配行为罚和声誉罚。四是在违规行为发生时，相关部门将启动自律处分程序，按照自律处分规则、自律处分规程以及专家管理办法相关规定，调查、审议并根据违规情节给予自律处分，以及执行自律处分决定。

**第三十二条　为债务融资工具发行和交易提供中介服务的相关中介机构及经办人员所出具的文件含有虚假记载、误导性陈述或重大遗漏，给他人造成损失的，应当就其负有责任的部分依法承担民事责任。**

**解析：**

本条是针对中介机构信息披露违规造成损失时应承担民事责任的专门规定，是自律处分与司法程序衔接的途径。

协会作为自律组织，对于处分对象没有给予财产罚的权力，但是在处分对象的违规行为给他人造成损失的，协会将积极协调解决违规行为造成的民事责任。这是自律组织承担化解会员之间矛盾及协调、处理会员纠纷应尽的义务，是履行社会组织职能、保障非金融企业债融资工具市场健康发展的体现。

本条款中，违规主体是为债务融资工具发行和交易提供中介服务的相关中介机构及经办人员，客体是侵犯了他人的合法权益，主观上具有重大过失或故意，客观上发生了违规行为并且给他人造成了损失的后果。

在实践中，本条规定的违规行为发生时，协会将启动自律处分程序，按照自律处分规则、自律处分规程以及专家管理办法相关规定，调查、审议并根据违规情节给予自律处分，以及执行自律处分决定。在发现违规行为给他人造成损失时，将根据相关法律法规、自律规定以及募集说明书约定，依据事实，在当事人之间调节处理该民事责任。协调不成的，当事人可以向司法机关提请启动司法程序。

第三十三条　债务融资工具涉及信用增进的，为债务融资工具提供信用增进服务的机构应比照本规则中对发行企业的要求，在债务融资工具存续期内定期披露财务报表，并及时披露对发行企业偿债能力有重大影响的事项。

**解析：**

本条是针对为债务融资工具提供信用增进的机构在信息披露方面的专门要求，与对企业的要求类似，也同样包括定期和非定期信息披露，变更已披露信息，违反信息披露规则的自律处分等。

第三十四条　在信息披露工作中，企业、中介机构及负有直接责任的董事、高级管理人员和其他直接责任人员涉嫌违反法律、行政法规的，交易商协会可将其移交行政主管部门或司法机关处理。

**解析：**

本条是针对协会自律处分体系与行政机构、司法机关有效衔接的专门规定。

"案件移送"是自律处分实践中出现的新情形，明确对口机构、理清交接程序、明确移送形式，对创新协会自律处分工作、完善协会自律管理职能、做好自律管理与行政管理以及司法体系的衔接等方面具有重要意义。

协会作为银行间市场自律组织，在人民银行领导下开展自律管理工作，将自律处分过程中发现的涉嫌违法违规的重大事件向业务主管单位进行案件报告和移交是基于组织管理和开展业务的实际需要，是协会履行自律管理职责的重要体现。

对于人民银行之外的行政机关、司法机关，协会并没有法律规定或业务约束层面的强制性移送义务，移交案件在法律意义上属于一种举报行为。如何与行政机构、司法机关衔接尚需综合权衡各方面因素、循序渐进推进，有待在业务实践中不断摸索。

第三十五条　除本规则第二十三条规定的情形外，企业备案豁免披露信息按国家有关规定办理，有关情况须及时向市场公告。

**解析：**

本条是对企业涉及豁免披露情况的有关要求，企业豁免披露信息应严格按照国家有关规定办理，除国家规定可以予以豁免的情况外，企业对于债务融资工具偿债能力具有影响的信息均应真实、完整、准确地进行披露。

**第三十六条** 在境外上市或下属公司在境外上市的企业，应严格按照本规则要求披露季度、半年度和年度财务报表；财务报表应按中华人民共和国企业会计准则编制。

解析：

本条是对涉及境外上市企业信息披露的有关要求。

对于企业自身于境外上市或存在下属公司在境外上市的情况，相关上市企业的上市地对于财务信息编制的要求可能与国内会计准则存在差异，为体现信息披露的公平性以及财务数据的可比性，相关企业应按照国内有关企业会计准则的要求编制财务信息，并按照本规则相关规定披露。

**第三十七条** 本规则的规定是信息披露的最低要求。不论本规则是否明确规定，凡对企业偿债能力有重大影响的信息，企业及相关当事人均应依据本规则在银行间市场披露。

解析：

本条是信息披露义务的兜底条款，明确了凡是对企业偿债能力有重大影响的信息，企业均有义务依本规则进行披露。

为使规则能够尽可能适应现实情况和未来发展，本条明确了规则所规定的信息披露制度是银行间债务融资工具市场信息披露工作的最低要求，凡是对企业偿债能力有重大影响的信息，企业及相关当事人均应参照本规则相类似的规定，秉承诚实信用、对投资人负责的态度履行信息披露义务。

**第三十八条** 本规则由交易商协会秘书处负责解释。

解析：

本条是信息披露规则的解释权条款。

根据《银行间债券市场债务融资工具管理办法》（中国人民银行〔2008年〕1号令），中国银行间市场交易商协会负责银行间债务融资工具的发行注册管理。协会作为经人民银行授权的银行间市场的自律组织，有权制定自律管理规则并进行解释。

**第三十九条** 本规则自 2012 年 10 月 1 日起施行。

解析：

本条规定了新修订的《信息披露规则》开始施行的时间。

2012 年 5 月 14 日，中国银行间市场交易商协会正式公布修订后的《信息披露规则》。新修订的《信息披露规则》对多项制度规定进行了修改完善，市场成员了解掌握需要一定时间。尤其是明确企业在银行间债务融资工具市场融资需要建立信息披露事务管理制度,由于多数非上市公司类发行人此前缺乏相关的内部制度,需要时间去领会规则和落实执行,因此《信息披露规则》定于 2012 年 10 月 1 日起施行,为市场成员接受掌握规则、发行人完善制度建设预留了时间。

# 《银行间债券市场非金融企业债务融资工具中介服务规则》

## 制定背景及意义

自非金融企业债务融资工具推出之后，银行间市场迅速发展，市场规模持续扩容，参与者不断增多，债券市场产品和机制持续创新，支持实体经济作用日益显著。2008年，随着短期融资券的发展、中期票据的推出，交易商协会推出了《银行间债券市场非金融企业债务融资工具中介服务规则》（以下简称《中介服务规则》），其作为银行间债券市场自律规范性文件的重要支柱之一，在规范中介服务行为、加强金融市场自律管理、推动市场持续创新、弘扬市场诚信道德理念、保障市场健康发展方面发挥了重要作用。2012年，交易商协会根据市场发展的实际情况，组织市场成员一道，对《中介服务规则》进行了修订，并经第三届常务理事会第一次会议审议通过，报人民银行备案后发布实施。

作为规范中介机构进行中介服务的重要制度之一，《中介服务规则》的意义主要表现在以下两个方面。

第一，《中介服务规则》是顺应市场发展需要，推进市场创新，保障投资人权益，推动中介机构执业规范化的重要规则。

伴随着市场的飞速发展，整个中介服务队伍不断扩大，在促进市场发展的同时，也带来了一些问题，如业务运作不规范、素质水平需要提高、尽职调查不充分、研究分析不透彻、服务意识不足、责任意识有待加强、整个市场创新的制度保障力度不够、投资人的利益未能得到充分保护。《中介服务规则》对中介机构业务规范、行为规范等进行了详细规定，对促进中介机构执业的规范化，起到了重要作用。

第二，《中介服务规则》是转变金融市场管理方式，加强市场自律管理，加强金融市场诚信道德建设的重要规则。

《中介服务规则》的制定和修订，体现了交易商协会作为新型自律组织，在探索实践市场管理方式改革中作出的努力。通过会员的市场化评价制度、业务调查制度、违反规则时的自律处分等条款，加强了通过市场化方式对中介机构的自律管理。同时，对诚信档案等制度的规定，倡导和传播市场道德理念，着力推动建立市场声誉约束机制，促进市场的长期健康发展。

## 总体框架

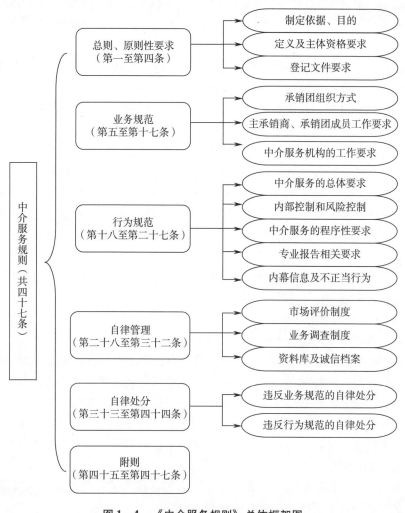

图1-4 《中介服务规则》总体框架图

## 条款解析

《中介服务规则》依据中国人民银行《银行间债券市场非金融企业债务融资工具管理办法》（中国人民银行令〔2008〕第 1 号）、《中国银行间市场交易商协会章程》和交易商协会相关自律规则，结合市场发展状况和中介服务实际工作经验制定而成，囊括各类中介服务机构的规范，共包括四十七条，对相关定义、资格要求、业务规范、行为规范、自律管理、自律处分等内容进行了规定。

（一）总则

**第一条　为保护投资者合法权益，规范中介机构在银行间债券市场为非金融企业（以下简称企业）发行债务融资工具提供中介服务的行为，根据《银行间债券市场非金融企业债务融资工具管理办法》《中国银行间市场交易商协会章程》及相关规定，制定本规则。**

解析：

本条明确了规则制定的依据和目的。

本规则制定的依据为《银行间债券市场非金融企业债务融资工具管理办法》《中国银行间市场交易商协会章程》及相关规定；规则制定的目的为保护投资者合法权益，规范中介机构在银行间债券市场为企业发行债务融资工具提供中介服务的行为。

**第二条　本规则所称中介服务是指承销机构、信用评级机构、会计师事务所、律师事务所、信用增进机构等中介机构在银行间债券市场为企业发行债务融资工具所提供的专业服务。**

**债务融资工具登记、托管、交易、清算、结算等机构应按照中国人民银行有关规定开展相关业务，并定期向交易商协会报送债务融资工具有关发行、登记、托管、交易、清算、结算、兑付等情况。**

解析：

本条对中介服务进行了定义，并对提供登记、托管、交易、清算、结算的机构的基本义务进行了规定。

中介服务的主体为承销机构、信用评级机构、会计师事务所、律师事务所、信用增进机构等中介机构，行为为在银行间债券市场为企业发行债务融资工具所提供的专业服务。

债务融资工具登记、托管、交易、清算、结算等机构作为银行间债券市场的基础设施类机构，应当恪守中国人民银行有关规定开展相关业务，并向交易商协会报送债务融资工具发行、托管等情况的基本义务。

**第三条　在中华人民共和国境内依法设立的具有相关执业资格的中国银行间市场交易商协会（以下简称交易商协会）会员机构或声明遵守自律规则、在交易商协会登记的非会员机构可提供债务融资工具中介服务。**

解析：

本条对提供中介服务的机构主体资格进行了规定，主要包含以下两层意思。

（一）提供中介服务的机构应当具有相关执业资格。中介服务机构应当具有相应的执业资格证明、营业执照，承销机构、信用评级机构应当取得监管部门许可在银行间市场从事相关业务的资格证明。

（二）提供中介服务的机构应当接受交易商协会的自律管理。途径有以下两条：一是成为交易商协会会员，自动接受交易商协会自律管理；二是声明遵守自律规则、在交易商协会登记的非会员机构，该类机构包括一部分律师事务所、会计师事务所。

**第四条　交易商协会秘书处负责接收中介机构登记文件，包括：**

**（一）登记报告；**

**（二）执业资格证明文件复印件；**

**（三）营业执照（副本）复印件；**

**（四）内控制度；**

**（五）专业部门及专业人员情况说明；**

**（六）最近一年经审计的会计报表；**

**（七）登记所需其他文件。**

解析：

本条对中介机构登记进行了规定，主要包含以下两层意思。

（一）登记文件的接收工作由交易商协会秘书处负责。为保障市场稳定健康发展，交易商协会秘书处将负责接收登记文件，并统一对登记文件进行保管。

（二）登记文件的种类。为加强对中介机构执业资格、执业能力的了解和监督，综合了解其设立、执业资格、营业范围、内部控制、人员配备、部门设置、财务状况等信息，机构在登记时须提交交易商协会秘书处的文件包括登记报告、执业资格证明文件复印件、营业执照（副本）复印件、内控制度、专业部门及专业人员情况说明、最近一年经审计的会计报表、登记所需其他文件。

（二）业务规范

**第五条　债务融资工具发行需要组成承销团的，由主承销商组织承销团，组成承销团的机构应当签订承销团协议。**

**第六条　承销团有三家或三家以上承销商的，可设一家联席主承销商或副主承销商，共同组织承销活动；承销团中除主承销商、联席主承销商、副主承销商以外的承销机构为分销商。**

解析：

以上两条为对承销团组织方式进行的规定，主要包含以下两层意思。

一是主承销商的相关职责。发行非金融企业债务融资工具施行主承销商负责制，负责组织建立承销团承销债务融资工具，明确各方的基本权利、义务以及责任，组成承销团的机构应当已签订《承销团协议》。

二是承销团的内部分工。承销团内部分为主承销商、联席主承销商或副主承销商、分销商。主承销商、联席主承销商或副主承销商由具有主承销商资格的机构担任，共同组织承销活动；分销商由具有承销商资格的机构担任。

**第七条　主承销商应建立、健全相关内控制度，包括营销管理制度、尽职调查制度、发行管理制度、后续服务管理制度、突发事件应对制度、追偿制度及培训制度。**

解析：

本条主要对主承销商的内部控制制度要求作出了规定。

主承销商在非金融企业债务融资工具注册发行、承销、后续管理中发挥重要作用，应当努力建立健全相关内部控制制度，切实提高执业水平，保证业务流程规范化，并防范业务中可能出现的风险，主要包含以下两个层面的意思。

（一）建立健全业务流程相关制度。从前期的项目营销到债务融资工具的本息偿付以及相关风险的应对处理，主承销商都应建立明确清晰的制度加以规范。包括营销管理制度、尽职调查制度、发行管理制度、后续服务管理制度、突发事件应对制度、追偿制度等。

（二）建立健全人员培训相关制度。主承销商应当健全执业人员培训制度，通过内部培训、外部培训等多种方式，加强风险管理意识，提高债务融资工具承销水平。

**第八条　主承销商应建立企业质量评价和遴选体系，明确推荐标准，确保企业充分了解相关法律、法规、自律规范性文件及其所应承担的风险和责任，为企业提供切实可行的专业意见及良好的顾问服务。**

解析：

本条规定了主承销商在项目遴选阶段的业务规范，主要包含以下两层意思。

（一）主承销商应建立项目遴选标准。主承销商应当建立相关制度和标准，规范开展项目尽职调查前所进行的企业质量评价和遴选活动。一般来说，标准至少应当包含以下几项：依法设立的企业法人机构；主营业务稳定，资产负债情况合理，现金流较充裕，稳定的偿付资金来源；可按要求进行真实、准确、完整的信息披露；近三年无违法违规行为和债券延迟支付本息行为；符合国家宏观经济政策、产业政策和监管机构的窗口指导政策等。

（二）主承销商对发行企业的告知义务。为确保企业合规注册发行债务融资工具并偿还本息，主承销商应当确保企业充分了解相关法律、法规、自律规范性文件及其所应承担的风险和责任。

**第九条　主承销商应协助企业披露发行文件，为投资者提供有关信息查询服务，严格按照相关协议组织债务融资工具的承销和发行。**

解析：

本条规定了主承销商在承销发行环节的业务规范，主要包含以下两层意思。

（一）主承销商协助信息披露规范。主承销商应当进行尽职调查，撰写注册发行文件，按照规定协助企业披露发行文件，并对投资人提供信息查询的服务，避免因信息不对称而对发行人或投资人产生不利影响。

（二）主承销商发行承销规范。主承销商应当严格按照承销团协议等要求，组织债务融资工具的承销发行。

**第十条　自债务融资工具发行之日起，主承销商应负责跟踪企业的业务经营和财务状况，并督促企业进行持续信息披露。**

**解析：**

本条对主承销商后续管理服务的总体义务进行了规定，主要包含以下两层意思。

（一）主承销商跟踪调查义务。自债务融资工具发行之日起，到其还本付息止，主承销商负有持续跟踪调查的义务，应当持续跟踪企业的业务经营和财务状况，并针对相关风险点，通过压力排查、风险测试等方式，掌握企业的风险状况和偿债能力，保护投资人权益，维护市场健康发展。

（二）主承销商信息披露的督导义务。信息披露是注册制的核心要求。在债务融资工具存续期间，一旦出现应当进行信息披露的事项，主承销商应当督导企业进行真实、准确、完整、及时地信息披露。信息披露应包括定期信息和非定期信息。其中，定期财务信息指各既定时点需公开的财务信息，非定期信息指按照《银行间债券市场非金融企业债务融资工具信息披露规则》等规则的要求，重大事项、企业更名、变更已披露信息、跟踪评级、付息兑付、债务融资工具持有人会议等事项应披露的信息。

**第十一条**　主承销商应督促企业按时兑付债务融资工具本息，或履行约定的支付义务。企业不履行债务时，除非投资者自行追偿或委托他人进行追偿，主承销商应履行代理追偿职责。

**解析：**

本条对企业偿付本息或履行支付义务过程中主承销商的职责进行了规定，主要包括以下两层意思。

（一）主承销商的督促义务。按时履约支付是发行人的重要义务，主承销商应当督促企业按时兑付债务融资工具本息或履行约定的支付义务，提高发行企业诚信意识，维护市场正常秩序，避免违约情形的出现。

（二）主承销商的代理追偿义务。在主承销商负责制的制度框架下，对于企业可能出现的违约情形，如投资者没有自行或委托他人进行追偿，主承销商应当履行代理投资者进行追偿的职责。

**第十二条**　主承销商应按照有关规定开展后续管理工作，积极应对管理突发事件，其他相关中介机构应给予配合，并根据需要在其职责范围内发表专业意见。

**解析：**

本条规定了突发事件应对的业务规范。

本条强调了后续管理工作中，遇到突发事件时，主承销商和其他相关中介机构的职责义务。主承销商应当按照《银行间债券市场非金融企业债务融资工具应急管理指引》的要求，协调相关机构、调动自身资源、妥善处理发生的突发事件。其他相关中介机构主要包括信用增进机构、信用评级机构、律师事务所等，应当各司其职、积极配合，协助主承销商和发行人妥善应对、处理突发事件。

**第十三条　承销团成员应严格按照承销团协议的约定开展承销活动。**

**解析：**

本条规定了承销团成员的业务规范。

承销团成员作为承销环节的重要参与者，应当严格遵守承销团协议的约定，配合主承销商工作并履行相应的义务，按照相关规定开展承销活动，分散承销风险，提高发行速度，推动市场发展。

**第十四条　信用评级机构应在充分尽职调查的基础上，独立确定企业和债务融资工具的信用级别，出具评级报告，并对其进行跟踪评级。信用评级机构应接受投资者关于信用评级的质询。**

**解析：**

本条规定了信用评级机构的业务规范。

信用评级的主要功能是通过专业化的信息收集和分析，简单而客观的提供受评对象有关债务偿还的风险信息，以帮助投资者解决信息不对称问题。作为投资者决策的重要参考，信用评级机构应当坚持定性和定量相结合，关注长期信用品质及现金流量分析，在工作中充分尽职调查，独立确定信用级别，并审慎出具评级报告。在债务融资工具存续阶段，应关注偿债能力的变化，对企业和债务融资工具进行跟踪评级。同时，对于出具的信用评级报告，信用评级机构应当接受投资者的质询。

**第十五条　会计师事务所应依据相关规定对企业进行审计，并出具审计报告。会计师事务所应对出具的非标准无保留意见进行说明。**

**解析：**

本条规定了会计师事务所的业务规范。

发行人注册债务融资工具，应披露近三年经审计的财务报告和最近一期的会计报表，一方面这是其他中介机构开展工作的基础性文件，同时也是投资者进行决策的重要依据。会计师事务所应当按照相关法律法规和规范性文件对企业进行审计，并合规出具审计报告，并对非标准无保留意见进行说明。

第十六条　律师事务所应在充分尽职调查的基础上，出具法律意见书和律师工作报告。法律意见书应至少包括对发行主体、发行程序、发行文件的合法性以及重大法律事项和潜在法律风险的意见。

**解析：**

本条规定了律师事务所的业务规范。

律师在保证合法合规、控制法律风险、推动市场发展等方面发挥着重要作用，在非金融企业债务融资工具相关业务中，律师应当充分进行尽职调查，尽到专业及合理的注意义务，并审慎出具法律意见书和律师工作报告。法律意见书是律师对企业发行债务融资工具相关事项合法合规性出具的总体意见，为投资人决策提供参考，包括但不限于对发行人主体资格、本次发行的授权及注册、发行人待偿还债务融资工具余额、本期债务融资工具发行规模、募集资金的使用、各中介机构的资质认定、发行人的重大诉讼及仲裁以及其他重大法律事项和潜在法律风险等内容出具意见。

第十七条　信用增进机构应在充分尽职调查的基础上，出具信用增进有效文件，并按照有关规定披露相关信息。

**解析：**

本条规定了信用增进机构的业务规范。

信用增进机构应当充分尽职调查，出具有效的信用增进文件，提高企业信用评级，节约企业融资成本，同时，在债务融资工具存续阶段，应当配合主承销商的后续管理工作，按照有关规定及时进行信息披露。

（三）行为规范

第十八条　中介机构在银行间债券市场提供债务融资工具中介服务，应当遵守法律、法规、行政规章及行业自律组织的执业规范，遵循诚实、守信、独立、勤勉、尽责的原则，保证其所出具文件的真实性、准确性、完整性。

**解析：**

本条对中介机构提供中介服务的总体要求进行了规定，主要包括以下三层意思。

（一）中介机构执业的合规性要求。中介机构为企业发行债务融资工具提供中介服务的行为，应当遵守各项法律法规、行政规章以及自律组织执业规范。如《公司法》《担保法》《企业国有资产监督管理暂行条例》等法律法规、《银行间债券市场非金融企业债务融资工具管理办法》《银行间债券市场债券发行现场管理规则》《银行间债券市场债券登记托管结算管理办法》等行政规章以及交易商协会的一系列规范性文件。

（二）中介机构执业的原则。中介机构在执业中应当诚实守信，遵守合同约定，并真实、准确、完整地公开发行文件；应当保持自身客观独立性，不得因为承揽业务等原因丧失自身独立判断；应当勤勉尽责，充分尽职调查，了解发行人信息，并对所依据文件的真实性、准确性、完整性进行必要的核实。

（三）中介机构出具文件的总体要求。中介机构对于所出具的发行文件，应当保证其真实性、准确性、完整性。

**第十九条　中介机构应建立债务融资工具中介服务相关内部控制和风险管理制度，健全内部机构设置，配备具有相关业务资格的从业人员。**

解析：

本条规定了中介机构需完善中介服务的制度、机制建设，主要包含以下两层意思。

（一）中介服务制度建设。中介机构应当按照本规则的要求，结合自身业务特点，建立内部控制和风险管理制度，使开展相关工作存在制度保障和基础依据。

（二）中介服务工作机制健全。中介机构应当重视机构设置、人员配备等方面工作，明确部门权责、明晰岗位职责，处理好前中后台之间、总部与分支机构之间的职责划分，为中介服务工作效率和质量提供机制上的保障。

**第二十条　中介机构提供中介服务，应与企业在业务协议中明确约定各自的权利和义务。**

解析：

本条规定了中介机构签订业务协议的主要内容。

中介机构提供中介服务，其委托方为发行人，在与企业的业务协议中，应当对双方的权利义务加以明确约定，并在执业过程中严格遵守。

**第二十一条　中介机构相关从业人员担任企业及其关联方董事、监事、高级管理人员，或者存在其他情形足以影响其独立性的，该从业人员应回避。**

解析：

本条规定了中介机构从业人员的回避机制。

为保护投资者权益，促进市场健康发展，当中介机构相关从业人员存在影响其独立性的情形时，该中介机构人员应当主动进行回避。

　　**第二十二条　中介机构提供中介服务，应安排足够的时间，执行必要的工作程序，确保全面、深入地开展尽职调查。**

　　解析：

　　本条规定了中介机构尽职调查的行为规范。

　　中介机构应当安排好相关业务流程和时间，保证尽职调查团队能够全面、深入地展开尽职调查，了解发行企业的相关情况，并制作发行文件。

　　**第二十三条　中介机构应当对所依据的文件资料内容的真实性、准确性、完整性进行必要的核查和验证。在尽职调查过程中如企业存有重大违法违规行为，或者发现企业提供的材料有虚假记载、误导性陈述、重大遗漏的，应当督促企业纠正、补充；企业拒不纠正、补充的，中介机构应拒绝继续接受委托，并及时向交易商协会报告。**

　　解析：

　　本条规定了中介机构对依据文件的相关义务，主要包含以下两层意思。

　　（一）中介机构必要的核查、验证义务。中介机构制作专业报告文件，应当在自身能力范围内，运用专业知识，尽到最大限度的专项注意义务，对所依据文件资料内容的真实性、准确性、完整性进行必要的核查和验证。

　　（二）中介机构的督促改正、报告义务。中介机构作为具有公信力的市场第三方，当发现企业存在重大违法违规情形，或者相关材料有虚假记载、误导性陈述或重大遗漏时，应当及时督促企业进行纠正补充；当企业拒不改正时，中介机构应当及时向交易商协会进行报告，并拒绝继续接受委托。

　　**第二十四条　中介机构出具的专业报告应表述清晰准确，结论性意见应有明确依据。报告应充分揭示风险，除非企业已经采取了具体措施，不得对尚未采取的措施进行任何描述。**

　　**专业报告应由两名以上经办人员签字，加盖中介机构公章，且不得有不合理的用途限制。**

　　解析：

　　本条对专业报告内容格式进行了规范要求，主要有以下两层意思。

　　（一）专业报告的内容要求。中介报告应当审慎出具专业报告，表述须清晰准确，应当避免使用不确定用语；对于结论性意见，应当有明确的依据支撑。对于尚未采取的措施，中介机构不应进行任何描述。

　　（二）专业报告的格式要求。为保证专业报告的公正客观性，应当有至少两名经办人员签字，并加盖中介机构公章。

**第二十五条** 中介机构应当归类整理尽职调查过程中形成的工作记录和获取的基础资料，形成记录清晰的工作底稿。工作底稿至少应保存至债务融资工具到期后 5 年。

**解析：**

本条规定了中介机构工作档案的管理要求。中介机构应当建立工作档案管理机制，工作底稿应当至少保存至期满后 5 年。

**第二十六条** 中介机构及其从业人员对其在执业过程中获知的内幕信息，应予以保密，不得利用内幕信息获取不正当利益。

**解析：**

本条规定了中介机构对于中介服务中获取的内幕信息的保密义务。

**第二十七条** 中介机构不应有以下行为：

（一）超出自身能力或采取不正当手段承揽业务；

（二）与企业或其他相关机构、人员之间有不当利益约定；

（三）以不正当方式提供中介服务；

（四）对不确定事项做出承诺；

（五）其他不正当行为。

**解析：**

本条对中介服务中可能出现的不正当行为作出了禁止性规定。

总体而言，中介机构不得有以下不正当行为：在项目营销阶段，中介机构应当坚持实事求是、客观公正原则，避免恶性压价、恶意诋毁等不正当手段，不得与其他机构、人员有不当利益约定；在项目开始后，不得以不正当方式提供中介服务，并不得对不确定事项做出承诺。

（四）自律管理

**第二十八条** 交易商协会定期组织市场成员对中介机构类会员进行市场评价。

**解析：**

本条规定了中介机构类会员市场评价机制。

**第二十九条** 市场评价包括中介机构的资质及业务情况评价、市场成员评价、相关专业委员会评价、交易商协会评价等因素，具体评价方案另行制定。

解析：

本条规定了中介机构类会员市场评价的评价主体。具体可参考《中国银行间市场交易商协会非金融企业债务融资工具承销业务相关会员市场评价规则》等相关规则。

**第三十条**　市场评价结果在交易商协会网站公布。交易商协会根据市场评价结果对中介机构进行分级规范。

解析：

本条对评价结果的使用作出了规定。

**第三十一条**　交易商协会可对中介机构的中介服务开展情况和自律规范性文件遵守执行情况开展业务调查。中介机构应积极配合调查，及时提供真实、准确、完整的材料。

解析：

本条对交易商协会业务调查进行规定。具体可参考《银行间债券市场非金融企业债务融资工具现场调查工作规程》等相关规则。

**第三十二条**　交易商协会建立中介机构资料库和诚信档案，记载中介机构及其从业人员提供中介服务所受奖励、处分等情况，并按照规定予以公开。

解析：

本条对诚信档案相关事项进行了规定。

为加强对各类中介机构的了解，促进中介机构诚信执业，交易商协会将建立中介机构资料库和诚信档案，配合协会各项会员工作开展，宣传市场诚信道德，推动市场发展。

（五）自律处分

**第三十三条**　未按本规则第三条规定提供中介服务的，根据情节严重程度给予诫勉谈话、通报批评、警告或严重警告处分，可并处责令改正。

解析：

本条是对没有相关主体资格而从事中介服务的机构进行处分的规定。对应的条款为本规则第三条。

**第三十四条**　中介机构未按规定建立健全中介服务有关制度和工作机制

的，根据情节严重程度给予诫勉谈话、通报批评或警告处分，可并处责令改正。

**解析：**

本条是对中介机构违反本规则规定、未建立健全制度和机制处分的规定。对应的条款为本规则第七条、第八条、第十九条。

第三十五条　主承销商出现未按业务规范要求组织债务融资工具的承销与发行、协助和督促企业信息披露、督促企业按时兑付债务融资工具本息或履行约定的支付义务等情形之一的，根据情节严重程度给予诫勉谈话、通报批评、警告、严重警告或公开谴责处分，可并处责令改正、责令致歉、暂停相关业务、暂停会员权利或取消会员资格。对负有直接责任的董事、高级管理人员和其他直接责任人员给予诫勉谈话、通报批评、警告、严重警告或公开谴责处分，可并处责令改正、责令致歉或认定不适当人选。

**解析：**

本条是对主承销商违反相关业务要求处分的规定。对应的条款为本规则第九条、第十条、第十一条。

第三十六条　中介机构出现未按规定开展后续管理工作、突然事件应急管理工作等情形之一的，根据情节严重程度给予诫勉谈话、通报批评、警告、严重警告或公开谴责处分，可并处责令改正、责令致歉、暂停相关业务、暂停会员权利或取消会员资格。对负有直接责任的董事、高级管理人员和其他直接责任人员给予诫勉谈话、通报批评、警告、严重警告或公开谴责处分，可并处责令改正、责令致歉或认定不适当人选。

**解析：**

本条是对包括主承销商在内的各中介机构在后续管理工作中违反相关业务规范处分的规定。对应的条款为本规则第十二条。

第三十七条　承销团成员、信用评级机构、会计师事务所、律师事务所、信用增进机构未按业务规范要求提供中介服务的，根据情节严重程度给予诫勉谈话、通报批评、警告、严重警告或公开谴责处分，可并处责令改正、责令致歉、暂停相关业务、暂停会员权利或取消会员资格。对负有直接责任的董事、高级管理人员和其他直接责任人员给予诫勉谈话、通报批评、警告、严重警告或公开谴责处分，可并处责令改正、责令致歉或认定不适当人选。

解析：

本条是对承销团成员、信用评级机构、会计师事务所、律师事务所、信用增进机构未按业务规范要求进行执业处分的规定。对应的条款为本规则第十三条至第十七条。

**第三十八条**　中介机构出现未按要求全面、深入、规范开展尽职调查的，根据情节严重程度给予诫勉谈话、通报批评、警告、严重警告或公开谴责处分，可并处责令改正、责令致歉、暂停相关业务、暂停会员权利或取消会员资格。对负有直接责任的董事、高级管理人员和其他直接责任人员给予诫勉谈话、通报批评、警告、严重警告或公开谴责处分，可并处责令改正、责令致歉或认定不适当人选。

解析：

本条是对中介机构违反相关程序性规定、未能全面深入开展尽职调查处分的规定。对应的条款为本规则第二十一条、第二十二条。

**第三十九条**　中介机构违反第二十三条规定，未履行相关核查、验证、督促及报告等义务的，根据情节严重程度给予通报批评、警告或严重警告处分，可并处责令改正、责令致歉或暂停相关业务。

解析：

本条是对中介机构未履行相关核查、验证、督促及报告等义务处分的规定。对应的条款为本规则第二十三条。

**第四十条**　中介机构制作、出具的文件不真实、不准确、不完整的，根据情节严重程度给予诫勉谈话或通报批评处分，可并处责令改正。对负有直接责任的董事、高级管理人员和其他直接责任人员给予诫勉谈话或通报批评处分，可并处责令改正。

中介机构制作、出具的文件有虚假记载、误导性陈述或者重大遗漏的，根据情节严重程度给予警告、严重警告或公开谴责处分，可并处责令改正、责令致歉、暂停相关业务、暂停会员权利或取消会员资格。对负有直接责任的董事、高级管理人员和其他直接责任人员给予警告、严重警告或公开谴责处分，可并处责令改正、责令致歉或认定不适当人选。

解析：

本条是对中介机构制作出具的文件不真实、不准确、不完整，或有虚假记载、误导性陈述、重大遗漏的处分规定。对应的条款为本规则第二十四条。

第四十一条　中介机构出现未恪守保密义务、利用内幕信息获取不正当利益的，根据情节严重程度给予警告、严重警告或公开谴责处分，可并处责令改正、责令致歉、暂停相关业务、暂停会员权利或取消会员资格。对负有直接责任的董事、高级管理人员和其他直接责任人员给予警告、严重警告或公开谴责处分，可并处责令改正、责令致歉或认定不适当人选。

解析：

本条是对中介机构违反保密义务的处分规定。对应的条款为本规则第二十六条。

第四十二条　中介机构违反第二十七条规定，存在不正当行为的，根据情节严重程度给予警告、严重警告或公开谴责处分，可并处责令改正、责令致歉、暂停相关业务、暂停会员权利或取消会员资格。对负有直接责任的董事、高级管理人员和其他直接责任人员给予警告、严重警告或公开谴责处分，可并处责令改正、责令致歉或认定不适当人选。

解析：

本条是对中介机构在中介服务过程中存在不正当行为的处分规定。对应的条款为本规则第二十七条。

第四十三条　中介机构未按规定配合协会业务调查的，根据情节严重程度给予诫勉谈话、通报批评、警告、严重警告或公开谴责处分，可并处责令改正、责令致歉、暂停相关业务、暂停会员权利或取消会员资格。对负有直接责任的董事、高级管理人员和其他直接责任人员给予诫勉谈话、通报批评、警告、严重警告或公开谴责处分，可并处责令改正、责令致歉或认定不适当人选。

解析：

本条是对中介机构未按规定配合协会业务调查的处分规定。对应的条款为本规则第三十一条。

第四十四条　中介机构及负有直接责任的董事、高级管理人员和其他直接责任人员涉嫌违反法律、行政法规的，交易商协会可将其移交行政主管部门或司法机关处理。

解析：

本条规定了对中介机构及相关人员违反法律法规情况应采取的相应措施。

（六）附则

**第四十五条**　各中介机构中介业务自律指引由交易商协会秘书处组织市场成员制定并发布实施。

解析：

本条是对制定各类中介机构的业务自律指引的授权规定。

**第四十六条**　本规则由交易商协会秘书处负责解释。

**第四十七条**　本规则自公布之日起施行。

解析：

第四十六条、第四十七条规定了指引的解释权和实施生效时间。

# 《非金融企业债务融资工具市场自律处分规则》

(2012 年 3 月 1 日第三届常务理事会第一次会议审议通过,
自 2012 年 10 月 1 日起施行)

## 制定背景及意义

　　交易商协会作为银行间债券市场的自律管理机构,自成立以来,对非金融企业债务融资工具的注册、发行、交易等各环节切实加强自律管理,既符合场外金融市场发展的客观规律,也符合党中央、国务院关于加快探索政府职能转变和社会管理模式创新的政策要旨,是发展市场、引领创新的内在需求和源泉动力,是协会实现"自律、创新、服务"宗旨的直接体现。作为银行间债券市场自律管理组织,协会各项工作均以完善市场基础制度环境、持续有效推动市场创新、全心全意为市场参与者服务为中心。其中,市场基础性制度环境既是市场运行、自律管理的基础和准绳,又是市场创新和协会服务的重要内容,一直为协会履行宗旨的重中之重。近几年来,协会组织市场成员持续研究制定了一系列自律规则指引,逐步建立健全了一套系统、科学的市场自律规范制度。随着各类市场基础制度的出台和执行、市场基础设施建设的健全和完善,协会积累了一定的实践经验,市场成员的市场意识和责任意识也得以逐步加强,自律管理理念已深入人心。

　　交易商协会在市场发展初期主要着力于向市场成员传导和传播市场化理念,以此正面激励并规范市场成员的展业行为。随着市场发展程度不断向纵深扩展,在市场规模扩大的同时,发行主体范围逐步扩大,产品信用评级中枢不断下移,个别机构诚信意识不强、不合规的问题时有发生,甚至出现了严重违反市场规则、损害投资者权益以及扰乱市场正常运行秩序的事件,如企业无偿划转重大资产未及时披露,已披露财务信息未能真实准确反映其生产经营情况,变更募集资金用途未事前向市场披露,主观恶意欺诈、蓄意隐瞒重大事项，漏报或瞒报对企业偿债能力有重大影响的信息；主承销商尽职调查存在疏漏、存续期后续管理不到位，相关中介机构未充分尽职履责等。市场发展出现了新情况、新问题，原有自律处分制度已不能适应市场规范发展的现实需要。为满足市场深化发展需要，公平正义、合理适度地处分违规行为，应广大市场成员要求，协会依据相关法律法规和自律规范文件要求，结合债务融资工具市场实践经验，总结过去、立足现在、着眼长远，向市场推出了《非金融企业债务融资工具市场自律处分规则》（以下简称《自律处分规则》）。

《自律处分规则》的制定宗旨与市场深化发展的要求高度契合，与"以规范促发展"的指导精神一脉相承，满足了市场之所需、解决了市场之所急。一方面，《自律处分规则》是对非金融企业债务融资工具市场相关自律规范制度的进一步完善。前期交易商协会已组织市场成员建立起包括五规则十指引四规程一守则一办法两文本在内的自律规范体系，明确了债务融资工具各业务环节的基础制度性要求。《自律处分规则》既是对自律规范体系原有处分措施种类和程序的继承与发展，又对处分议定机制、措施档级层次和相关主体权限职责进行了创新与完善，体现了分权制衡与责任分担的原则，保障了自律处分的客观、公正和效率。《自律处分规则》作为协会开展自律管理的制度性保障和基础性安排，提纲挈领地规范了自律处分的工作程序和议定机制，纵向与《自律处分会议工作规程》和《自律处分专家管理办法》等配套细则共同构成自律处分工作的程序性规范，横向与《注册发行规则》《信息披露规则》《中介服务规则》和《会员管理规则》等共同构成认定违规行为和裁量处分措施的依据。另一方面，《自律处分规则》的颁布和实施将促进市场成员责任意识和自律意识的进一步提升，有利于保护市场各方合法权益。一是增强对发行人的教育与威慑作用，督导其持续提升市场责任意识、履行市场义务，从根本上对市场自律管理效果提供保障；二是敦促主承销商、信用评级机构、律师事务所、会计师事务所等中介机构尽职履责，严守执业道德规范，提高执业水平，提升服务质量，加强对中介机构执业的约束与监督；三是强化对投资者合法权益的保障程度，将保护投资者合法权益的有效措施落到实处。

## 总体框架

《自律处分规则》全文共三十一条，包括总则、自律处分议定机制、调查要求和程序、自律处分决议以及附则五个部分。《自律处分规则》以"市场事、市场决"为根本理念，采用自律处分会议制度作为基本决策机制，由市场成员推荐的自律处分专家对违规行为进行审议并决定。《自律处分规则》采用了控、审分离的先进机制，规定了常务理事会、自律处分会议和协会秘书处专题办公会等各决策主体的权限划分，规范了前期调查、处分决定和复审等环节的主要流程，按照从轻到重的顺序细化了声誉类和行为类的自律处分措施及使用原则，搭建了清晰的处分程序机制，健全完善了处分措施种类。

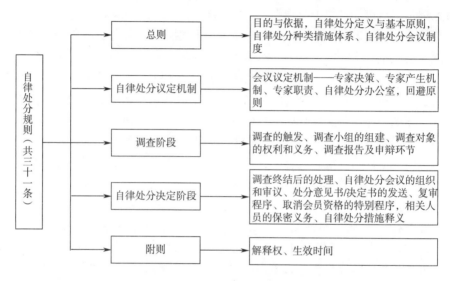

图1－5　《自律处分规则》总体框架图

## 条款解析

　　第一条　为维护银行间市场正常秩序，保护市场各方合法权益，根据《银行间债券市场非金融企业债务融资工具管理办法》（中国人民银行令〔2008〕第1号）以及《中国银行间市场交易商协会章程》制定本规则。
　　解析：
　　本条明确了规则制定的目的与依据。
　　规则制定的依据方面，一是中国人民银行令〔2008〕第1号授予协会对债务融资工具进行自律管理的职权，是协会开展自律管理的法律依据；二是《中国银行间市场交易商协会章程》系经民政部备案的协会"宪法"，在协会规则体系中居于核心地位，也是《自律处分规则》制定的基础。规则旨在维护市场秩序、保护市场各方合法权益。

**第二条**　本规则所称自律处分，是指中国银行间市场交易商协会（以下简称交易商协会）对本协会会员、自愿接受本协会自律管理的机构及上述会员或机构的相关人员涉嫌违反相关自律规定的情况进行调查核实，并据实采取相应自律处分措施的行为。

解析：

本条界定了自律处分的定义，阐明了自律处分的主体、客体和适用依据等关键要素。

（1）实施主体。交易商协会根据人民银行有关授权代表会员进行自我管理、自我教育，当个别会员发生危害其他会员合法权益的违规行为时，协会有义务在会员之间发生纠纷时定分止争，做好会员自律管理。

（2）处分对象。自律处分的适用对象包括协会会员、自愿接受协会自律管理的机构及上述会员或机构的相关人员。

（3）适用依据。自律处分的实施以全体市场成员制定的自律规范要求为准绳，并且以相关事实为裁定依据。

（4）处分程序。自律处分程序包括调查核实有关情况、审议违规行为、给予处分决定、执行处分决定等阶段。

**第三条**　自律处分遵循公正、公开、审慎的原则。自律处分应以事实为依据，与违反自律规定行为的性质、情节以及危害程度相当。

解析：

本条规定了自律处分的基本原则。《自律处分规则》将实质正义视为自律处分的核心理念，自律处分遵循公正、公开、审慎的原则。

（1）公正原则。自律处分对象不论是发行企业、投资者，还是主承销商等中介机构，在自律处分工作中均享有平等的地位，交易商协会在对违规行为进行惩处时，一律按照《自律处分规则》的相关要求予以平等调查、认定、裁量和执行，不因机构的性质、规模和其他因素而有所偏颇。

（2）公开原则。自律处分工作在调查、取证、表决和执行程序上，除涉及国家秘密、商业秘密和个人隐私外一律公正透明，接受市场成员的监督和质询。

（3）审慎原则。坚持少罚慎罚的原则，交易商协会慎重对待每一次自律处分，自律处分所依据的事实和证据必须经过严格的取证、甄别、质证和认证，未经严格程序筛选和质证的材料、存疑的证据，一律不得作为自律处分决定裁量的依据。

在公正、公开、审慎的原则指导下，具体案件的自律处分应当以事实为依据，与违反自律规定行为的性质、情节以及危害程度相当。

**第四条** 根据违规情节，交易商协会可以给予诫勉谈话、通报批评、警告、严重警告或公开谴责的自律处分，并可以据情并处责令改正、责令致歉、暂停相关业务、暂停会员权利、认定不适当人选或取消会员资格。涉嫌违反法律法规的，交易商协会可移交有关部门进一步处理。

**解析：**

本条规定了自律处分措施体系，自律处分措施包括声誉类和行为类处分两种。

（1）声誉类处分措施。按照违规情节从轻到重的顺序，声誉类处分包括诫勉谈话、通报批评、警告、严重警告或公开谴责五类处分，同时适用于机构和个人。

（2）行为类处分措施。按照违规情节从轻到重的顺序，行为类处分包括责令改正、责令致歉、暂停相关业务、暂停会员权利、认定不适当人选或取消会员资格六类处分。其中，责令改正、责令致歉可适用于个人，也可适用于机构，暂停相关业务、暂停会员权利、取消会员资格仅适用于机构，而认定不适当人选则仅适用于个人。

"声誉类"和"行为类"处分措施的设置丰富了自律处分措施的层次、明确了处分措施的档级。此外，违规行为同时涉嫌违反法律法规的，交易商协会保有移交有关部门进一步处理的权利，实现了协会自律管理与行政管理、司法管理的互通互联。

**第五条** 自律处分实行自律处分会议制度。违反相关自律规定且情节较轻的，可由交易商协会秘书处专题办公会决定；情节严重的，须提交自律处分会议议定；涉及取消会员资格的，须经常务理事会审议批准。

**解析：**

本条规定了自律处分会议制度及其分层决策机制。

（1）自律处分会议制度。根据"市场事、市场议、市场决"的理念，《自律处分规则》将自律处分决定权赋予市场成员，由来自市场的自律处分专家组成自律处分会议审议违规行为。自律处分专家的产生和议事机制，由《自律处分专家管理办法》进一步约束。

（2）自律处分会议分层决策机制。自律处分决策机制包括自律处分会议、自律处分专题办公会和常务理事会三层。自律处分会议有权审议所有违反自律规定的行为，并可做出各类自律处分措施，但为了在保障公平的前提下最大限度实现自律处分工作效率，《自律处分规则》中对自律处分权限做了合理的划分。对于违规情节较轻、市场影响较小的违规行为可由交易商协会秘书处通过专题办公会直接做出自律处分；按照《中国银行间市场交易商协会章程》的相关规定，对于取消会员资格这一最为严厉的处分决定，则需由常务理事会审议决定。自律处分会议的分层决策机制，既推动了自律处分工作的正常开展，又能达到快速纠正违规行为、消除不利影响的目的。

**第六条　自律处分会议由不少于五名自律处分专家参加，按照相关自律规定，对违规行为进行审议并作出处分决定。**

解析：

本条规定了自律处分会议采用专家议事决策机制。

（1）自律处分会议决策主体。审议违规行为的主体是自律处分专家，自律处分专家由市场成员推荐，需符合《自律处分专家管理办法》的有关规定。

（2）决策依据。自律处分专家审议违规行为并裁量处分决定的依据是银行间债券市场的自律规定，明确界定了自律处分需依据的自律规范文件。

（3）会议议事原则。自律处分会议采用民主集中制的议事原则，总体而言专家结构尽可能地多元化，以满足市场各方的诉求；参会专家人数规定为单数以避免出现表决平局的状况，实际操作中，专家的人数可以是五名、七名等多于或者等于五名的单数。

关于自律处分专家资质要求、工作程序、专家库的管理维护等在《自律处分专家管理办法》做了明确规定；关于自律处分专家的数量、结构、参会专家选取、会议组织等要求在《自律处分规程》中有明确规定。

**第七条　自律处分专家由交易商协会会员推荐，经常务理事会审定，由交易商协会聘任。自律处分专家以个人名义参加自律处分会议，独立发表处分意见，履行相关职责。**

解析：

本条规定了自律处分专家的产生机制。该机制在《自律处分专家管理办法》有具体规定。

（1）专家来源。基于自律处分工作需要，为保证自律处分决定的专业性、公平性，自律处分专家涵盖投资者代表、律师、会计师、其他市场机构等四类人员。自律处分专家应拥有一定的业内威望和良好的市场形象，具备较高的专业水准。

（2）专家意见独立性。自律处分专家以个人名义参加自律处分会议，独立履行职责、发表个人专业意见，不受其他任何组织和个人的干涉。

**第八条　交易商协会秘书处设自律处分会议办公室（以下简称办公室）。办公室是自律处分会议的常设机构，负责组织开展调查、安排召开自律处分会议、受理复审申请等工作。**

解析：

本条规定了自律处分办公室的定位、职责。

（1）自律处分常设机构。设立专门机构专司违规处分工作是借鉴国际金融监管机构的通行做法，符合市场长期发展的趋势和规律，是银行间债券市场加强后续管理组织机构创新的重要举措，是惩戒违规主体、规范市场发展、保护注册制有效健康运行的机制保障。自律处分办公室作为协会秘书处常设的为自律处分提供综合管理服务的机构，主要从事自律处分工作中有关组织、协调、材料受理和准备等工作。

（2）自律处分办公室职责。自律处分办公室不具有启动自律处分工作、审议违规行为、决定自律处分措施的实质性权利，其具体职责包括以下七个方面。①建立健全自律处分体系相关制度，规范自律处分工作程序，细化自律处分裁量标准，检查督促各项工作和制度的落实。②组织成立调查小组，整理、撰写调查报告、证据材料，形成报秘书处专题办公会、自律处分会议和常理会审议材料及议案；组织开展相关调查，并将调查结果向调查对象反馈，接受调查对象的申辩等。③组织召开自律处分会议，做好选取并通知参会专家、制作会议材料、会议记录、计票等会务工作，组织开展补充调查工作；受理复审申请，组织召开复审会议。④负责自律处分决定的执行和执行监督，处理执行过程中的相关事宜，将处分对象的执行情况纳入会员评价考核因素。⑤做好自律处分专家的日常管理，规范专家产生程序，组织专家培训，建立完善评价机制，充分发挥自律处分专家的作用。⑥进行债务融资工具注册制、后续管理、自律处分相关理念、宗旨、规则及实务操作的宣介和教育。⑦其他相关工作。

**第九条　自律处分专家及办公室相关工作人员与自律处分工作存在利害关系的，应当回避。**

解析：

本条规定了自律处分工作应遵循的回避原则。

调查人员、自律处分专家及自律处分办公室工作人员若与自律处分工作存在利害关系的，应当回避。采用回避原则，能够从程序上保障违规行为得到客观公正的处理，确保处分对象受到公平、公正的对待，杜绝发生徇私舞弊、偏袒包庇等行为。关于自律处分专家应回避的具体情形，在《自律处分会议规程》第八条有详细说明。

**第十条　办公室获悉涉嫌违反交易商协会相关自律规定的，应启动调查。**

**解析：**

本条说明了调查程序的触发条件。

自律处分相关调查工作由办公室组织开展，办公室启动调查程序的条件为获悉机构或个人涉嫌违反有关自律规定。违规信息获取的来源，包括外部举报、现场调查、有权机构移送等。"涉嫌"违规，是指未经自律处分会议或者秘书长专题办公会的审议和认定，尚不能判定调查对象有关行为违反自律规定的状态。

**第十一条　办公室组织成立调查小组，并可以根据工作需要邀请其他机构或专家参加调查小组。调查小组中办公室工作人员不少于两人。**

**解析：**

本条规定了调查小组的组建方式和人员构成要求。

（1）组建方式。在案件触发调查程序后，由办公室负责组建成立调查小组。

（2）人员构成要求。根据调查工作需要，调查小组的成员可包括政府部门、自律组织以及市场机构等的人员。为加强内部监督和复核，调查小组中办公室的人员不得少于两人。

**第十二条　调查小组可以采取约见谈话、书面调查和现场调查等调查方式，并根据工作需要征求政府部门、行业自律组织和其他第三方机构的意见。**

**解析：**

本条规定了调查小组可采取的调查方式。

调查可采取约见谈话、书面调查和现场调查等方式。此外，为充分获取案件相关的信息，调查小组也可征求政府部门、行业自律组织和第三方机构的意见。

**第十三条　调查对象应当配合调查，及时按照调查小组要求提供相关信息，并保证其真实、准确、完整。**

**解析：**

本条规定了调查对象配合调查的义务。

调查对象应当配合调查小组并协调有关机构完成调查工作，按照调查小组要求提供相关信息并保证其真实、准确和完整。

**第十四条　调查小组在调查结束后形成调查报告，提交办公室。**

**解析：**

本条规定了调查报告的形成与提交。

调查小组完成调查后，必须按照规范的内容和形式要求形成调查报告，提交至自律处分办公室，便于自律处分专家更清晰地了解案件，把握案件的情节轻重，裁量违规行为并给与自律处分决定。报告内容包括调查对象、调查缘由、调查事项、调查取得相关证据材料、调查对象违反协会自律规定的具体条款、调查结论等。

**第十五条　办公室应将调查情况告知调查对象。调查对象有异议的，可以自获知调查情况五个工作日内向办公室提出申辩，并提交补充说明材料。**

**解析：**

本条规定了调查对象的申辩权。

为保证自律处分决定的公正、客观和审慎，充分保障调查对象或处分对象的权利，《自律处分规则》给予调查对象或处分对象在不同阶段分别享有知情权、陈述申辩权和复审申请权。在调查阶段，调查对象行使申辩权要点主要包括以下三个方面。

（1）申辩主体及接受对象。申辩主体为调查对象；为了更加客观、公正地听取调查对象的申辩，接受调查对象申辩的主体为办公室，而非调查小组。

（2）申辩权内容。调查对象可以对调查小组人员构成、调查方式、调查内容、调查结论等相关情况提出异议，行使申辩权。

（3）申辩权行使程序。调查对象应自获知调查情况之日起五个工作日内以提交书面材料或当面报告的形式提出申辩，调查对象的合理申辩不会导致对其自律处分的加重。调查对象提交的书面材料应说明申辩理由，包含相应的证据材料，并加盖公章。

**第十六条　通过调查，发现调查对象没有违反自律规定的，不给予自律处分，并告知调查对象；确有违反相关自律规定且情节较轻的，交易商协会秘书处专题办公会可作出诫勉谈话、通报批评或责令改正的处分决定，情节严重**

的，提交自律处分会议议定。

解析：

本条规定了调查结果的评估及不同情形处理的程序，主要包括两层含义。

（1）调查结果评估依据。调查结果评估的规则依据为银行间债券市场相关自律规定，事实依据为调查报告和调查对象的申辩材料。

（2）评估结论及处理。根据调查对象是否违规以及违规程度的轻重，在调查后按照不同的程序进行后续处理。

①未违反相关规定的，不给予自律处分，调查终结并及时告知其调查对象调查结果，保障其知情权。

②违规情节轻微、危害较小的，提交至交易商协会秘书长专题办公会进行自律处分，根据情节严重程度给予诫勉谈话、通报批评或者责令改正的自律处分措施。

③违规情节严重的，提交自律处分会议进行自律处分，根据情节严重程度给予警告、严重警告、公开谴责、责令致歉、暂停相关业务、暂停会员权利、认定不适当人选等自律处分决定或取消会员资格的自律处分建议。

**第十七条**　自律处分会议由办公室从自律处分专家库中随机抽取不少于五名自律处分专家参加，并随机确定一名召集人主持会议，对违规行为进行审议并作出处分意见或决定。

解析：

本条规定了自律处分会议的运作机制。

本条介绍了自律处分专家的抽取方式、会议组织形式等要点。

（1）专家抽取方式。为保证自律处分会议客观、公正地审议违规行为，并确保自律处分会议能够顺利召开，《自律处分规则》确定了自律处分会议参会专家至少为五名。具体操作上，依据《自律处分会议规程》确定的拟抽取专家的专业结构和人数，办公室从自律处分专家库中按专家类别随机排序顺次确定参会专家，若因回避等事由导致专家选取无效的，重新按类别抽取专家。

（2）会议组织形式。自律处分会议由召集人主持，自律处分会议的决议采用民主集中制，自律处分专家以个人名义参会，独立审议违规行为，独立发表处分意见，履行相关职责，不受其他任何组织和个人的干涉。

**第十八条**　交易商协会秘书处专题办公会或自律处分会议作出诫勉谈话、通报批评或责令改正的处分决定，办公室应自该决定作出之日起三个工作日内向处分对象发送《自律处分决定书》；自律处分会议作出警告、严重警告、公开谴责、责令致歉、暂停相关业务、暂停会员权利、认定不适当人选或取消会员资格的处分意见，办公室应自该意见作出之日起三个工作日内向处分对象发送《自律处分意见书》。

解析：

本条规定了自律处分审议决定及其适用的相关文书类型。

（1）审议决定。根据第十六条的有关规定，交易商协会秘书处或自律处分会议可根据案件情节作出不予自律处分、诫勉谈话、通报批评或者责令改正的自律处分决定；自律处分会议还可作出警告、严重警告、公开谴责、责令致歉、暂停相关业务、暂停会员权利、认定不适当人选或取消会员资格的自律处分意见。

（2）自律处分决定适用文书。

①文书类型。为了便于操作、简化文种，《自律处分规程》规定了处分决定的两种载体，即《自律处分决定书》和《自律处分意见书》，其中《自律处分意见书》是指经过自律处分会议审议并给予处分对象较重的处分措施，且允许处分对象提出复审申请、未生效的处分决定的文书载体；《自律处分决定书》是经过交易商协会秘书处专题办公会审议给予处分对象较轻的处分措施或者经过自律处分会议复审给予处分对象最终且生效自律处分决定的文书载体。

②文书适用原则。交易商协会秘书处专题办公会或者自律处分会议给予处分对象诫勉谈话、通报批评、责令改正的处分决定的；自律处分会议经过复审给予处分对象处分决定的、常务理事批准取消会员资格处分决定的文书载体均适用《自律处分决定书》；自律处分会议直接做出或常务理事会不予批准取消会员资格而退回自律处分会议做出的包括警告、严重警告、公开谴责、暂停业务、暂停会员权利、取消会员资格以及认定不适当人选处分决定的，均采用《自律处分意见书》的形式，处分对象对其所载的处分决定不服的，可以申请复审。

③文书送达。办公室应自处分决定或者处分意见作出之日起三个工作日内向处分对象分别发送《自律处分决定书》《自律处分意见书》。

**第十九条** 处分对象对处分意见有异议的，可在收到《自律处分意见书》五个工作日内向办公室书面提出复审申请。

解析：

本条规定了处分对象申请复审的权利和申请复审的时间、形式及内容。

为及时发现和纠正自律处分会议的错漏之处，尊重处分对象合法权益，

《自律处分规则》设置了自律处分的复审程序，复核程序相关要点包括以下四个方面。

（1）提请主体及接受复审主体。处分对象为提起复审程序的唯一主体，其他任何机构和人员无权申请；接受复审申请的主体为办公室。

（2）复审程序触发机制。复审程序的启动无特殊条件限制，当处分对象按照要求向办公室提出复审申请的，办公室应当启动复审程序，不得以各种借口推脱或者不予受理。

（3）提请形式。从法律角度而言，提请复审属于要式法律行为，需要采用书面形式，因此，申请复审需要提交有固定文本模式的复审申请书。

（4）提请复审时间。处分对象需于收到《处分意见书》的五个工作日内提请复审，"五个工作日"的起算时间为处分意见传真送达处分对象之时，该时间计算不因为任何事由而中止或中断。

**第二十条**　办公室在规定时间内，未收到处分对象对警告、严重警告、公开谴责、责令致歉、暂停相关业务、暂停会员权利或认定不适当人选处分意见的复审申请，视其接受处分意见，向其发送《自律处分决定书》。

解析：

本条规定了自律处分意见的生效机制。

自律处分会议经过审议给予处分对象警告、严重警告、公开谴责、责令致歉、暂停相关业务、暂停会员权利或认定不适当人选处分意见的，若自处分对象收到《自律处分意见书》五个工作日内未提出复审申请，该处分意见即时生效，办公室换由《自律处分决定书》载明自律处分措施并发送至处分对象。

**第二十一条**　办公室在规定时间内，未收到处分对象对取消会员资格处分意见的复审申请，提交常务理事会审议批准。

解析：

本条规定了处分对象对于取消会员资格的处分意见未提出复审申请的处理方式，主要包括三层含义。

（1）"取消会员资格"处分的复审权。考虑到"取消会员资格"自律处分措施的严重性，为了客观、审慎地给予处分决定，规则给予处分对象对"取消会员资格"自律处分措施申请复审的权利。

（2）"取消会员资格"处分生效机制。根据《交易商协会章程》第十四条规定，会员如有严重违反本章程行为，经理事会或者常务理事会表决通过，取消会员资格。可见，常务理事会对于取消会员资格具有审议批准权，自律处分会议对"取消会员资格"的处分只有建议权，而无决定权。因此在处分对象逾期没有申请复审的前提下，办公室需要将"取消会员资格"的处分意见提交常务理事会审议批准。

（3）处分方案其他并处措施生效机制。考虑到"取消会员资格"的自律处分措施与其他并处的处分措施是基于同一个违规行为做出的，因此"取消会员资格"的批准结果决定着其他并处的处分措施的生效与否，即常务理事会决议批准取消会员资格的，取消会员资格处分措施生效，其他并处的处分措施也同时生效；反之，其他并处的处分措施也同时丧失效力。

**第二十二条　常务理事会批准取消会员资格的，办公室自批准之日起三个工作日内向处分对象发送《自律处分决定书》。**

**解析：**

本条规定了常务理事会批准取消会员资格的自律处分决定生效和文书送达程序。

常务理事会批准取消会员资格的，处分决定即时生效，办公室据此制作取消会员资格的处分决定书，并于常务理事会作出处分决定之日起三个工作日之内送达处分对象。

**第二十三条　常务理事会不批准取消会员资格的，办公室自常务理事会作出决定之日起三十个工作日内，随机抽取另外不少于五名自律处分专家，组织召开自律处分会议，作出处分意见。自律处分会议作出的处分意见不得包含取消会员资格。处分对象可对重新作出的处分意见提出复审申请。**

**解析：**

本条规定了常务理事会审议不予批准"取消会员资格"的处置程序。

常务理事会不批准取消会员资格的，应发回办公室处理。办公室自常务理事会发回之日起三十个工作日内，按照《自律处分规程》关于自律处分会议的组织、准备、审议、表决、决议送达等方面的规定确定另外不少于五名自律处分专家，组织召开新一次自律处分会议，作出除取消会员资格以外的处分意见，需要关注以下两点。

（1）处分对象复审权申请。鉴于该处分意见是新抽取的一批专家作出，新的自律处分会议对于处分对象来说是实质意义上的"首次会议"，处分对象可对重新作出的处分意见提出复审申请。

（2）处分措施范围。根据协会章程规定，常务理事会对于取消会员资格具有审议批准权，自律处分会议对"取消会员资格"的处分只有建议权，而无决定权；自律处分会议作为常务理事会下位的会议组织形式，无权更改常务理事会的决定，更不能超越常务理事会的决定。因此，已经由常务理事会审议通过，无须取消会员资格、发回重新召开自律处分会议的，自律处分会议不得再次做出取消会员资格的决定。

**第二十四条** 处分对象按规定提出复审申请的，办公室应自收到复审申请之日起三十个工作日内安排召开自律处分会议，抽取另外不少于五名自律处分专家完成复审。

解析：

本条规定了复审会议组织筹备的要求。

复审会议并非新的会议形式和议事机制，而是运用自律处分会议的形式对复审申请进行审议，是保证自律处分的公正性和严谨性，并使市场成员能够信服和理解相关处分决定而设计的一个复核和纠错机制。复审自律处分会议由不同于原自律处分专家的其他专家（不少于五名）构成，复审会议专家的选取、会议议案审议、表决等均参照第一次自律处分会议相关规定执行。

**第二十五条** 复审决定诚勉谈话、通报批评、警告、严重警告、公开谴责、责令改正、责令致歉、暂停相关业务、暂停会员权利或认定不适当人选的，该复审决定为最终认定，处分决定生效，办公室自复审决定作出之日起三个工作日内向处分对象发送《自律处分决定书》。

解析：

本条规定了复审的决定和生效以及相关文书送达程序，主要包括三层含义。

复审决定不遵循"上诉不加刑"原则。协会作为自律组织，代表市场成员进行自律管理，肩负着加强银行间市场自律管理、维护银行间市场正常秩序、保护市场各方合法权益的职责，因此在复审程序中坚持有错必纠、全面审查的原则，在复审程序中发现原处分决定裁量情节不妥，导致自律处分决定过轻或者过重时，均应依据规则指引和事实及时予以纠正。

**第二十六条** 复审议定取消会员资格的，须提交常务理事会审议批准，相关程序适用本规则第二十二条、二十三条规定。

解析：

本条规定了复审作出取消会员资格处分措施的衔接程序。

本条明确规定，复审会议维持"取消会员资格的处分意见"以及复审会议更改原自律处分意见、做出"取消会员资格"的，均需提交常务理事审议批准。常务理事会批准审议取消会员资格的议案和程序同样适用本规则第二十二、第二十三条规定。

**第二十七条** 参会的自律处分专家、办公室工作人员和其他列席人员，应保守处分对象以及其他相关机构的秘密，不得泄露自律处分专家信息、讨论内容和审议情况。

解析：

本条规定了自律处分工作的保密要求。

自律处分专家、办公室工作人员和其他列席人员对于在自律处分过程中获知的处分对象以及其他相关机构信息，均需遵守保密义务。

**第二十八条** 本规则所称相关自律处分措施含义如下：

诫勉谈话是指以训诫性谈话的形式对处分对象进行劝导、告诫的自律处分措施。

通报批评是指在相关范围内以业务通报的形式对处分对象进行批评的自律处分措施。

警告，是指以书面形式申明处分对象的违规行为，并对其进行声誉上谴责和警示，以告诫其不再违规的自律处分措施。违规情节严重的，可采取严重警告。

公开谴责是指向市场公布违规事实，并对处分对象进行严正谴责的自律处分措施。

责令改正是指责令处分对象立即停止和纠正不合规行为、并要求在规定期限内提交整改报告的自律处分措施。

责令致歉是指要求处分对象向市场或投资者就其违规行为表示歉疚，并请求市场或投资者谅解的自律处分措施。

暂停相关业务是指在一定期限内停止处分对象在协会办理相关业务的自律处分措施。本措施与警告并处的，暂停期限为一个月以上六个月（含）以下；与严重警告并处的，暂停期限为六个月以上一年（含）以下。

暂停会员权利是指在一定期限内限制处分对象行使会员权利的自律处分措施。本措施与警告并处的，期限为一个月以上六个月（含）以下；与严重警告并处的，暂停期限为六个月以上一年（含）以下。

认定不适当人选是指处分对象为个人时，认定其暂时或永久不适宜从事非金融企业债务融资工具市场相关业务，在此期间，处分对象除不适宜继续在原机构从事该市场相关业务外，也不适宜在其他任何机构从事该市场相关业务。本措施与严重警告并处的，期限为一年以上三年（含）以下；与公开谴责并处的，期限为三年以上或永久。

取消会员资格是指取消处分对象会员资格且三年内不受理其入会申请的自律处分措施。

解析：

本条规定了各项自律处分措施的详细释义。

**第二十九条** 自律处分会议工作规程与自律处分专家管理办法由交易商协会秘书处另行制定发布实施。

解析：

本条说明了自律处分规则的配套文件。

**第三十条** 本规则由交易商协会秘书处负责解释和修订。

解析：

本条规定了规则解释权归属于交易商协会。

**第三十一条** 本规则自 2012 年 10 月 1 日起施行。

解析：

本条规定了规则的生效日期。

# 第二篇
# 产品篇

# 《银行间债券市场非金融企业短期融资券业务指引》

## 制定背景及意义

　　《银行间债券市场非金融企业短期融资券业务指引》（以下简称《短期融资券业务指引》）对企业发行注册、发行规模、募集资金用途、信息披露要求、承销、评级、上市交易等具体事项作出了具体规定。企业发行短期融资券除应遵守该指引外，还应遵守其他相关自律规则、指引的一般性要求。

## 总体框架

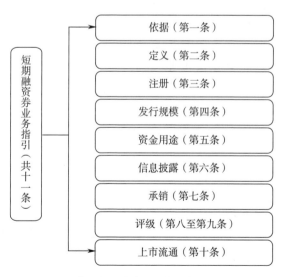

图 2-1　《短期融资券业务指引》总体框架图

## 条款解析

第一条　为规范非金融企业在银行间债券市场发行短期融资券的行为，根据中国人民银行《银行间债券市场非金融企业债务融资工具管理办法》及中国银行间市场交易商协会（以下简称交易商协会）相关自律规则，制定本指引。

**解析：**

本条是关于《短期融资券业务指引》制定目的与依据的规定。

本条款明确了制定本规则的目的为规范非金融企业在银行间债券市场发行短期融资券的行为，主要依据为中国人民银行公布的《银行间债券市场非金融企业债务融资工具管理办法》。

第二条　本指引所称短期融资券，是指具有法人资格的非金融企业（以下简称企业）在银行间债券市场发行的，约定在 1 年内还本付息的债务融资工具。

**解析：**

本条是关于短期融资券内涵的规定。

本条款主要是对短期融资券进行定义，具体明确如下：

（1）明确发行人须是非金融机构的企业法人；

（2）发行市场确定为银行间债券市场；

（3）为规范期限品种，企业应发行标准期限的债务融资工具。短期融资券应为 3 个月、6 个月、9 个月和 1 年期品种；

（4）短期融资券是债务融资工具的一种。

第三条　企业发行短期融资券应依据《银行间债券市场非金融企业债务融资工具注册规则》在交易商协会注册。

**解析：**

本条是关于注册制的规定。

本条款明确了企业发行短期融资券要遵循统一的注册机制。

第四条　企业发行短期融资券应遵守国家相关法律法规，短期融资券待偿还余额不得超过企业净资产的**40%**。

解析：

本条是关于额度限制的规定。

（1）本条款明确了短期融资券发行要遵守国家相关法律法规，待偿还余额不得超过企业净资产的40%；

（2）实务中，净资产的40%以合并口径净资产为计算基础，且执行《企业会计准则》（2006）的企业，其少数股东权益可纳入净资产作为计算40%的基数。

**第五条　企业发行短期融资券所募集的资金应用于符合国家相关法律法规及政策要求的企业生产经营活动，并在发行文件中明确披露具体资金用途。企业在短期融资券存续期内变更募集资金用途应提前披露。**

解析：

本条是关于募集资金用途的规定。

（1）本条款明确了短期融资券募集所得资金应用于合法合规的正常生产经营活动；

（2）募集资金用途应明确、具体；

（3）如存续期内需要变更募集资金用途应提前披露，变更后的募集资金用途也应符合国家法律法规及政策要求；

（4）协会后督中心将对募集资金用途进行后续监督。

**第六条　企业发行短期融资券应按交易商协会《银行间债券市场非金融企业债务融资工具信息披露规则》在银行间债券市场披露信息。**

解析：

本条是关于信息披露的原则性规定。

本条款明确了企业发行短期融资券要遵循注册制统一的信息披露要求。

**第七条　企业发行短期融资券应由符合条件的承销机构承销。**

解析：

本条是关于承销的规定。

本条款规定了短期融资券必须由符合条件的承销机构承销。

**第八条　企业发行短期融资券应披露企业主体信用评级和当期融资券的债项评级。**

**解析：**

本条是关于信用评级的规定。

本条款明确了企业发行短期融资券，须同时披露主体信用评级和当期债项评级。

**第九条　企业的主体信用级别低于发行注册时信用级别的，短期融资券发行注册自动失效，交易商协会将有关情况进行公告。**

**解析：**

本条是关于主体评级变化的规定。

本条款明确了企业短期融资券注册发行期间及存续期间，如发生主体信用级别低于发行注册时信用级别的，接受注册通知书自动失效，协会将及时公告有关情况。

**第十条　短期融资券在债权债务登记日次一工作日即可在全国银行间债券市场机构投资者之间流通转让。**

**解析：**

本条是关于流通转让的规定。

（1）本条款明确了短期融资券上市交易的相关规定，即在债券债务登记日次一工作日即可流通转让。

（2）实务中，发行短期融资券的关键日期包括：公告日、发行起始日、发行截止日、债权债务登记日（起息日）、上市流通日、到期日。公告日后5天才能开始簿记建档或者公开招标发行，即公告日和发行起始日之间需相差5天（备案发行的为3天）；簿记建档的日期一般为1天，也可以安排2天；簿记建档确定票面利率后开始缴款，次一日开始计算利息，即为债权债务登记日；债权债务登记日次一工作日即可流通转让，即为上市流通日。

**第十一条　本指引自公布之日起施行。**

**解析：**

本条是关于施行日的规定。

本条明确《短期融资券业务指引》的实施日为公布之日。

# 《银行间债券市场非金融企业中期票据业务指引》

## 制定背景及意义

中期票据作为我国债券市场中长期直接融资产品，是我国直接融资方式的又一突破，其推出对进一步完善我国直接融资市场的产品结构、期限结构和风险结构具有积极意义，对建设多层次金融市场发挥着重大作用。

中期票据是企业在银行间债券市场按照计划分期发行的，约定在一定期限还本付息的债务融资工具。《银行间债券市场非金融企业债务融资工具中期票据业务指引》（以下简称《中期票据业务指引》）对企业发行注册、发行规模、募集资金用途、信息披露要求、承销、评级、上市交易等具体事项的规定与《短期融资券业务指引》大致相同。此外，指引对发行计划、投资者保护机制和逆向询价等作了进一步规定。企业发行中期票据除应遵守该指引外，还应遵守其他相关自律规则、指引的一般性要求。

## 总体框架

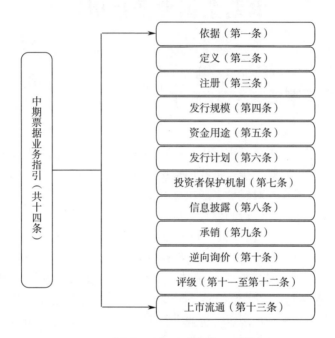

图2-2 《中期票据业务指引》总体框架图

## 条款解析

第一条 为规范非金融企业在银行间债券市场发行中期票据的行为，根据中国人民银行《银行间债券市场非金融企业债务融资工具管理办法》及中国银行间市场交易商协会（以下简称交易商协会）相关自律规则，制定本指引。

**解析：**

本条是关于《中期票据业务指引》制定目的与依据的规定。

本条款明确了制定本规则的目的为规范非金融企业在银行间债券市场发行中期票据的行为，主要依据为中国人民银行公布的《银行间债券市场非金融企业债务融资工具管理办法》。

第二条　本指引所称中期票据，是指具有法人资格的非金融企业（以下简称企业）在银行间债券市场按照计划分期发行的，约定在一定期限还本付息的债务融资工具。

解析：

本条是关于中期票据概念的规定。

本条款主要是对中期票据进行定义，具体明确如下：

（1）明确发行人须是非金融机构的企业法人；

（2）发行市场确定为银行间债券市场；

（3）为规范期限品种，企业应发行标准期限的债务融资工具。中期票据应为 2 年（含 2 年）以上的以年为单位的整数期限品种；

（4）中期票据是债务融资工具的一种。

第三条　企业发行中期票据应依据《银行间债券市场非金融企业债务融资工具注册规则》在交易商协会注册。

解析：

本条是关于注册制的规定。

本条款明确了企业发行中期票据要遵循统一的注册机制。

第四条　企业发行中期票据应遵守国家相关法律法规，中期票据待偿还余额不得超过企业净资产的 **40%**。

解析：

本条是关于额度限制的规定。

（1）本条款明确了中期票据发行要遵守国家相关法律法规，待偿还余额不得超过企业净资产的 40%；

（2）实务中，净资产的 40% 以合并口径净资产为计算基础，且执行《企业会计准则》（2006）的企业，其少数股东权益可纳入净资产作为计算 40% 的基数。

第五条　企业发行中期票据所募集的资金应用于符合国家法律法规及政策要求的企业生产经营活动，并在发行文件中明确披露具体资金用途。企业在中期票据存续期内变更募集资金用途应提前披露。

解析：

本条是关于募集资金用途的规定。

（1）本条款明确了中期票据募集所得资金应用于合法合规的正常生产经营活动；

（2）募集资金用途应明确、具体；

（3）如存续期内需要变更募集资金用途应提前披露，变更后的募集资金用途也应符合国家法律法规及政策要求；

（4）协会后督中心将对募集资金用途进行后续监督。

**第六条　企业发行中期票据应制定发行计划，在计划内可灵活设计各期票据的利率形式、期限结构等要素。**

**解析：**

本条是关于发行计划的规定。

第二条中期票据定义中规定了"是在银行间债券市场按照计划分期发行的"，本条款承接第二条，明确了企业发行中期票据应制定发行计划，根据资金用途灵活安排发行时间，每次发行均可灵活设计不同的发行条款，包括发行金额、利率形式、发行方式、期限结构、是否担保等。

**第七条　企业应在中期票据发行文件中约定投资者保护机制，包括应对企业信用评级下降、财务状况恶化或其他可能影响投资者利益情况的有效措施，以及中期票据发生违约后的清偿安排。**

**解析：**

本条是关于投资者保护机制的规定。

中期票据属于中、长期直接债务融资产品，为维护市场健康发展，保护投资者的合法权益，该条款规定了企业发行债务融资工具，应在发行文件（实务中为《募集说明书》）中明确约定投资者保护机制。

**第八条　企业发行中期票据除应按交易商协会《银行间债券市场非金融企业债务融资工具信息披露规则》在银行间债券市场披露信息外，还应于中期票据首次发行公告之日，在银行间债券市场一次性披露中期票据完整的发行计划。**

**解析：**

本条是关于信息披露的规定。

本条款明确了企业发行中期票据除要遵循注册制统一的信息披露要求外，还需要于首次发行公告日，一次性披露完整的发行计划。

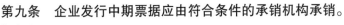

**第九条　企业发行中期票据应由符合条件的承销机构承销。**

解析：

本条是关于承销的规定。

本条款规定了中期票据必须由符合条件的承销机构承销。

**第十条　中期票据投资者可就特定投资需求向主承销商进行逆向询价，主承销商可与企业协商发行符合特定需求的中期票据。**

解析：

本条是关于逆向询价的规定。

（1）本条款进一步体现了债务融资工具的创新以市场需求为主导方向的精神。

（2）针对特定需求（如在产品期限，特定含权设计、信用增进设计、分层结构设计等方面）的投资者，可向主承销商逆向询价，由主承销商与企业根据投资者需求量身设计产品。

（3）逆向询价机制有利于匹配和平衡市场资金供需双方的需求，有利于信用市场的双向扩容。

**第十一条　企业发行中期票据应披露企业主体信用评级。中期票据若含可能影响评级结果的特殊条款，企业还应披露中期票据的债项评级。**

解析：

本条是关于信用评级的规定。

（1）中期票据为中长期融资产品，实务中，信用评级机构通常在一份债项评级报告中同时体现主体级别，因此，披露一份评级报告即可。

（2）对于包含特殊条款的产品，如设有抵押、质押、信用增进措施等，导致债项评级和主体评级不一致，则应同时披露主体评级和债项评级。

**第十二条　在注册有效期内，企业主体信用级别低于发行注册时信用级别的，中期票据发行注册自动失效，交易商协会将有关情况进行公告。**

解析：

本条是关于主体评级变化的规定。

本条款明确了企业中期票据注册发行期间及存续期间，如发生主体信用级别低于发行注册时信用级别的，接受注册通知书自动失效，协会将及时公告有关情况。

第十三条　中期票据在债权债务登记日次一工作日即可在全国银行间债券市场机构投资者之间流通转让。

**解析：**

本条是关于流通转让的规定。

（1）本条款明确了中期票据上市交易相关规定，即在债券债务登记日次一工作日即可流通转让。

（2）实务中，发行中期票据的关键日期包括：公告日、发行起始日、发行截止日、债权债务登记日（起息日）、上市流通日、到期日。公告日后5天才能开始簿记建档或者公开招标发行，即公告日和发行起始日之间需相差5天（备案发行的为3天）；簿记建档的日期一般为1天，也可以安排2天；簿记建档确定票面利率后开始缴款，次一日开始计算利息，即为债权债务登记日；债权债务登记日次一工作日即可流通转让，即为上市流通日。

第十四条　本指引自公布之日起施行。

**解析：**

本条是关于施行日的规定。

本条明确《中期票据业务指引》的实施日为公布之日。

# 《银行间债券市场非金融企业集合票据业务指引》

## 制定背景及意义

为贯彻落实党中央和国务院关于支持中小企业发展的有关方针政策，2009 年，交易商协会组织市场成员开展了中小非金融企业集合票据创新工作。与短期融资券和中期票据相比，中小非金融企业集合票据在发行主体、产品结构、规模期限、偿债保障措施等方面均具有特殊的产品特性。为保证中小非金融企业集合票据坚定不移地服务于中小企业，明确创新原则和方向，规范中小非金融企业集合票据的运作，同时也对原有注册框架进行补充和完善，在市场成员一致建议下，协会根据《银行间债券市场非金融企业债务融资工具管理办法》（中国人民银行令〔2008〕第 1 号），组织市场成员制定了《银行间债券市场非金融企业集合票据业务指引》（以下简称《集合票据业务指引》）。

## 总体框架

本指引共十七条，重点对中小非金融企业集合票据的参与主体、发行方式、发行规模、产品结构、偿债保障措施、信息披露、承销发行、登记流通等问题进行了规定。

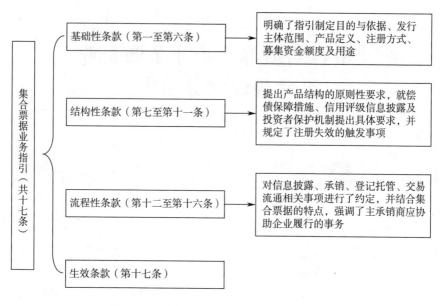

图 2-3 《集合票据业务指引》总体框架图

## 条款解析

**第一条**　为规范中小非金融企业在银行间债券市场发行集合票据的行为，根据中国人民银行《银行间债券市场非金融企业债务融资工具管理办法》（中国人民银行令〔2008〕第 1 号）、中国银行间市场交易商协会（以下简称交易商协会）章程及相关自律规则，制定本指引。

解析：

本条是关于《集合票据业务指引》制定目的与依据的规定。

本条款明确了指引制定的目的和依据。中小非金融企业集合票据不突破现有的非金融企业债务融资工具相关规则指引框架。

**第二条**　本指引所称中小非金融企业（以下简称企业），是指国家相关法律法规及政策界定为中小企业的非金融企业。

解析：

本条是关于中小企业的规定。

本条款体现产品为中小企业量身定做的特点，严格将参与主体限定在国家相关法律法规及政策界定为中小企业的范围内。由于协会作为自律组织，自身不具备制定中小企业标准的权限，在注册过程中参考了国家现行关于中小企业标准的政策法规。

**第三条　本指引所称集合票据，是指 2 个（含）以上、10 个（含）以下具有法人资格的企业，在银行间债券市场以统一产品设计、统一券种冠名、统一信用增进、统一发行注册方式共同发行的，约定在一定期限还本付息的债务融资工具。**

解析：

本条是关于集合票据概念的规定。

本条款为集合票据的定义，对参与主体数量范围和集合票据产品性质作了规定，并重点突出了在产品设计、券种冠名、信用增进、发行注册四方面实现统一的产品特点。

在数量范围上，考虑到不同法人企业集合发行票据，如果企业家数太多，集合的协调成本很高，各企业之间的关系会更加复杂，因此，根据市场成员的建议，单体以不超过 10 家为宜。

在产品性质上，"统一产品设计"、"统一券种冠名"和"统一发行注册"相对容易理解，"统一信用增进"包含两层意思。首先，由于中小企业普遍生命周期较短，受经济波动及政策变化的影响较大，资金兑付风险相对较高，为使集合票据风险可控、与机构投资者的需求相匹配，需引入信用增进机制，提升债项评级；其次，考虑到发行单体信用状况普遍参差不齐，不利于投资者对票据的理解和定价，需要体现统一信用增进精神，熨平各发行体之间信用差异。

在期限上，考虑到中小企业获取中长期资金存在一定难度，从中小企业融资需求的现实情况出发，指引未对发行期限作硬性规定，但由于中小企业经营发展具有较大的不确定性，为有效控制风险，集合票据的期限也不宜过长，具体产品期限结构可由主承销商和发行主体结合市场环境协商确定。

**第四条　企业发行集合票据应依据《银行间债券市场非金融企业债务融资工具注册规则》在交易商协会注册，一次注册、一次发行。**

解析：

本条是关于注册制的规定。

本条款体现了集合票据注册环节的特殊性。结合中小企业经营发展的普遍特点，为避免一家或多家中小企业破产引致集合家数变化进而导致集合票据后几期发行无效的情况，同时也为保护投资者利益，指引明确提出集合票据实行一次注册、一次发行。

**第五条** 企业发行集合票据应遵守国家相关法律法规，任一企业集合票据待偿还余额不得超过该企业净资产的 **40%**。任一企业集合票据募集资金额不超过 **2 亿元人民币，单支集合票据注册金额不超过 10 亿元人民币**。

解析：

本条是关于额度限制的规定。

鉴于对中小企业的概念界定及实际操作各方均有较大出入，为了堵塞漏洞，真正推出为中小企业服务的产品，经广泛征求意见，指引中明确了集合票据中单个企业及整支票据的发行规模，即在任一企业集合票据待偿还余额不超过该企业净资产的 40% 前提下，任一企业集合票据募集资金额不超过 2 亿元人民币，单支集合票据注册金额不超过 10 亿元人民币。

**第六条** 企业发行集合票据所募集的资金应用于符合国家相关法律法规及政策要求的企业生产经营活动。企业在发行文件中应明确披露具体资金用途，任一企业在集合票据存续期内变更募集资金用途均须经有权机构决议通过，并应提前披露。

解析：

本条是关于募集资金用途的规定。

本条款对募集资金用途提出了两条具体要求：一要符合国家相关法律法规及政策要求；二要用于企业生产经营活动。并对变更募集资金用途的情形做出规定，与 CP、MTN 不同的是，任意企业变更募集资金用途须经公司章程中约定的有权机构（如股东大会、董事会、总经理办公会等）决议通过，这也是促进中小企业规范治理结构、保护投资者利益的体现。

**第七条** 集合票据的产品结构不得违背国家相关法律法规的要求，参与主体之间的法律关系清晰，各企业的偿付责任明确。

解析：

本条是关于产品结构的规定。

本条款对集合票据的产品结构没有硬性规定，允许在不违反相关法律、法规前提下，灵活设计具体结构。但因涉及 2 个（含）以上发行单体，结合当前发行单体通常不愿意承担连带责任的现实情况，集合票据在强调参与主体之间的法律关系要清晰、各企业的偿付责任须明确的前提下，允许各单体独立负债并按负债数额享有权利。

**第八条　企业发行集合票据应制定偿债保障措施，并在发行文件中进行披露，包括信用增进措施、资金偿付安排以及其他偿债保障措施。**

**解析：**

本条是关于偿债保障措施的规定。

本条款同样体现出集合票据的特殊性，考虑到中小企业集合票据发行主体通常信用级别较低，为控制风险，兼顾各方利益，集合票据在制度安排上要求制定并披露偿债保障措施。其中信用增进措施包括商业化运作的第三方担保、票据分层等外部或内部增信方式，资金偿付安排包括偿债账户设立、兑付时点、路径及其中的法律关系等。

**第九条　企业发行集合票据应披露集合票据债项评级、各企业主体信用评级以及专业信用增进机构（若有）主体信用评级。**

**解析：**

本条是关于信用评级的规定。

本条款为集合票据特殊的信息披露要求，相对于单体债务融资工具，集合票据需披露 N 个主体评级、1 个债项评级。在有商业化运作的第三方担保情况下，还需披露担保机构的主体评级。

**第十条　企业应在集合票据发行文件中约定投资者保护机制，包括应对任一企业及信用增进机构主体信用评级下降或财务状况恶化、集合票据债项评级下降以及其他可能影响投资者利益情况的有效措施。**

**解析：**

本条是关于投资者保护机制的规定。

考虑到集合票据发行主体通常信用级别较低，设立完善的投资者保护机制尤为必要，因此相对于 CP、MTN，集合票据的投资者保护触发机制更为严格。例如，尽管债项评级和所有企业的评级未下调，但信用增进机构的主体评级下降，此时仍触发投资者保护机制。因此，除了包括常规的日常监测机制和应急机制等投资者保护机制外，还应结合产品的集合方式及增信措施，重点设置相应的资金偿付安排和违约处理机制。

**第十一条　在注册有效期内，对于已注册但尚未发行的集合票据，债项信**

用级别低于发行注册时信用级别的，集合票据发行注册自动失效，交易商协会将有关情况进行公告。

解析：

本条是关于主体信用级别变化的规定。

本条款规定了注册失效的触发事项，与单体发债主体信用级别低于发行注册时信用级别即注册失效不同，集合票据注册失效仅为债项信用评级低于发行注册时级别的情形，否则，即便一个或多个企业评级下降，只要债项评级维持不变，注册仍有效，充分体现了产品结构设计对偿债的保障作用。

**第十二条　企业发行集合票据应按交易商协会《银行间债券市场非金融企业债务融资工具信息披露规则》在银行间债券市场披露信息。**

解析：

本条是关于信息披露的规定。

本条款提出了信息披露应遵循的一般要求，对上述与产品特点相关的信息披露特殊要求进行了补充。

**第十三条　企业发行集合票据应由符合条件的承销机构承销。**

解析：

本条是关于承销的规定。

本条款明确了集合票据承销机构的资质。

**第十四条　集合票据投资者可就特定投资需求向主承销商进行逆向询价，主承销商可与企业协商发行符合特定需求的集合票据。**

解析：

本条是关于逆向询价的规定。

本条款保留了 MTN 业务指引中逆向询价条款，预留了创新空间。

**第十五条　主承销商应协助企业做好集合票据的信息披露、登记托管、交易流通、本息兑付相关工作。**

解析：

本条是关于主承销商协助职责的规定。

本条款体现了集合票据的产品特点，由于涉及 2 个（含）以上发行单体，协调起来相对较为复杂，为提高企业信息披露、登记托管等环节的效率，此处强调了主承销商应协助企业履行的事务。

第十六条　集合票据在债权债务登记日的次一工作日即可在银行间债券市场流通转让。

**解析：**

本条是关于流通转让的规定。

本条款约定了交易流通事项，交易流通日并不一定是发行日次日，而是债权债务登记日的次日。

第十七条　本指引自公布之日起施行。

**解析：**

本条是关于施行日的规定。

本条款为指引生效条款，自二〇〇九年十一月九日正式施行。

# 《银行间债券市场非金融企业
# 资产支持票据指引》

## 制定背景及意义

2012 年，世界经济复苏的曲折性、艰巨性进一步显现，我国经济社会发展面临的国内外环境更加错综复杂。2012 年 7 月中央政治局会议指出，稳增长不仅是当务之急，而且是一项长期的艰巨任务。面对外需下降的压力，稳定投资是扩内需、稳增长的关键。过去几年，短期融资券、中期票据、中小企业集合票据、超短期融资券、定向发行产品等一系列债务融资工具的创新，在支持扩内需、稳增长方面进行了有益的探索。如何在新的形势下，继续发挥金融市场的作用，落实中央稳增长政策，是交易商协会组织市场成员研究的新课题。当前和今后相当长一段时间，我国城镇化处于快速发展阶段。按照传统的融资方式，城镇化进程中的资金来源主要有三部分：一是财政资金，二是银行贷款，三是企业自筹的项目资本金。在快速城镇化过程中，财政资金供给相对不足，企业自筹部分进展不快，银行贷款由于融资窗口企业资产负债率偏高也越来越困难。

从实体经济发展需要出发，企业当前拥有的有市场价值、能产生稳定现金流的存量资产缺乏流动起来的条件和载体，存量资产的使用效率明显低于成熟市场。资产支持票据用金融工程技术盘活企业存量资产，使原本流动较低的大型基础设施等实物资产，通过金融产品创新成为企业在金融市场融资的基础资产，从而达到提高企业存量资产利用效率，拓宽企业融资渠道的效果。

在这一背景下，交易商协会组织推出资产支持票据，企业用融入资金支持更多民生领域建设投资，意义重大。第一，有利于盘活企业资产，拓展企业融资渠道。近年来，我国债券市场发展方兴未艾。尤其是非金融企业债务融资工具的推出，不仅为企业开辟了新的债券融资渠道，而且极大地提升了债券市场的融资效率。市场发展初期，我们着重以增加企业负债的形式拓宽企业融资渠道，发挥金融支持实体经济的作用。从另一个角度来看，企业拥有相当数量有市场价值、能产生稳定现金流的资产。用金融工程技术盘活这类资产，将为金融支持实体经济开辟新的路径。第二，有利于丰富债券品种，推进市场发展。随着债务融资工具市场的快速发展，进一步丰富金融产品成为市场发展的内在要求。资产支持票据的推出将为市场引入结构化产品，有利于进一步发挥场外金融市场优势、满足发行人和投资人的个性化需求，推进银行间债券市场功能提升。第三，有利于扩大发行主体范围。目前，银行间债券市场信用级别低于AA级的企业发行较为困难。但这类企业拥有一部分有稳定现金流的资产，可以用证券化技术剥离出来、加以盘活，使原来难以发行的信用债，转化为债项评级相对较高的证券化产品，相对缓解低信用评级企业的融资状况。

## 总体框架

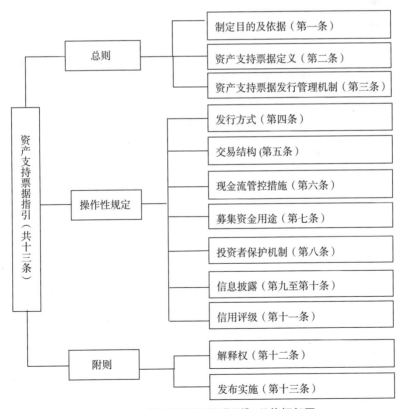

图 2 - 4　《资产支持票据指引》总体框架图

《银行间债券市场非金融企业资产支持票据指引》（以下简称《资产支持票据指引》）共十三条，大致分为总则、操作性规定和附则三个部分。总则规定包括第一条至第三条，明确了《指引》制定的目的和依据、资产支持票据的定义和资产支持票据发行管理机制。操作性规定包括第四条至第十一条，对资产支持票据的发行方式、交易结构、现金流管理措施、募集资金用途、投资者保护机制、信息披露和信用评级等方面进行了规范。附则包括第十二条和第十三条，明确了协会对该指引享有解释权并确定了该指引的发布实施日期。

《资产支持票据指引》充分借鉴了成熟市场资产支持证券的通行做法和国内信贷资产证券化的实践经验，并考虑了中国金融市场发展的实际需求和发展环境，在基础资产类型、交易结构设计等方面进行了包容性规范，为后续创新预留空间。

## 条款解析

第一条　为推动金融市场发展，拓宽非金融企业融资渠道，规范非金融企业在银行间债券市场发行资产支持票据的行为，保护投资者合法权益，根据中国人民银行《银行间债券市场非金融企业债务融资工具管理办法》（中国人民银行令〔2008〕第1号）及中国银行间市场交易商协会（以下简称交易商协会）相关自律规则，制定本指引。

解析：

本条规定了《资产支持票据指引》制定目的和依据。

资产支持票据创新的主要目的在于，用金融工程技术盘活企业存量资产，使原本流动较低的大型基础设施等实物资产，通过金融产品创新成为企业在金融市场融资的基础资产，从而达到提高企业存量资产利用效率，拓宽企业融资渠道的效果。

2008年中国人民银行发布《银行间债券市场非金融企业债务融资工具管理办法》（中国人民银行令〔2008〕第1号），明确规定非金融企业在银行间债券市场发行债务融资工具应在交易商协会注册，其中第十三条规定"交易商协会依据本办法及中国人民银行相关规定对债务融资工具的发行与交易实施自律管理"。资产支持票据的发行人、投资人及为发行提供专业服务的中介机构在银行间债务融资工具市场开展活动，自愿接受协会自律管理，应当遵守协会章程及各项自律规则。这是协会行使自律管理职权、制定自律规则的法律依据。

**第二条**　本指引所称资产支持票据，是指非金融企业（以下简称企业）在银行间债券市场发行的，由基础资产所产生的现金流作为还款支持的，约定在一定期限内还本付息的债务融资工具。

基础资产是指符合法律法规规定，权属明确，能够产生可预测现金流的财产、财产权利或财产和财产权利的组合。基础资产不得附带抵押、质押等担保负担或其他权利限制。

**解析：**

本条规定了本指引所规范资产支持票据的定义，明确了资产支持票据基础资产的基本要求。

定义确定了资产支持票据的基本特征。与传统信用融资方式主要依托发行体本身的信用水平获得融资不同，资产支持票据凭借基础资产的未来收入能力获得融资，基础资产本身的偿付能力与发行主体的信用水平分离，从而拓宽了自身信用水平不高的企业融资渠道。

本条还从正反两方面明确了对资产支持票据基础资产的基本要求。一是以概括性规定明确了基础资产范围，凡是符合法律法规规定，权属明确，能够产生可预测现金流的财产、财产权利或财产和财产权利的组合都可以成为基础资产。这样既可以涵盖收益类资产，例如租金收入、高速公路收费权、地铁票款收入等，也可以涵盖应收账款类资产，比如承兑汇票、货物应收款、建设转移合同债权（BT 合同）等。为今后在现有框架下根据不同类型的基础资产设计不同类型的创新产品预留空间。二是以禁止性规定明确基础资产不得附带抵押、质押等担保负担或其他权利限制，即通常所说"干净的基础资产"。

**第三条**　企业发行资产支持票据应在交易商协会注册。

**解析：**

本条规定了资产支持票据的发行管理机制。

本条明确资产支持票据实行注册制。注册制有别于审批制，是市场化的管理方式。注册制以信息披露为核心，强调在发行人充分信息披露、中介机构尽职履责的基础上，由投资人自主决策、自担风险。市场自律管理者不对资产支持票据的价值和风险进行实质性判断，而是从市场运行、发展角度，对资产支持票据信息披露是否达到最低披露要求进行评议。

企业在银行间市场发行资产支持票据，享受银行间市场带来的融资便利，理应遵循市场自律规则，接受协会自律管理。注册既是企业接受自律管理的意思表示，也是协会作为自律组织的管理方式。

**第四条　企业可选择公开发行或非公开定向发行方式在银行间市场发行资产支持票据。**

**解析：**

本条规定了资产支持票据的发行方式。

自 2011 年非公开定向发行方式推出以来，非公开定向发行与公开发行共同构成我国债务资本市场的双轨发行制度。资产支持票据作为一种债务融资工具创新产品，发行人可以根据自身需要自主选择公开发行或非公开定向发行方式。无论选择何种发行方式，均应严格遵守相关法律法规及协会相关的自律规则，切实履行该种发行方式下的义务。

**第五条　企业发行资产支持票据应设置合理的交易结构，不得损害股东、债权人利益。**

**解析：**

本条对企业发行资产支持票据交易结构进行了包容性规范。

这一做法充分借鉴了成熟市场资产支持证券的通行做法和国内信贷资产证券化实践经验。考虑到中国金融市场发展的实际需求和当前推进资产证券化面临的实际法律环境和监管环境，本条不强制要求设立特殊目的公司（SPC），既可以涵盖特殊目的账户隔离的资产支持形式，也为未来持续创新、引入其他形式的 SPV 预留了空间，包括引入信托作为 SPV 形式的模式。

从全球市场来看，不同国家和地区总是根据本国的法律环境和市场环境设计资产证券化产品，不同市场实现资产支持的方式也各有不同。比如，欧洲的 Covered Bond 就是通过现金流专户管理和信托结构进行表内隔离，从而实现资产支持；香港的现金流质押贷款采用的也是账户隔离和资产质押的模式，这也是一种证券化模式。

我国当前法律环境下，设立以证券化为单一目的的 SPC 暂不具备法律条件。美国的 SPC 设立没有诸如最低资本金要求、经营场所、必要的经营条件及公积金提取等各项限制，是"空壳公司"。为达到破产隔离目的，相关法律要求这类 SPC 的商业活动必须受到严格限制，目的是使 SPC 不因其他负债而被动破产。而且，由发起人拥有或控制的 SPC 通常必须设立一名或多名独立董事，从而防止发起人在自身破产前促使 SPC 自主申请破产，或利用自己对 SPC 的权益控制，把 SPC 的资产和负债与发起人进行实质性合并。我国当前的法律制度下，无法避免新设的 SPC 与母公司并表，在母公司破产的情况下难以实现风险隔离；同时，也没有有效措施防止 SPC 因其他负债而被动破产。

因此，市场参与者建议不宜限定唯一的交易结构，为未来持续创新预留空间。法律专家和市场机构认为，在当前的法律环境和监管环境下，可优先考虑账户隔离模式。首批资产支持票据采用账户隔离方式，实质上是用账户作为"特殊目的载体"的一种证券化方式。除账户隔离模式外，随着市场发展及监管环境、法律环境的变化，市场成员可以选择信托模式等多种方式实现资产支持。

**第六条　企业发行资产支持票据应制定切实可行的现金流归集和管理措施，对基础资产产生的现金流进行有效控制，对资产支持票据的还本付息提供有效支持。**

**解析：**

本条是对企业发行资产支持票据现金流管理措施的规定。

企业发行资产支持票据融资，以特定基础资产未来的现金流作为还款支持。基础资产产生的未来现金流是确保资产支持票据按约兑付的最主要资金来源。由于现金流分布于未来一定时期内，且有可能源自基础资产范围内的不同具体资产，需要采取必要措施以保证这些现金流能够得到有效归集并被确保用于资产支持票据偿付。现金流归集措施的切实可行、安全高效，是资产支持票据自身获得市场认可的关键条件。因此，本条专门规定企业制定切实可行现金流归集和管理措施的义务。

首批发行的资产支持票据中，在账户隔离方式下，由发行人在主承销机构开立资金监管专户，通过签署《资金监管协议》的方式实现对基础资产的保护性隔离，明确基础资产的未来现金流直接进入资金监管专户，优先用于偿还资产支持票据。为保障投资人权益，可通过应收账款质押或账户质押为产品提供信用增进支持，保障现金流优先用于偿还投资人。在基础资产收益不足的情况下，还可以由发行人以自身经营收入作为第二还款来源。

考虑到资产支持票据的基础资产性质各异，资产支持票据产品设计不同，投融资双方需求多元，以及法律政策环境的可能调整，本条以包容性的规定明确了现金流归集和管理的两个核心要求，一是有效控制，二是支持还款。允许采用符合这两项要求的多样化现金流归集和管理措施，为资产支持票据产品的多元发展和持续创新预留空间。

**第七条　企业发行资产支持票据所募集资金的用途应符合法律法规和国家政策要求。企业在资产支持票据存续期内变更募集资金用途应提前披露。**

**解析：**

本条是对企业发行资产支持票据募集资金用途及其变更的规定。

资产支持票据募集资金用途的基本要求是应当符合国家法律法规和产业政策要求，不得将募集资金投向禁止投向的领域。在此前提下，资产支持票据发行人可以根据《募集说明书》（公开发行方式）或《定向发行协议》（非公开定向发行方式）的约定自由使用募集资金。如果因情势变更或经营需要确需变更募集资金用途的，应及时履行提前信息披露等相应义务，尊重并保护投资人的合法权益。

**第八条** 企业应在资产支持票据发行文件中约定投资者保护机制，包括但不限于：

（一）债项评级下降的应对措施；

（二）基础资产现金流恶化或其他可能影响投资者利益等情况的应对措施；

（三）资产支持票据发生违约后的债权保障及清偿安排；

（四）发生基础资产权属争议时的解决机制。

**解析：**

本条是对企业发行资产支持票据投资者保护机制的规定。

投资人是金融市场发展的基础。对资产支持票据投资人的保护是《资产支持票据指引》优先考虑的问题。对投资人的保护机制设计集中于两个方面：一方面是强化对基础资产状况的信息披露；另一方面则是强化基础资产变化时对投资人的优先保护。本条明确要求在发行文件中约定至少四项对投资人的优先保护措施，包括债项评级下降的应对措施、基础资产现金流恶化的应对措施、发生违约后的债权保障及清偿安排、发生基础资产权属争议时的解决机制。这些基于特定事项的合同约定，对于投资人在违约事件发生时优先主张权利具有重要作用。

本条是对投资人保护机制的最低要求，除此之外，经发行人与投资人协商，还可以通过加强重大事项信息披露、设立信用增进措施、提供其他偿债资金来源等机制，保护资产支持票据投资人权益。例如，首批资产支持票据的交易结构中，就有部分发行人与投资人约定了在基础资产收益不足的情况下，由发行人提供第二还款来源。

**第九条** 企业发行资产支持票据应披露以下信息：

（一）资产支持票据的交易结构和基础资产情况；

（二）相关机构出具的现金流评估预测报告；

（三）现金流评估预测偏差可能导致的投资风险；

（四）在资产支持票据存续期内，定期披露基础资产的运营报告。

解析：

本条规定了发行资产支持票据的特定信息披露内容。

资产支持票据投资人保护机制的另一着眼点即在于强化对基础资产状况的信息披露。对资产支持票据的信息披露作出特别规定，要求发行人明确披露资产支持票据的交易结构和基础资产情况，披露现金流评估预测报告，揭示现金流评估预测偏差可能导致的投资风险，还要求存续期内定期披露基础资产的运营报告。这些强制信息披露要求都围绕基础资产状况展开，体现了资产支持票据的特点。需要强调的是，本条规定的信息披露内容是对资产支持票据发行人针对基础资产信息披露义务的特别规定。其他自律规范性文件对发行人信息披露有规定的，资产支持票据发行人还应依照其规定履行信息披露义务。在定向发行方式下，资产支持票据投融资双方参照其他债务融资工具信息披露规定，或根据自身交易特点，协商约定其他补充性信息披露内容的，从其约定。

第十条 企业选择公开发行方式发行资产支持票据，应通过交易商协会认可的网站披露本指引第九条所述信息。

企业选择非公开定向发行方式发行资产支持票据，应在《定向发行协议》中明确约定本指引第九条所述信息的披露方式。

解析：

本条规定以不同发行方式发行资产支持票据均应对第九条规定的信息进行披露。

本条意在强调第九条规定的信息披露内容是针对基础资产的特定信息披露要求，为保护资产支持票据投资人利益，无论发行人采用公开或非公开方式发行资产支持票据，均应披露本指引第九条所述信息。根据发行方式不同，发行人应选择适当的披露方式，向适当的披露对象，诚实信用履行信息披露义务。

在公开发行方式下，资产支持票据发行人披露信息应通过交易商协会认可的网站。目前，协会认可的公开信息披露网站是：交易商协会网站、中国货币网、中国债券信息网及上海清算所网站等指定媒体。在非公开定向发行方式下，资产支持票据发行人仅向定向投资人披露信息。发行人按照《定向发行协议》中约定的信息披露方式向投资人履行信息披露义务。

第十一条 企业选择公开发行方式发行资产支持票据，应当聘请两家具有评级资质的资信评级机构进行信用评级。

鼓励对资产支持票据采用投资者付费模式等多元化信用评级方式进行信用评级。

解析：

本条是对企业发行资产支持票据信用评级的规定。

采用公开发行方式发行资产支持票据的，应聘请两家具有评级资质的资信评级机构进行信用评级。采用非公开定向发行方式发行资产支持票据的，根据《非公开定向发行规则》，信用评级安排由发行人与投资人协商约定，本指引不做强制性要求。

强调双评级、鼓励采用投资者付费模式的多元化评级，是资产支持票据创新带动的制度创新。这种制度创新与金融危机后国际评级业务监管改革的取向是一致的。金融危机后，在对评级业的反思中，各国开始推动对结构化金融产品采取双评级。引入双评级制度，通过不同评级机构所出评级结果的相互校验，能够对评级机构形成一定的声誉约束。双评级制度可以增强信息透明度，有利于投资者判断信用风险，优化投资者的交易决策环境，为投资者提供更加独立、客观、公正的评级服务。

引入投资者付费的评级模式，是中国在评级业改革中领先于全球市场的探索。目前，欧美各国评级行业主要采取发行人向评级机构付费的行业模式。这种付费模式将评级机构与受评对象的利益相互联结。评级机构出于自身利益考虑，很可能迫于企业的压力而给出不恰当的评级结果，甚至以预先承诺评级结果来争夺评级客户。这种不符合激励相容原则的制度安排，严重损害了评级机构的公信力，导致评级机构难以在金融市场发挥客观揭示风险的作用。实行投资者付费模式的评级，切断了评级机构与受评对象之间的利益链条，在受评对象和评级机构之间建立有效的"防火墙"，可以避免利益冲突，有利于保持评级机构独立、客观、公正的地位。

资产支持票据作为创新产品，比传统的信用债券更需要进行债项评级。基础资产本身的偿付能力与发行主体的信用水平有效分离，是资产支持票据能够降低企业融资成本的前提。因此，强调双评级、鼓励多元化评级，是为了建立更有效的市场化评级约束机制，抑制评级机构的恶性竞争，从而为资产支持票据市场的持续健康发展打下制度基础。

**第十二条　本指引由交易商协会秘书处负责解释。**

解析：

本条规定了交易商协会对《资产支持票据指引》享有解释权。

**第十三条** 本指引自发布之日起施行。

**解析：**

本条是《资产支持票据指引》发布施行的规定。

《资产支持票据指引》已经于 2012 年 7 月 6 日经交易商协会第三届常务理事会第二次会议审议通过，并经中国人民银行备案同意，于 2012 年 8 月 3 日发布施行。

# 第三篇
## 操作篇

# 《银行间债券市场非金融企业债务融资工具募集说明书指引》

## 制定背景及意义

《银行间债券市场非金融企业债务融资工具募集说明书指引》（以下简称《募集说明书指引》）是债务融资工具募集说明书内容与格式的具体规范，是对募集说明书信息披露的最低要求。非金融企业在银行间债券市场发行债务融资工具应严格按照该指引要求编制募集说明书。企业发行债务融资工具，应撰写募集说明书。募集说明书作为要约邀请文件，其内容应真实、准确、完整，违反相关规定的，须承担相应的法律责任。

## 总体框架

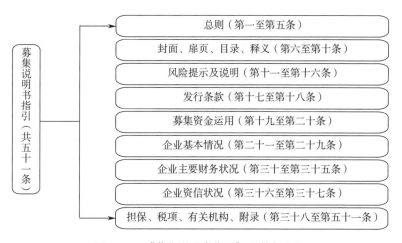

图 3-1 《募集说明书指引》总体框架图

《募集说明书指引》共十三章，内容涵盖了编写的一般性要求、编写的基本格式、信息披露的主要内容及披露要求。

## 条款解析

### 第一章　总　则

第一条　为规范非金融企业在银行间债券市场发行债务融资工具的信息披露行为，保护投资者合法权益，根据中国人民银行《银行间债券市场非金融企业债务融资工具管理办法》及中国银行间市场交易商协会（以下简称交易商协会）相关自律规则，制定本指引。

**解析：**

本条是关于《募集说明书指引》制定目的与依据的规定。

本条款明确了本指引的编写目的和制定依据。

第二条　申请发行债务融资工具的非金融企业（以下简称企业）应按本指引的要求编制募集说明书。

**解析：**

本条是关于企业《募集说明书指引》原则的规定。

本条款明确了凡申请发行债务融资工具的企业，均应制作募集说明书，募集说明书的编写要求应遵照本指引。

第三条　本指引的规定是对募集说明书的最低要求。不论本指引是否明确规定，凡对投资者作出投资决策有重大影响的信息，均应披露。

**解析：**

本条是关于《募集说明书指引》披露要求的规定。

本条款明确了本指引是对募集说明书编写的最低要求，凡是"对投资者做出投资决策有重大影响的信息"，不论本指引规定与否，均应是披露的范畴。

第四条　募集说明书编制应满足下列一般要求：

（一）引用的信息应有明确的时间概念和资料来源，应有充分、客观、公正的依据；

（二）引用的数字应采用阿拉伯数字，货币金额除特别说明外，应指人民币金额，并注明金额单位；

（三）文字清晰准确，表述规范，不得出现矛盾歧义，不得刊载任何祝贺性、广告性和恭维性词句；

（四）全文文本应采用便于保存的 A4 纸张印刷。

解析：

本条是关于编制募集说明书一般要求的规定。

本条款明确了募集说明书编写的一般要求：

（1）引用信息应注明时间和出处；

（2）货币金额须表示金额单位及币种，并尽可能保持一致；

（3）文字表述须客观真实、前后一致，避免主观臆断，不得刊载任何祝贺性、广告性和恭维性的语句；

（4）全文统一采用 A4 纸张印刷；

（5）章节顺序设置参照本指引；

（6）目录标题、页码应与正文保持一致。


第五条　企业报送注册文件后，在募集说明书披露前发生与注册时报备的文件内容不一致或对投资债务融资工具有重大影响的事项，应向交易商协会做出书面说明，经确认后相应修改募集说明书。

解析：

本条是关于企业信息披露内容变更报告义务的规定。

本条款明确了募集说明书披露前、报备后发生文件内容不一致或对投资者做出投资决策有重大影响的事项的处理程序。

## 第二章　封面、扉页、目录、释义


第六条　募集说明书封面应标有"×××企业×××（债务融资工具名称）募集说明书"字样，并应载明本期发行金额、债务融资工具担保情况、企业及主承销商的名称、信用评级机构名称及信用评级结果、募集说明书签署日期。

解析：

本条是关于封面内容的规定。

本条款规定了募集说明书封面的披露要求。

此外，为方便投资者阅读，实务中，还须在封面披露注册金额、发行期限等要素。如涉及信用增进的，须披露信用增进机构名称及评级结果。

第七条　募集说明书扉页应刊登企业董事会的下列声明：

"本企业发行本期×××（债务融资工具名称）已在中国银行间市场交易商协会注册，注册不代表交易商协会对本期×××（债务融资工具名称）的投资价值做出任何评价，也不代表对本期×××（债务融资工具名称）的投资风险做出任何判断。投资者购买本企业本期×××（债务融资工具名称），应当认真阅读本募集说明书及有关的信息披露文件，对信息披露的真实性、准确性和完整性进行独立分析，并据以独立判断投资价值，自行承担与其有关的任何投资风险。"

"本企业董事会（或具有同等职责的部门）已批准本募集说明书，全体董事（或具有同等职责的人员）承诺其中不存在虚假记载、误导性陈述或重大遗漏，并对其真实性、准确性、完整性承担个别和连带法律责任。"

"本企业负责人和主管会计工作的负责人、会计机构负责人保证本募集说明书所述财务信息真实、准确、完整。"

"凡通过认购、受让等合法手段取得并持有本企业发行的×××（债务融资工具名称），均视同自愿接受本募集说明书对各项权利义务的约定。"

"本企业承诺根据法律法规的规定和本募集说明书的约定履行义务，接受投资者监督。"

解析：

本条关于企业及其有关机构和人员声明、承诺事项的规定。

（1）本条款引号内容为募集说明书扉页必须申明的内容；

（2）涉密企业增加声明如下：

"本公司承诺，本公司发行×××（债务融资工具名称）所公开披露的全部信息不涉及国家秘密，因公开披露信息产生的一切后果由本公司自行承担。"

第八条　会计师事务所对企业近三年财务报告出具了非标准无保留意见审计报告的，企业还应在扉页中提示："×××会计师事务所对本企业××××年财务报告出具了××××（审计报告类型）的审计报告，请投资者注意阅读该审计报告全文及相关财务报表附注。本企业对相关事项已作详细说明，请投资者注意阅读。"

解析：

本条是关于非标准无保留意见审计报告的规定。

为提示投资者关注非标准审计意见的财务报表数据，企业应在募集说明书扉页进行上述引号内容提示，对于标准审计报告，则无须在扉页进行提示。

**第九条**　募集说明书的目录应标明各章、节的标题及相应的页码，内容编排应逻辑清晰。

解析：

本条是关于目录的规定。

为方便投资者阅读，本条款规定了募集说明书目录应标明各章、节标题及对应页码，且内容编排应逻辑清晰。

**第十条**　企业应对可能引起投资者理解障碍及有特定含义的术语做出释义。募集说明书的释义应在目录次页排印。

解析：

本条是关于释义的规定。

（1）本条款规定了企业应对可能引起投资者理解障碍及特点含义的术语统一做出释义，释义应在目录次页排印；

（2）释义是对专有名词、名称缩写等的解释。

## 第三章　风险提示及说明

**第十一条**　企业应披露可能直接或间接对其生产经营状况、财务状况和债务偿付能力产生重大不利影响的所有因素。企业应针对自身的实际情况，充分、准确、具体地描述相关风险因素。

解析：

本条是关于风险的概括性规定。

（1）本条款明确了风险披露的基本原则和披露要求；

（2）企业应关注评级报告的主要关注点或主要劣势，属于风险因素的，应进行风险提示及说明。

**第十二条**　本指引所指的风险是可能对企业经营业绩和持续经营产生不利影响的所有因素，特别是企业在业务、市场营销、技术、财务、行业环境、发展前景、融资渠道等方面存在的困难、障碍及或有损失。

解析：

本条是关于风险内涵的规定。

本条款明确了风险内涵，为企业描述风险提供了思路。

**第十三条　企业应主动披露上述因素及其在最近一个完整会计年度受其影响的情况及程度。对这些风险因素能做出定量分析的，应进行定量分析；不能做出定量分析的，应进行客观的定性描述。**

解析：

本条是关于风险因素披露方式的规定。

本条款明确了风险披露原则，须披露风险影响情况及程度，能定量分析的需定量分析，不能定量分析的需客观进行定性描述。

**第十四条　企业在各项风险描述之前，不得只列示风险种类，应用粗体明确提示风险具体内容和可能产生的后果。**

解析：

本条是关于风险因素披露内容的规定。

本条款规定了企业风险表述不得只列示风险种类或名称，须用粗体明确提示风险的具体内容及可能产生的后果，以便于投资者充分了解。

**第十五条　企业应进行下列风险提示：**

本条是关于具体风险因素概念及提示方式的规定。

（一）债务融资工具的投资风险

**1. 利率风险。市场利率变化对债务融资工具收益的影响。**

**2. 流动性风险。债务融资工具因市场交易不活跃而可能受到的不利影响。**

**3. 偿付风险。债务融资工具本息可能不能足额偿付的风险。**

解析：

本条款规定了债务融资工具的投资风险，具体描述可参照如下：

（1）利率风险。在本期×××（债务融资工具名称）存续期内，国际、国内宏观经济环境的变化，国家经济政策的变动等因素会引起市场利率的波动，市场利率的波动将对投资者投资本期×××（债务融资工具名称）的收益造成一定程度的影响。

（2）流动性风险。本期×××（债务融资工具名称）将在银行间市场上进行交易，在转让时可能由于无法找到交易对手而难以将×××（债务融资工具名称）变现，存在一定的交易流动性风险。

（3）偿付风险。在本期×××（债务融资工具名称）的存续期内，如果由于不可控制的市场及环境变化，公司可能不能从预期的还款来源中获得足够资金，从而影响本期×××（债务融资工具名称）的按期足额兑付。

（二）企业的相关风险

**1. 财务风险。**主要是指企业资产负债结构和其他财务结构不合理、资产流动性较差以及或有负债过高等因素影响企业整体变现能力的风险。

解析：

本条款明确了财务风险的范围，简要列示如下风险关注点，供参考：

（1）流动比率指标；

（2）资产负债率或债务规模的变化情况；

（3）未来资本支出情况；

（4）现金流量波动情况；

（5）重大会计科目，如存货、应收账款、其他应收款等变动情况；

（6）资产减值准备计提情况；

（7）受限资产（抵/质押资产）占比情况；

（8）非经常性损益占比情况，如投资收益占利润总额等；

（9）衍生品公允价值变化幅度等；

（10）汇率变化或人民币贷款利率变化的影响；

（11）对外担保等或有负债情况。

**2. 经营风险。**主要是指企业的产品或服务的市场前景、行业经营环境的变化、商业周期或产品生命周期的影响、市场饱和或市场分割、过度依赖单一市场、市场占有率下降等风险。

解析：

本条款明确了经营风险的范围，简要列示如下风险关注点，供参考：

（1）宏观经济形势变化；

（2）行业或产品生命周期的影响；

（3）原材料价格波动；

（4）市场产品供需情况；

（5）行业竞争环境；

（6）产品结构单一风险；

（7）安全生产情况；

（8）投资多元化；

（9）能源类企业的资源储备或变化情况；

（10）客户集中度；

（11）进出口规模较大的企业，还需关注贸易环境等因素。

**3. 管理风险。**主要是指组织模式和管理制度不完善，与控股股东及其他重要关联方存在同业竞争及重大关联交易，发行后重要股东可能变更或资产重组导致企业管理层、管理制度、管理政策不稳定等风险。

解析：

本条款明确了管理风险的范围，简要列示如下风险关注点，供参考：

（1）高危行业①应关注安全生产管理情况，如近三年安全生产检查情况；

（2）多元化经营风险；

（3）下属子公司较多，或涉及行业较多或业务分布区域较广的企业，应关注企业的管理能力；

（4）重组、改制或并购等可能引发的管理风险；

（5）重要高管人员异常缺位情况；

（6）关联交易管理风险。

**4. 政策风险。**主要是指因国家法律、法规、政策的可能变化对企业产生的具体政策性风险，如因财政、金融、土地使用、产业政策、行业管理、环境保护、税收制度、财务管理制度、经营许可制度、外汇制度、收费标准等发生变化而对企业产生的影响。

解析：

本条款明确了政策风险的范围，简要列示如下风险关注点，供参考：

（1）产业政策变化；

（2）税费政策变化；

（3）环保及安全生产政策变化；

（4）行业管理政策或收费标准变化；

（5）进出口企业需关注对手国的政策变化情况，如外汇制度、国际反倾销政策变化等。

（三）本债务融资工具所特有的风险

债务融资工具因含特殊条款而存在的潜在风险。如设置担保的，需说明担保人资信或担保物的现状及可能发生的重大变化对债务融资工具本息偿还的影响。

企业应按重要性程度对上述相关风险因素进行排序。上述风险因素在最近一个会计报告期内已造成损失的，应予以清晰表述。

解析：

本条款明确了含有特殊条款的债务融资工具，应按重要性程度披露相应

---

① 高危行业指建筑施工类行业、采掘行业、化工行业等。

风险。

**第十六条**　除非已经采取了具体措施，企业不得对尚未采取的措施进行任何描述。

**解析：**

本条是关于提示风险的限制性规定。

本条款明确了企业不得对尚未采取的措施进行任何描述，以防止误导投资者。

## 第四章　发行条款

**第十七条**　募集说明书应详细披露本期债务融资工具的全部发行条款，包括但不限于：

（一）债务融资工具名称；

（二）企业全称；

（三）企业待偿还债务融资工具余额；

（四）本期发行金额；

（五）债务融资工具期限；

（六）债务融资工具面值；

（七）发行价格或利率确定方式；

（八）发行对象；

（九）承销方式；

（十）发行方式；

（十一）发行日期；

（十二）起息日期；

（十三）兑付价格；

（十四）兑付方式；

（十五）兑付日期；

（十六）信用评级机构及信用评级结果；

（十七）赎回条款或回售条款（如有）；

（十八）担保情况。

**第十八条**　企业债务融资工具的发行安排，包括但不限于：

（一）簿记建档安排；

（二）分销安排；

（三）缴款和结算安排；

（四）登记托管安排；

（五）上市流通安排。

**解析：**

这两条是发行条款、发行安排内容的规定。

第十七条和第十八条分别明确了债务融资工具发行条款的要素，及发行过程的安排。

# 第五章　募集资金运用

**第十九条　企业应披露本次募集资金的具体用途，用于流动资金的，应披露具体安排；用于长期投资的，应披露具体的投资项目。**

**解析：**

本条是关于募集资金用途披露内容的规定。

（1）本条款规定了募集资金用途的具体披露。募集资金原则上只能用于企业正常生产经营活动。

（2）企业应具体披露本次募集资金的用途，包括用款主体、用款事项、金额等。

（3）募集资金常用于如下几种情况：

①募集资金用于补充流动资金。

企业募集资金用于补充流动资金的，应提供流动资金缺口的匡算依据，依据须是与主业相关且符合逻辑。

②募集资金用于项目建设。

企业募集资金用于项目建设的，应披露项目基本情况、项目合规情况、资金筹措情况等。其中，项目基本情况包括项目基本内容、项目投资额、项目建设计划及现状；项目合规情况包括项目土地、环保、发改委批复情况等，并可提请律师出具法律意见书；项目资金筹措情况包括自有资本金情况、资本金到位情况、项目资金缺口匡算等。

③募集资金用于偿还银行贷款。

企业募集资金用于偿还银行贷款的，需披露具体用款主体及金额。

**第二十条　企业应承诺在债务融资工具存续期间变更资金用途前及时披露**

有关信息。

解析：

本条是关于变更募集资金用途的规定。

（1）本条款明确了企业募集资金应用于符合国家法律、法规及政策要求的生产经营活动，并需具体披露资金用途。

（2）要求存续期内变更募集资金用途应提前披露。

## 第六章 企业基本情况

**第二十一条** 企业应简要披露其基本情况，包括但不限于：

（一）注册名称；

（二）法定代表人；

（三）注册资本；

（四）设立（工商注册）日期；

（五）工商登记号；

（六）住所及其邮政编码；

（七）电话、传真号码。

解析：

本条是关于企业基本情况的规定。

本条款明确了企业情况介绍中应披露的基本要素。

**第二十二条** 企业应披露历史沿革、经历的改制重组情况及股本结构的历次变动情况。

解析：

本条是关于历史沿革、股权变动的规定。

（1）本条款明确了企业基本情况中应披露历史沿革、改制重组和股本结构历次变动情况；

（2）历史沿革指以发行实体的承继关系为主线，描述其历年来的延续和变迁等演变过程。包括更名、改制情况、增减注册资本、股权或实收资本变动、并购、重组等重大阶段性事项。

**第二十三条** 企业应披露控股股东和实际控制人的基本情况及持股比例。实际控制人应披露到最终的国有控股主体或自然人为止。

若企业控股股东或实际控制人为自然人，应披露其姓名、简要背景及所持有的企业股份被质押的情况，同时披露该自然人对其他企业的主要投资情况、与其他主要股东的关系。

若企业控股股东或实际控制人为法人，应披露该法人的名称、成立日期、注册资本、主要业务、资产规模及所持有的企业股份被质押的情况。

**解析：**

本条是关于控股股东和实际控制人披露要求的规定。

（1）本条款明确了企业基本情况中应披露控股股东和实际控制人情况，并规范了披露口径；

（2）控股股东和实际控制人情况包括企业控股股东和实际控制人的基本情况及持股比例。

基本情况包括名称、成立日期、注册资本、主要经营业务、资产和收入、利润情况，所持有的发行人股份被质押及持有发行人股份增减变动的情况等。

控股股东或实际控制人若为自然人，应披露其姓名、国籍、简要背景及所持有的企业股份被质押的情况等，同时该自然人对其他企业的主要投资情况、与其他主要股东的关系也应是披露的内容之一。

**第二十四条** 企业应披露与控股股东之间在资产、人员、机构、财务、业务经营等方面的相互独立情况。

**解析：**

本条是关于企业独立性信息披露要求的规定。

本条款明确了企业应披露其与控股股东之间在资产、人员、机构、财务、业务经营等方面的独立情况。

**第二十五条** 企业应披露对其他企业的重要权益投资情况，包括主要子公司、参股公司及其他合营企业，以及有重要影响的关联方等。

**解析：**

本条是关于重要权益投资情况的规定。

（1）本条款明确了企业应披露对其他企业的重要权益投资、持股比例等情况；

（2）其他重要权益投资情况包括主要子公司/参股公司及其他合营企业，以及有重要影响的关联方等；

（3）企业对持股比例不足50%（含50%）但纳入合并范围，及持股比例超过50%但未纳入合并范围的子公司，应说明原因；

（4）对企业影响较大的主要子公司、参股公司或合营企业，应披露其基本情况、主营业务、近一年一期的财务状况（包括资产、负债、所有者权益、收入、净利润、经营活动净现金流等）、异常经营变化及原因等。

**第二十六条  企业应披露其内部组织机构设置及运行情况，包括各主要职能部门、业务或事业部和分公司的情况。**

**解析：**

本条是关于披露内部组织机构的规定。

（1）企业应披露内部组织机构设置及运行情况，包括治理结构、组织架构设置、各主要职能部门、业务或事业部和分公司的情况、内控制度等；

（2）内控制度应披露其名称及核心内容，包括但不限于预算管理，财务管理，重大投、融资决策，担保制度，关联交易制度，安全生产制度，对下属子公司资产、人员、财务的内部控制等；

（3）公司还需披露公司员工年龄结构、知识水平等基本情况。

**第二十七条  企业应披露董事、监事及高级管理人员的情况。**

**解析：**

本条是关于披露董事、监事及高级管理人员的规定。

（1）企业应披露董事、监事及高级管理人员姓名、年龄、职位及任职期限等，并作简要介绍；

（2）高管范围依据相关法律法规和《公司章程》确定；

（3）存在高管人员缺位的，应披露高管缺位原因及解决措施，替代缺位高管行使职责的人员情况；高管缺位若影响到发行注册决议的有效性，还需律师在法律意见书中进行说明；若影响公司的正常经营和管理，需进行风险提示。

**第二十八条  企业应详细披露其业务范围、主营业务情况及业务发展目标。**

**解析：**

本条是关于业务情况披露要求的规定。

企业应详细披露主营业务情况，简要说明供参考如下：

（1）企业应披露主营业务及各业务板块构成情况，包括各业务板块近三年又一期营业收入、营业成本、毛利及毛利率的数额及占比等，并分析说明各主营业务板块变化趋势及原因。

（2）各业务板块内容披露包括上、下游产业关系、产销情况、关键技术工艺、主要合作客户、结算方式、盈利模式等。

（3）披露能说明企业行业地位和经营优势的行业关键指标数据等，应标明数据来源。

（4）企业在建项目情况披露：

①可列表披露主要在建项目情况，包括项目名称、项目基本情况（如设计产能、改善条件等）、获批情况（应披露获批文件全称及文号）、总投资金额、已投资金额、未来分期投资情况、资金来源及项目进度等；

②披露未来投资计划应包括未来拟投资项目名称、项目基本情况、总投资金额、未来分期投资情况及资金来源；

③涉及国家产业政策调整的在建及拟建项目，企业应确保该项目合法、合规且符合国家产业政策要求。

**第二十九条** 企业应披露所在行业状况、行业地位及面临的主要竞争状况。

**解析：**

本条是关于行业情况披露要求的规定。

（1）原则上，行业情况披露应至少更新至最近一个会计年度，遇重大变化应及时更新；

（2）行业状况包括但不限于行业现状、行业前景、行业政策、竞争态势（指行业格局、行业集中度等）；

（3）主营业务涉及多个业务板块的，需参照主营业务板块划分分别描述；

（4）企业应披露行业地位及竞争状况等，引用数据的，须注明数据来源。

## 第七章　企业主要财务状况

**第三十条** 企业应披露最近三年及一期财务会计信息及主要财务指标。

财务会计信息包括但不限于资产负债表、利润表及现金流量表。企业编制合并财务报表的，应同时披露合并财务报表和母公司财务报表。企业最近三年及一期合并财务报表范围发生重大变化的，还应披露合并财务报表范围的具体变化情况、变化原因及其影响。

财务指标包括但不限于偿债能力指标、盈利能力指标、运营效率指标。

**解析：**

本条是关于财务会计信息及主要财务指标披露要求的规定。

（1）财务会计信息包括：

①近三年适用的会计制度或会计准则；

②近三年审计机构及审计意见，发生审计机构变更的，须披露变更原因；

③近三年重大会计政策或会计估值变化；

④三年又一期合并及母公司资产负债表、利润表和现金流量表的会计数据，并说明数据来源于年初还是年末；

⑤三年又一期合并范围及发生变化的原因；

⑥资产结构、负债结构、利润结构、现金流量结构分析；

⑦分析主要会计科目异常变化的趋势及原因。

（2）财务指标包括偿债能力、盈利能力、运营效率等指标。

①偿债能力指标至少应包括资产负债率、流动比率、速动比率、税息折服摊销前利润（EBITDA）、利息保障倍数等；

②盈利能力指标至少应包括毛利率、总资产报酬率、净资产收益率等；

③运营效率指标至少应包括应收账款周转率、存货周转率、总资产周转率等。

（3）近三年被出具非标意见的企业，应进行提示，并在附录中由企业和会计师事务所分别说明情况及处理意见。

**第三十一条　企业应说明最近一个会计年度期末有息债务的总余额、债务期限结构、信用融资与担保融资的结构等情况及主要债务起息日、到期日及融资利率情况。**

**解析：**

本条是关于有息债务披露要求的规定。

（1）企业应披露近一年及又一期银行借款期限结构，至少应包括短期借款、一年内到期的长期负债、长期借款的金额及占比情况；

（2）企业应披露最近一期银行借款融资结构，至少应包括按质押借款、抵押借款、担保借款、信用借款所划分的短期借款、长期借款的金额及占比情况；

（3）企业应披露截至最近一期的债务融资工具发行情况，至少应包括债券种类、发行主体、发行金额、发行日和到期日、发行利率、担保情况以及兑付状态等。

**第三十二条　企业应全面披露关联交易情况，主要包括产品销售、原材料采购、劳务提供、资产租赁、应收应付款项、融资、担保等的关联交易及金额。**

解析：

本条是关于关联交易披露要求的规定。

（1）企业应全面披露关联交易情况，披露内容包括：关联方情况、关联交易定价原则、关联交易情况等；

（2）关联交易情况包括产品销售、原材料采购、劳务提供、资产租赁、应收应付款项、融资、担保等的关联交易及金额。

**第三十三条** 企业应对截至募集说明书签署之日对外担保和未决诉讼（仲裁）等重大或有事项或承诺事项作详细披露，并对可能产生的损失作合理估计。

解析：

本条是关于或有事项、承诺事项的披露要求的规定。

（1）重大或有事项指包括对外担保、未决诉讼、重大承诺等可能对企业生产经营产生重大不利影响的可能事项；

（2）企业应披露近一期对外担保金额、对外担保金额占净资产的比例，及主要被担保人情况；

（3）企业应披露最近一期重大的未决诉讼（仲裁）情况；

（4）企业应披露最近一期有效的重大承诺情况，如资本性支出承诺等。

**第三十四条** 企业应披露截至募集说明书签署之日的资产抵押、质押、担保和其他限制用途安排，以及除此以外的其他具有可对抗第三人的优先偿付负债的情况。

解析：

本条是受限资产披露要求的规定。

企业应披露近一期的资产抵押、质押、担保和其他限制用途安排，以及除此以外的其他具有可对抗第三人的优先偿付负债的情况。披露内容包括但不限于：资产名称、账面价值或者评估价值、担保对象、担保期限等。

**第三十五条** 企业对可能影响投资者理解企业财务状况、经营业绩和现金流量情况的信息，应加以说明。

解析：

本条是关于财务信息披露概括性要求的规定。

（1）本条款明确了对可能影响投资者理解企业生产经营和财务状况的信息，都应披露；

（2）该等信息包括：近一期金融衍生品投资情况、重大海外投资情况、套期保值交易情况、大宗商品交易情况等。

## 第八章 企业资信状况

**第三十六条** 企业应披露所聘请的信用评级机构对企业的信用评级情况。包括但不限于：

（一）信用评级结论及标识所代表的涵义；

（二）评级报告揭示的主要风险；

（三）跟踪评级的有关安排；

（四）其他重要事项。

解析：

本条是信用评级信息披露要求的规定。

本条款明确了募集说明书引用评级报告的主要内容包括：评级结论、评级标识代表的含义、揭示的主要风险、跟踪评级安排，及其他重要事项。如涉及调整级别的，须具体披露级别调整情况。

**第三十七条** 企业应披露下列与企业及其子公司有关的资信情况：

（一）获得主要贷款银行的授信情况；

（二）近三年是否有债务违约记录；

（三）近三年债务融资工具偿还情况；

（四）其他与企业有关的资信情况。

解析：

本条是关于资信情况披露要求的规定。

本条款要求企业应以合并口径披露下列内容：

（1）应披露最近一期银行授信情况，至少应包括授信银行、授信额度、已使用额度和未使用额度等；

（2）应披露三年又一期的债务违约记录，至少应包括借款单位、违约金额、违约事项、逾期时间、违约原因及处置进度等；

（3）应披露三年又一期债务融资工具发行和偿还情况。

# 第九章　债务融资工具担保

**第三十八条**　企业应披露债务融资工具的担保情况。

**第三十九条**　提供保证担保的，企业应披露保证人的基本情况，包括但不限于：

（一）基本情况简介；

（二）最近一年的净资产、资产负债率、净资产收益率、流动比率、速动比率等主要财务指标，并注明是否经审计；

（三）资信状况；

（四）累计对外担保的金额；

（五）累计担保余额占其净资产额的比例。

**第四十条**　提供保证担保的，企业应披露债务融资工具担保协议或担保函的主要内容，至少包括下列事项：

（一）担保金额；

（二）担保期限；

（三）担保方式；

（四）担保范围；

（五）企业、担保人、债务融资工具持有人之间的权利义务关系；

（六）各方认为需要约定的其他事项。

**第四十一条**　提供抵押或质押担保的，企业应披露担保物的名称、金额（账面值和评估值）、担保物金额与所发行债务融资工具面值总额和本息总额之间的比例。

**第四十二条**　提供抵押或质押担保的，企业应披露担保物的评估、登记、保管和相关法律手续的办理情况。

**第四十三条**　企业应披露保证人的资信或担保物发生重大变化时的持续披露安排。

解析：

本条是关于担保有关信息披露要求的规定。

本章节共计六条，主要对涉及担保等信用增进方式的债务融资工具需补充披露的内容和要素进行了规定，对三种担保类型——保证、抵押、质押对应的披露内容进行了明确，企业发行债务融资工具涉及担保的，应参照此章节要求进行披露。

## 第十章　税　项

**第四十四条**　企业应在募集说明书中明确列示投资债务融资工具所应缴纳的税项、征税依据及缴纳方式。

**第四十五条**　企业应明确告知投资者所应缴纳税项是否与债务融资工具的各项支付构成抵销。

**第四十六条**　企业应声明所列税项不构成对投资者的纳税建议和投资者纳税依据。投资者应就有关事项咨询财税顾问，企业不承担由此产生的任何责任。

解析：

本条是关于税项有关信息披露要求的规定。

（1）本章节共计三条，具体规定了企业发行债务融资工具应明确告知投资者缴纳税项的相关事宜；

（2）企业应清晰表述所披露的税项内容是依据我国现行的税务法律、法规及国家税务总局有关规范性文件的规定做出的。如果相关的法律、法规发生变更，须按变更后的法律法规执行。

## 第十一章　发行的有关机构

**第四十七条**　企业应披露下列机构的名称、住所、法定代表人、联系电话、传真和有关经办人员的姓名：

（一）企业；

（二）主承销商及其他承销机构；

（三）律师事务所；

（四）会计师事务所；

（五）信用评级机构；

（六）担保机构（如有）；

（七）登记、托管、结算机构；

（八）其他与发行有关的机构。

**第四十八条** 企业应披露与发行有关的中介机构及其负责人、高级管理人员及经办人员之间存在的直接或间接的股权关系或其他重大利害关系。

**解析：**

本章是关于发行有关机构信息披露要求的规定。

本章节共计两条，主要规范与企业发行本期债务融资工具相关机构的信息披露，以方便市场参与者之间沟通和联系，并要求企业明确披露与发行有关的中介机构及其负责人、高级管理人员及经办人员之间存在的直接或间接的股权关系或其他重大利害关系。

# 第十二章 附 录

**第四十九条** 募集说明书的附录是募集说明书不可分割的组成部分，包括但不限于：

（一）企业关于报告期内被出具非标准无保留意见审计报告（如有）涉及事项及处理情况的说明；

（二）注册会计师关于报告期内非标准无保留意见审计报告（如有）的补充意见；

（三）债务融资工具担保的相关证明文件（如有）采用抵（质）押担保的，应提供抵（质）押物的权属证明，资产评估报告及与抵（质）押相关的登记、保管、持续监督安排等方面的文件。

**解析：**

本条是关于附录的规定。

本条款自成一章，主要对可作为附录内容的事项进行了规定：

（1）近三年被出具非标审计意见的，企业应对被出具非标审计意见的事项或原因及处理情况进行说明，并作为附件内容披露；

（2）注册会计师应对该等事项出具补充意见，并与上述企业说明一同作为附录内容；

（3）债务融资工具涉及担保的，除须按照第九章内容进行信息披露外，还须将相关证明文件作为附录内容进行披露，证明文件包括权属证明，资产评估报告，抵质押登记、保管、持续监督安排等。

## 第十三章 附 则

第五十条 企业确有合理理由就某些信息提出豁免要求的，可在不影响投资人判断债务融资工具投资价值的前提下，做出书面说明并经交易商协会确认后予以豁免。

**解析：**

本条是关于信息披露豁免的规定。

本条款明确了企业确有合理理由就某些信息提出豁免，在不影响投资人判断债务融资工具投资价值的前提下，需提交书面说明并经协会确认。

第五十一条 本指引自公布之日起施行。

**解析：**

本条是关于施行日期的规定。

本条明确《募集说明书指引》的实施日为公布之日。

# 《银行间债券市场非金融企业债务融资工具尽职调查指引》

## 制定背景及意义

《银行间债券市场非金融企业债务融资工具尽职调查指引》（以下简称《尽职调查指引》）是主承销商尽职调查的行为规范，为其开展尽职调查工作提供了思想指导，是尽职调查工作的最低要求。主承销商辅导企业注册发行债务融资工具，均应按照本指引要求完成尽职调查工作。《尽职调查指引》对于主承销商开展尽职调查程序、方法、内容和报告等作出了明确规定。

## 总体框架

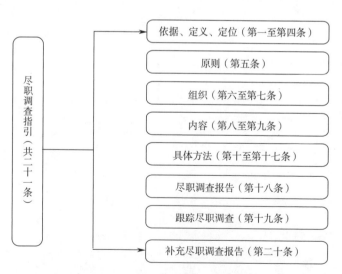

依据、定义、定位（第一至第四条）

原则（第五条）

组织（第六至第七条）

内容（第八至第九条）

具体方法（第十至第十七条）

尽职调查报告（第十八条）

跟踪尽职调查（第十九条）

补充尽职调查报告（第二十条）

尽职调查指引（共二十一条）

图 3-2　《尽职调查指引》总体框架图

　　《尽职调查指引》总计二十一条，分别从尽职调查的应用边界、所要遵循的基本原则、如何开展组织工作、尽职调查的主要内容、具体方法、尽职调查报告的要求，以及跟踪尽职调查、补充尽职调查报告等方面进行明确和规范。

## 条款解析

　　**第一条　为规范银行间债券市场非金融企业债务融资工具主承销商对拟发行债务融资工具企业（以下简称企业）的尽职调查行为，提高尽职调查质量，根据中国人民银行《银行间市场非金融企业债务融资工具管理办法》及中国银行间市场交易商协会（以下简称交易商协会）相关自律规则，制定本指引。**

　　解析：

　　本条是关于《尽职调查指引》制定目的与依据的规定。

　　（1）本条款明确了本指引的制定依据为中国人民银行公布的《非金融企业债务融资工具管理办法》及协会的相关自律规则；

　　（2）本条款明确了本指引规范对象是主承销商尽职调查行为，目的是为了提高尽职调查质量。

　　**第二条　本指引所称的尽职调查，是指主承销商及其工作人员遵循勤勉尽责、诚实信用原则，通过各种有效方法和步骤对企业进行充分调查，掌握企业的发行资格、资产权属、债权债务等重大事项的法律状态和企业的业务、管理及财务状况等，对企业的还款意愿和还款能力做出判断，以合理确信企业注册文件真实性、准确性和完整性的行为。**

　　解析：

　　本条是关于尽职调查内涵的规定。

　　本条款从规范对象和行为边界等角度对尽职调查进行定义，具体解析如下：

　　（1）明确了规范对象为主承销商及工作人员的尽职调查行为；

　　（2）明确了尽职调查的工作原则是勤勉尽责、诚实信用；

　　（3）规定了尽职调查的行为边界，包括通过各种有效方法和步骤对企业进行充分调查，掌握企业的发行资格、资产权属、债权债务等重大事项的法律状态和企业的业务、管理及财务状况等；

　　（4）明确了尽职调查的动因是对企业的还款意愿和还款能力做出判断，

合理确信企业注册文件真实性、准确性和完整性。

**第三条** 主承销商应按本指引的要求对企业进行尽职调查，并撰写企业债务融资工具尽职调查报告（以下简称尽职调查报告），作为向交易商协会注册发行债务融资工具的备查文件。

解析：

本条是关于尽职调查报告的原则性规定。

本条款明确了主承销商应依据本指引开展尽职调查工作，并形成书面的尽职调查报告，并以此作为注册的备查文件。

**第四条** 本指引是对尽职调查的指导性要求。主承销商应根据本指引的要求，制定完善的尽职调查内部管理制度。

解析：

本条是关于尽职调查内部管理制度的原则性规定。

（1）本条款明确了本指引的定位，是为主承销商开展尽职调查工作提供指导性要求；

（2）各主承销商应根据本指引的要求，制定内部的尽职调查管理制度。

**第五条** 主承销商应遵循勤勉尽责、诚实信用的原则，严格遵守职业道德和执业规范，有计划、有组织、有步骤地开展尽职调查，保证尽职调查质量。

解析：

本条是关于尽职调查原则的规定。

本条款重申并细化了尽职调查的基本原则。

**第六条** 主承销商开展尽职调查应制定详细的工作计划。工作计划主要包括工作目标、工作范围、工作方式、工作时间、工作流程、参与人员等。

解析：

本条是关于工作计划的规定。

本条款明确了尽职调查的工作组织，应制定详细的工作计划，并对工作计划须包括的主要内容进行了列举，有利于尽职调查工作的顺利开展。

**第七条** 主承销商开展尽职调查应组建尽职调查团队。调查团队应主要由主承销商总部人员构成，分支机构人员可参与协助。

解析：

本条是关于尽职调查团队的规定。

本条款明确了尽职调查的团队构成，应以主承销商总部人员为主，分支机构人员参与协助。

**第八条　尽职调查的内容包括但不限于：**

（一）发行资格；

（二）历史沿革；

（三）股权结构、控股股东和实际控制人情况；

（四）公司治理结构；

（五）信息披露能力；

（六）经营范围和主营业务情况；

（七）财务状况；

（八）信用记录调查；

（九）或有事项及其他重大事项情况。

解析：

本条是关于尽职调查内容的规定。

本条款对尽职调查至少应包括的内容进行了规范：

（1）发行资格指尽职调查对象是否为非金融企业法人实体，具有真实的经营、真实的资产，且合法存续等；

（2）历史沿革指以发行实体的承继关系为主线，描述其历年来的延续和变迁等演变过程。包括更名、改制情况、增减注册资本、股权或实收资本变动、并购、重组等重大阶段性事项；

（3）股权结构、控股股东和实际控制人情况包括企业控股股东和实际控制人的基本情况及持股比例。

基本情况包括名称、成立日期、注册资本、主要经营业务、资产和收入、利润情况，所持有的发行人股份被质押及持有发行人股份增减变动的情况等；

企业控股股东或实际控制人若为自然人，需对其姓名、简要背景及所持有的企业股份被质押的情况等进行调查。同时，该自然人对其他企业的主要投资情况、与其他主要股东的关系也应是调查的内容之一。

（4）公司治理结构包括企业组织架构设置及运行情况、各主要职能部门权责情况、重要内控制度（包括但不限于预算管理，财务管理，重大投、融资决策，担保制度，关联交易制度，安全生产制度，对下属子公司资产、人员、财务的内部控制等）。

（5）信息披露能力指企业持续信息披露的能力。银行间债券市场为公开融资市场，主要参与主体是机构投资者，其对各投资品种有较强的信息披露需求。信息披露能力是考验一个企业内部管理水平是否完善的要素之一，也是尽职调查内容的重要组成部分。

（6）经营范围和主营业务情况包括：企业经营范围，各主要业务板块营业收入、营业成本、毛利及毛利率的构成情况，以及各业务板块的上下游业务关系、产销区域分布、盈利模式、关键技术工艺等。

（7）财务状况包括企业适用的会计准则或制度、重大会计政策变更、近三年审计意见、合并范围、三年又一期的财务数据、财务结构、重大会计科目或财务指标异常变化等。

（8）信用记录调查指企业既往是否存在债务违约记录。

（9）由于或有事项及其他重大事项存在不确定性，可能对企业生产经营产生不利影响，因此也应作为尽职调查内容的构成部分。其中，或有事项包括担保、未决诉讼、重大承诺、其他或有事项等；重大事项包括企业并购、资产重组等。

**第九条** 主承销商应保持职业的怀疑态度，根据企业及其所在行业的特点，对影响企业财务状况和偿债能力的重要事项展开调查。

解析：

本条是关于对重要事项尽职调查的规定。

本条款明确了主承销商应保持职业的怀疑态度，了解被调查对象的行业特点，对影响调查对象财务状况和偿债能力的重要事项也需要展开调查。

**第十条** 主承销商开展尽职调查可采用查阅、访谈、列席会议、实地调查、信息分析、印证和讨论等方法。

**第十一条** 查阅的主要渠道包括：

（一）由企业提供相关资料；

（二）通过银行信贷登记咨询系统获得相关资料；

（三）通过工商税务查询系统获得相关资料；

（四）通过公开信息披露媒体、互联网及其他可靠渠道搜集相关资料。

**第十二条** 访谈是指通过与企业的高级管理人员，以及财务、销售、内部控制等部门的负责人员进行对话和访谈，从而掌握企业的最新情况，并核实已有的资料。

第十三条　列席会议是指列席企业有关债务融资工具事宜的会议。如：股东会、董事会、高级管理层办公会和部门协调会及其他涉及债务融资工具发行目的、用途、资金安排等事宜的会议。

第十四条　实地调查是指到企业的主要生产场地或建设工地等业务基地进行实地调查。实地调查可包括生产状况、设备运行情况、库存情况、生产管理水平、项目进展情况和现场人员工作情况等内容。

第十五条　信息分析是指通过各种方法对采集的信息、资料进行分析，从而得出结论性意见。

第十六条　印证主要是指通过与有关机构进行沟通和验证，从而确认查阅和实地调查结论的真实性。

第十七条　讨论主要是指讨论尽职调查中涉及的问题和分歧，从而使主承销商与企业的意见达成一致。

解析：

第十条至第十七条是关于尽职调查方法的规定。

第十条列举了尽职调查可采用的方法。第十一条至第十七条是承接第十条，对查阅、访谈、列席会议、实地调查、信息分析、印证和讨论等调查方法逐一进行了明确。

第十八条　主承销商应按照工作计划收集详尽的资料，进行充分调查，编写工作底稿，并在此基础上撰写尽职调查报告。

尽职调查报告应层次分明、条理清晰、具体明确，突出体现尽职调查的重点及结论，充分反映尽职调查的过程和结果，包括尽职调查的计划、步骤、时间、内容及结论性意见。

尽职调查报告应由调查人、审核人和审定人签字。

解析：

本条是关于尽职调查报告撰写要求的规定。

本条款明确了对尽职调查报告的撰写要求。

**第十九条　主承销商应指派专人对已经注册的企业的情况进行跟踪，关注企业经营和财务状况的重大变化，并进行定期和不定期的调查。**

解析：

本条是关于跟踪调查的规定。

本条款明确了主承销商定期、不定期跟踪尽职调查的职责，跟踪尽职调查须关注企业经营和财务状况的重大变化等。

**第二十条　主承销商应于每期债务融资工具发行前，撰写补充尽职调查报告，反映企业注册生效以来发生的重大变化的尽职调查情况。**

解析：

本条是关于补充尽职调查报告的规定。

接受注册通知书自发出之日起2年内有效，企业在注册有效期内续发，主承销商应于每期发行前撰写补充尽职调查报告，以便于投资者了解企业注册生效以来的重大变化。

**第二十一条　本指引自公布之日起施行。**

解析：

本条是关于《尽职调查指引》的施行日的规定。

本条明确《尽职调查指引》的实施日为公布之日。

# 《银行间债券市场非金融企业债务融资工具定价估值工作指引》

## 制定背景及意义

　　为促进非金融企业债务融资工具市场健康发展，保护市场参与各方权益与积极性，提高市场化定价水平，增强市场流动性，2010 年 6 月 1 日，中国银行间市场交易商协会债券市场专业委员会（以下简称债券市场专业委员会）对市场化定价机制进行讨论，认为市场自律约束机制的建立和市场机构自律意识的提高有效地促进了债务融资工具定价市场化进程，推进了市场健康发展。债券市场专业委员会及下设的债务融资工具定价机制工作联席会议与市场机构充分沟通协作，积极探讨研究符合市场化要求和业务实践的债务融资工具定价模式；创新性地提出了债务融资工具定价估值工作构想。经过连续试运行，定价估值效果理想，能够客观地反映市场供求关系，对债务融资工具的发行和投资交易都有很大的参考价值，并在实践基础上制定了《银行间债券市场非金融企业债务融资工具定价估值工作指引（试行)》（以下简称《定价估值工作指引》）。

## 总体框架

　　《定价估值工作指引》共二十一条，可以分成四大部分，分别是：注册的工作原则、估值机构、估值流程以及自律管理。

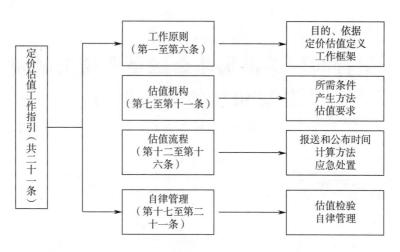

图3－3　《定价估值工作指引》总体框架图

## 条款解析

**第一条**　为促进非金融企业债务融资工具市场健康发展，保护市场参与各方权益与积极性，提高市场化定价水平，增强市场流动性，根据中国人民银行《银行间债券市场非金融企业债务融资工具管理办法》及中国银行间市场交易商协会（以下简称交易商协会）相关自律规则，制定本工作指引。

**解析：**

本条是关于《定价估值工作指引》制定目的与依据的规定。

本条款明确了制定本规则的目的是为了提高非金融企业债务融资工具市场化定价水平，主要依据为中国人民银行公布的《非金融企业债务融资工具管理办法》。

**第二条**　本指引所称定价估值（以下简称估值）是指多家市场机构对当期各主要信用等级、关键期限非金融企业债务融资工具二级市场均衡收益率估计值的平均水平。

**解析：**

本条是关于定价估值定义的规定。

本条款主要是对定价估值进行定义，它是对主观信息的一种最优化处理，不是实际的成交数值，而是一个理性预期下的均衡数值。要点如下：

（1）本估值是由多家市场机构确定的；

（2）估值包括各主要信用等级、关键期限非金融企业债务融资工具；

（3）估值为二级市场均衡收益率；

（4）估值为多家机构的平均水平。

**第三条　参与估值的市场机构凭借专业知识和市场经验对非金融企业债务融资工具进行估值报价。估值行为应遵循客观独立、专业高效、勤勉尽责的原则。**

**解析：**

本条是对估值机构基本素质及估值原则的规定。

本条款明确了参与估值的机构必须具备相关专业知识和市场经验，遵循客观独立、专业高效、勤勉尽责的原则。

**第四条　中国银行间市场交易商协会对非金融企业债务融资工具定价估值工作实施自律管理。**

**解析：**

本条是关于估值工作自律管理主体的规定。

本条款明确了由交易商协会通过警告、诫勉谈话、公开谴责等手段对违反指引的估值机构进行自律管理。

**第五条　交易商协会债券市场专业委员会（以下简称专业委员会）负责制定定价估值工作基本原则；议定估值机构数量及准入与退出等事项；提出对重大违反自律规则行为的处理与处罚意见。**

**解析：**

本条是关于定价估值工作的关键事项议定主体。

本条款明确了由专业委员会决定估值工作的关键事项，即制定工作基本原则，议定估值机构数量及转入与退出事项，提出处理与处罚意见。

**第六条　交易商协会秘书处设立估值工作小组，负责收集和发布估值数据，检验与评价估值结果，对估值机构进行日常自律管理，定期向委员会报告工作指引的执行情况，并据此提出给予或取消机构估值资格的建议。**

**解析：**

本条是关于估值工作具体工作方式的规定。

本条款明确了由估值工作小组负责估值工作的日常运转，具体如下：

（1）明确了估值工作小组需收集市场报价机构数据，统计加工后对市场公开发布；

（2）明确了估值工作小组需定期对估值结果进行检验与评价；

（3）明确了由估值工作小组负责对估值机构进行日常自律管理；

（4）估值工作小组有权向委员会提出给予或取消机构估值资格的建议。

**第七条  参与估值的市场机构应符合以下条件：**

（一）具备完善的内部管理制度、操作规程和健全的内部风险控制机制；

（二）具备较强的债券市场定价和研究分析能力，积极参与非金融企业债务融资工具定价研究工作，并作出贡献；

（三）从业人员具备丰富的非金融企业债务融资工具承销或交易经验；

（四）非金融企业债务融资工具承销业务排名靠前或投资交易业务排名靠前；

（五）最近三年无重大违法、违规行为；

（六）具有交易商协会会员资格；

（七）专业委员会提出的其他条件。

解析：

本条是关于估值机构资质的规定。

本条款明确了从至少六个方面对估值机构进行约束，即内控制度、研究能力、市场经验、债务融资工具市场排名、合法合规性、是否具备会员资格。专业委员会有权提出对估值机构的其他方面要求。

**第八条  估值机构应包括商业银行、保险公司、证券公司、基金公司等各类市场参与者，数量不超过 22 家。**

解析：

本条是关于估值机构类型、数量的规定。

本条款明确了估值机构应包含市场各类性质的参与者，应由市场各方共同决定估值定价水平。

**第九条  估值机构名单由工作小组根据上述条件并广泛征求市场参与者意见后初步拟定，报专业委员会审议通过后对外公布。**

解析：

本条是关于估值机构确定方式的规定。

本条款明确了估值机构的选取应广泛征求市场成员意见，确保估值结果的公正有效，估值机构名单应对市场公开，接受市场成员监督。

**第十条**　估值内容应至少包含非金融企业债务融资工具 1、3、5、7、10、15、20 和 30 年期限的重点 AAA、AAA、AA＋、AA 和 AA－级品种。

解析：

本条是关于估值内容的规定。

本条款明确了估值内容应包含从 1 年期至 30 年期的各主要关键期限，评级应包括从重点 AAA 级至 AA－级各评级，其他期限评级品种在估值体系中不体现。

**第十一条**　估值机构可通过合法合规程序授权内部相关部门及责任人负责具体估值报价。

解析：

本条是关于估值报价合规性问题的规定。

本条款明确估值部门和负责人要获得估值机构的授权，确保估值工作的合法合规性。

**第十二条**　估值机构应于每周一 11：00 前将本周估值数据以传真及邮件形式报送工作小组，若周一为法定节假日，则顺延至下一工作日。

解析：

本条是关于估值工作具体操作的规定。

本条款明确了估值机构报送交易商协会定价估值小组的频率原则上为每周一报，报送时间为周一 11：00 之前。若遇到法定节假日，定价估值小组会以邮件或电话形式通知各估值机构，将估值报送时间顺延至下一工作日。

**第十三条**　工作小组对各机构报送的估值数据进行检查，对于明显因工作失误而导致估值数据失效的情况，工作小组应及时进行记录。

解析：

本条是关于估值数据有效性的规定。

本条款明确了工作小组对数据进行统计加工之前需要对数据正确性进行判断检验，并有权将数据有效性、正确性作为建议取消估值机构资格的依据。

**第十四条**　估值结果的计算方法为剔除同一券种四个最大样本值和四个最小样本值后，对剩余数据进行算术平均。

**解析：**

本条是关于估值结果计算方法的规定。

本条款明确了估值小组应对 22 家估值机构报送数据进行平滑处理，剔除极端数据，去掉四个最大值和四个最小值之后对剩余 14 个数据进行算术平均，以确保估值结果的合理性。

**第十五条** 工作小组于每周一 15：00 将估值结果及原始估值数据通过交易商协会网站对外公布。

**解析：**

本条是关于估值结果公开的规定。

本条款规定估值工作小组应在每周一对估值结果进行公开，接受市场成员监督，确保估值结果的公开有效。

**第十六条** 如遇重大政策调整或市场剧烈波动，工作小组应联系估值机构及时进行估值报价。

**解析：**

本条是关于临时估值机制的规定。

本条款明确了在市场出现重大政策调整、收益率波动剧烈、一二级市场利差持续异常、对债务融资工具发行工作产生较大影响时，定价估值小组在基于对市场数据分析的基础上提出启动临时报价的建议。

**第十七条** 工作小组应定期对估值结果的有效性及估值机构报送的数据质量进行检验，并及时研究提出对定价估值工作改进和完善的意见。

**解析：**

本条是关于对估值结果检验的规定。

本条款明确了工作小组需对估值结果的有效性进行检验，并定期向专业委员会报告，若估值多次明显偏离市场，则需要提出相应改进意见，并报专业委员会讨论；同时，工作小组也应该对估值机构报送数据进行观察检验，若报送数据与估值结果的标准差太大，需要重新报送，若报送数据经常性出现偏离，则工作小组应向专业委员会报告。

**第十八条** 参与估值的机构不得有虚假估值、合谋估值、干扰其他估值机构估值意见等扰乱市场秩序行为。

解析：

本条是对估值机构估值工作要求的规定。

本条款明确了估值机构不得从自身利益出发报送偏离市场的估值，不得与其他机构联合报价以扰乱整体估值水平，也不得对其他估值结构的估值数据进行意见干扰，估值定价小组应对报价数据进行监测。

**第十九条 工作小组应对估值机构违反自律规则的行为进行调查，被调查机构应予以配合。**

解析：

本条是关于对违规行为处理的规定。

本条明确工作小组有权对估值机构的违规行为进行调查，被调查机构应按要求向工作小组提供相应数据文件等相关材料，工作小组应就违规行为向专业委员会报告。

**第二十条 对违反指引的估值机构，交易商协会将通过警告、诫勉谈话、公开谴责等自律管理手段进行处罚。**

**对估值数据长期偏离市场水平、定价估值能力相对较弱的估值机构，工作小组在经过认真调研并征求市场成员意见的基础上可向专业委员会提出报告，建议暂停或取消其估值资格。**

解析：

本条是关于对违规行为处罚措施的规定。

本条明确交易商协会有权对违规机构通过自律管理手段进行处罚，工作小组应对估值水平较差的机构进行充分调研、广泛征求意见，形成专题报告向专业委员会提出暂停或取消估值资格的建议。

**第二十一条 工作小组应定期向专业委员会报告定价估值工作开展情况及估值机构执行工作指引的情况。**

解析：

本条是关于对估值工作总结的规定。

本条明确工作小组应对估值工作情况进行分析监测，对估值机构报送数据的有效性进行检验，对估值机构的估值工作进行测评，定期向专业委员会报告。

# 《银行间债券市场非金融企业债务融资工具注册工作规程》

## 制定背景及意义

《银行间债券市场非金融企业债务融资工具注册工作规程》（以下简称《注册工作规程》）是依据发行注册规则制定的，对注册工作具体流程进行规范的文件，经 2009 年 2 月 24 日交易商协会第一届常务理事会第三次会议审议通过，并公布施行。

《注册工作规程》详细描述了注册办公室和注册会议的工作流程，对注册办公室工作人员和注册专家工作纪律进行了严格规范，强调了注册是对注册文件拟披露信息的完备性、合规性进行评议，不对投资价值和投资风险进行任何实质性判断。

## 总体框架

《注册工作规程》共五章三十三条。第一章"总则"阐述了制定操作规程的目的和依据，注册会议和注册办公室工作职责，注册工作基本原则等；第二章"注册办公室"明确了作为注册办公室工作人员应具备的条件，注册文件初评、复核内容和程序等；第三章"注册会议"明确了注册专家应具备的条件及产生方式，召开注册会议的流程，注册会议结论及后续处理等；第四章"纪律与责任"明确了从事注册工作的注册专家、注册办公室工作人员应遵守的工作纪律；第五章"附则"指出协会将设后督中心对注册工作实施全流程监督，以及本规程的解释机构及施行时间等内容。

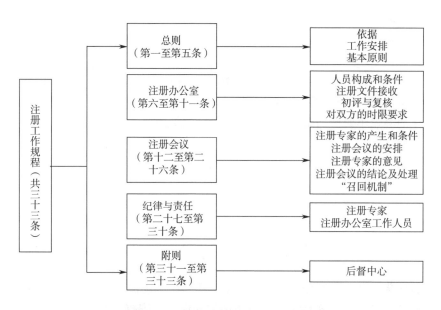

图 3 - 4  《注册工作规程》总体框架图

## 条款解析

### 第一章  总  则

第一条  为规范银行间债券市场非金融企业债务融资工具注册工作，根据《银行间债券市场非金融企业债务融资工具管理办法》（中国人民银行令〔2008〕第 1 号）及中国银行间市场交易商协会（以下简称协会）相关自律规则，制定本规程。

解析：

本条是关于《注册工作规程》制定目的与依据的规定。

本条款明确了《注册工作规程》的制定目的和依据。

第二条  非金融企业债务融资工具发行注册实行注册会议制度，由注册会议决定协会是否接受债务融资工具发行注册。

解析：

本条是关于注册会议制度的原则性规定。

本条款与《发行注册规则》第五条一致，明确注册会议最终决定是否接受债务融资工具的发行注册。

**第三条　注册会议根据相关自律规则，对发行企业（以下简称企业）及中介机构注册文件拟披露信息的完备性进行评议，并督促其完善信息披露。**

**注册会议不对债务融资工具的投资价值及风险作实质性判断。**

解析：

本条是关于注册会议职能的规定。

本条款明确了注册会议的职能，评议对象是发行企业和中介机构注册文件的拟披露信息，评议依据是协会的相关自律规定（包括相关规则、指引和其他规范性文件的规定），评议内容是拟披露信息的完备性和合规性的。同时，明确了注册会议不对债务融资工具的投资价值和投资风险做实质性判断。

**第四条　协会秘书处设注册办公室，负责接收注册文件、对注册文件拟披露信息的完备性进行初步评议（以下简称初评）和安排注册会议。**

解析：

本条是关于注册办公室的规定。

本条款明确注册办公室的机构设置及注册办公室的主要职责，即负责接收注册文件、对注册文件拟披露信息的完备性进行初步评议（以下简称初评）和安排注册会议。

**第五条　协会注册工作应遵循公平、公正、公开原则。**

解析：

本条是关于注册工作原则的规定。

本条款规定了注册工作遵循的基本原则，即"公平、公正、公开"。

## 第二章　注册办公室

**第六条　注册办公室工作人员由协会专职人员和会员选派人员组成。**

解析：

本条是关于注册办公室工作人员的规定。

（1）本条款明确了注册办公室的工作人员组成；

（2）会员选派人员参与注册办公室工作，有利于市场机构监督注册制的执行情况，有利于注册工作中贯彻公平、公正、公开的原则。

第七条　注册办公室工作人员应符合以下条件：

（一）坚持原则，公正廉洁，责任心强；

（二）熟悉相关法律法规；

（三）具有符合注册工作需要的知识结构和水平；

（四）有 2 年以上相关工作经验；

（五）协会秘书处要求的其他条件。

解析：

本条是关于注册办公室工作人员素质要求的规定。

本条款规定了注册办公室工作人员的基本素质。对于会员选派人员，必须满足上述要求。

第八条　注册办公室根据相关自律规则指引接收注册文件，要件齐备的，注册办公室应办理接收手续；要件不齐备的，予以退回。

解析：

本条是项目受理的规定。

（1）本条款明确了注册办公室接收注册文件（含备案文件）的标准是要件是否齐备，要件内容详见附件；

（2）注册办公室应为要件齐备的注册文件办理接收手续，由注册办公室负责人在注册信息表上签字确认收文。

第九条　注册办公室在初评工作中可建议企业或中介机构补充、修改注册文件，可调阅中介机构的尽职调查报告或其他有关资料，可要求因未能尽职而导致注册文件拟披露信息不完备的中介机构重新开展工作。

解析：

本条是关于初评工作方式与措施的规定。

本条款明确注册办公室初评工作中为督促发行企业和中介机构完善信息披露可采取的具体措施，三种措施从形式到内容是递进的关系。与《发行注册规则》第十二条、第十三条保持一致。

第十条　注册文件初评工作实行初评人和复核人双人负责制，主要流程包括：

（一）初评人根据相关自律规则指引对注册文件拟披露信息情况进行初评。如有必要，初评人于 20 个工作日内向企业及中介机构出具关于建议××

企业补充信息的函（以下简称建议函）。初评人认为拟披露文件符合相关规则、指引的，向注册办公室提交工作报告。

（二）复核人对初评人工作进行复核，复核人可根据需要向企业及中介机构出具建议函。

（三）初评人、复核人均认为拟披露文件符合相关规则、指引的，撰写初评报告，并将注册文件和初评报告提交注册会议。

解析：

本条是关于初评工作流程的规定。

（1）本条款描述了注册办公室初评工作具体流程；

（2）对于注册项目，初评人首次出具建议函应在注册办公室负责人在注册信息表上签收日开始20个工作日内完成；

（3）对于额度内后续发行备案的项目，初评人首次出具建议函应在注册办公室负责人在注册信息表上签收日开始2个工作日内完成；

（4）本条款对初评工作时间的明确，有利于提高注册工作的效率和透明度，有利于市场机构监督。

**第十一条** 企业或相关中介机构在收到建议函10个工作日内，未向注册办公室提交补充材料的，应出具书面说明材料，否则注册办公室停止受理并退回注册文件。

解析：

本条是关于反馈回复的规定。

本条款承接第十条，明确了企业或相关中介机构补充和修改材料的时间，有利于督促企业和相关中介机构及时补充相关材料，进一步提高注册工作效率。

## 第三章　注册会议

**第十二条** 注册会议由5名经济金融理论知识丰富、熟知相关法律法规、从业经验丰富、职业声誉较高的金融市场专家（以下简称注册专家）参加。

解析：

本条是关于参会注册专家的规定。

本条款明确注册会议参会注册专家人数，提出了注册专家的基本素质要求，与《发行注册规则》第六条保持一致。

第十三条　注册专家由协会会员推荐，报协会常务理事会审定。协会会员推荐注册专家，应向协会秘书处提交推荐函和被推荐人简历。被推荐人应符合以下条件：

（一）坚持原则，公正廉洁，责任心强；

（二）熟悉相关法律法规；

（三）精通经济金融专业知识，有较高职业声誉；

（四）有 5 年以上相关工作经验；

（五）协会要求的其他条件。

协会秘书处根据协会会员推荐或变更申请，以及注册专家尽职履责情况，拟定注册专家名单，提交常务理事会审议。

解析：

本条是关于注册专家产生机制的规定。

本条款明确了注册专家的产生条件和程序。《注册专家管理办法》中对此有详细描述。

第十四条　注册会议原则上每周召开一次，由注册办公室从注册专家名单中随机抽取 5 名注册专家参加，并设 1 名召集人主持会议。

解析：

本条是关于注册会议的原则性规定。

（1）本条款明确注册会议召开频率和参会专家的选取机制；

（2）参会注册专家中设 1 名召集专家；

（3）实务中，除参会注册专家外，还将随机抽取 2 名注册专家作为候补。

第十五条　注册专家有下列任一情形的，注册办公室应按随机抽选结果，顺位选择下一名注册专家参加注册会议：

（一）担任相关企业及其关联方的董事、监事、高级管理人员的；

（二）个人或者所属单位为拟评议项目提供主承销、评级、审计、法律等服务的；

（三）所属单位已有顺序在本人之前的注册专家参加本次注册会议的；

（四）参加过前三次注册会议的；

（五）因故不能参会的；

（六）无法及时取得联系的；

（七）注册办公室认为可能影响公正履职的其他情形。

解析：

本条是关于注册专家回避原则的规定。

（1）本条款明确了参会专家应遵循的回避原则；

（2）注册办公室于注册会议召开前生成随机抽取表，按顺序选取注册专家，有本条所述情形的，顺位选择后一名注册专家；

（3）与此同时，注册专家自身也应遵循回避原则，在《注册专家管理办法》中有相关规定。

**第十六条** 注册办公室应至少提前 **2** 个工作日，将经过初评的拟披露注册文件送达参加注册会议的注册专家。

解析：

本条是关于注册专家提前获知注册文件的规定。

本条款明确注册办公室应提前将评议项目的拟披露文件发送给注册专家，并保证注册专家至少 2 个工作日做复评工作。

**第十七条** 参会注册专家确认参会后又因故不能到会的，经商注册办公室同意后，可委托他人将经本人签字的书面意见提交会议，被委托人不能具有第十五条所列任一情形。

解析：

本条是关于委托提交书面意见的规定。

（1）本条款对注册专家确认参会后又因故不能到会的情况安排了临时预警处理；

（2）经注册办公室同意，可委托他人将经本人签字的书面意见提交会议，受托人也须遵循第十五条的回避原则；

（3）实务中，通常注册办公室将通知候补专家参会。

**第十八条** 注册专家以个人身份参加注册会议，听取注册办公室初评报告并进行讨论，通过填写注册意见表对会议所评项目独立发表意见。

解析：

本条是关于会议评议的规定。

（1）本条款明确了注册专家以个人身份参加注册会议，相关单位不得干扰注册专家发表意见，如被干扰，注册专家可将有关情况向协会秘书处反映；

（2）本条款明确了注册会议流程。首先由注册专家听取初评人员汇报初评报告，初评报告包括注册项目基本情况、反馈意见及补充材料的情况等；听完初评人员汇报后，召集专家组织与会专家对注册项目拟披露信息的完备性、合规性进行讨论，亦可现场询问项目初评人；最后，注册专家通过填写注册意见表，独立发表意见。

第十九条　注册专家意见分为"接受注册"、"有条件接受注册"、"推迟接受注册"三种：

（一）认为拟披露文件符合相关自律规则、指引要求的，发表"接受注册"意见；

（二）认为拟披露文件通过补充具体材料可以达到相关自律规则、指引要求的，发表"有条件接受注册"意见，并书面说明需要补充的具体材料内容；

（三）认为拟披露文件无法通过补充具体材料达到相关自律规则、指引要求的，发表"推迟接受注册"意见，并书面说明理由。

解析：

本条是关于注册会议结论的规定。

（1）本条款明确了注册专家发表意见的三种类型；

（2）注册专家依据相关规则、指引，对注册文件拟披露信息的完备性、合规性进行评议；

（3）注册专家发表"推迟接受注册"意见，书面说明应当论据充分、论证客观（该项规定与《注册专家管理办法》第二十五条一致）；

（4）"推迟接受注册"意见一般包括应以下情况：一是发行人内部控制或信息披露相关制度建设上存在瑕疵，二是发行人存在重组等重大不确定事项，三是可能影响信息披露真实、准确、完整、及时的其他情形；

（5）注册专家发表"有条件接受注册"意见，应书面给出修改或补充建议，且该建议应当具体、明确、具有可操作性；

第二十条　注册办公室负责汇总注册专家意见，撰写会议纪要，并办理注册会议相关后续工作。

（一）5名注册专家均发表"接受注册"意见的，协会接受发行注册，向企业发送《接受注册通知书》。

（二）2名（含）以上注册专家发表"推迟接受注册"意见的，协会推迟接受发行注册，注册办公室3个工作日内将注册专家意见汇总后反馈给企业，退回注册文件；但不得透露任一参会注册专家的任何个人意见。

（三）不属于以上两种情况的，协会有条件接受发行注册，注册办公室3个工作日内将注册专家意见汇总后反馈给企业。企业或相关中介机构10个工作日内提交补充材料，经提出意见的注册专家书面同意的，向企业发送《接受注册通知书》；**10 个工作日内未提交补充材料的，除非有书面说明材料，停止受理并退回注册文件。**

解析：

本条是关于会议后续处理的规定。

（1）本条款详细描述了注册会议后续处理流程；

（2）对于注册专家发表"有条件接受注册"或"推迟接受注册"意见的项目，注册办公室应当在注册会议后 3 个工作日内将意见汇总后反馈给企业；

（3）本条款明确复评后工作时间，有利于提高注册工作的效率和透明度，有利于市场机构监督。

**第二十一条　债务融资工具注册过程中，企业发生重大突发事项的，应修改有关注册材料并及时通报注册办公室。**

**第二十二条　注册会议决定后至接受注册通知书发出前，企业发生重大事项需要补充披露相关信息的，注册办公室应及时将企业修改完毕的注册文件函告原参会注册专家，注册专家决定是否需要重新提交注册会议评议。**

**第二十三条　接受注册通知书发出后至债务融资工具债权债务关系确立前，企业发生重大事项的，应暂停发行并及时通报注册办公室。需要提交注册会议的，注册办公室应将企业修改完毕的注册文件重新提交注册会议评议。企业已公告发行文件的，应及时向市场披露有关信息。**

解析：

第二十一至第二十三条是关于注册会议后重大事项处理的规定。

（1）第二十一条规定了注册过程中企业发生重大事项的处理机制。企业应至少履行两方面义务，一是修改注册文件，完善信息披露；二是报告注册办公室。

（2）第二十二条规定了注册会议决定后至接受注册通知书发出前的处理机制，企业应履行第二十一条所明确的义务；注册办公室及时将企业修改完毕的注册文件函告原参会注册专家；注册专家决定是否需要重新提交注册会议评议。

（3）第二十三条规定了接受注册通知书发出后至债务融资工具债权债务关系确立前，企业应立即暂停发行，并履行第二十一条所明确的义务；注册办公室及时将企业修改完毕的注册文件函告原参会注册专家，如专家认为需要重新提交注册会议，则重新经注册会议评议。此外，如企业已公告发行文件的，还应及时向市场披露有关信息。

**第二十四条**　注册有效期内，企业未按规定履行信息披露义务、对投资者作出投资决策产生重大影响的，剩余注册额度自动失效。协会将根据相关规定对有关机构和人员进行处理。

本条是关于注册有效期内企业信息披露义务的规定。

**第二十五条**　注册办公室应及时整理并妥善保管注册会议档案，具体资料包括但不限于初评报告、注册专家随机抽取表、《注册意见表》、注册会议纪要、复评报告等。以上材料的保存期至该债务融资工具最后一期本息兑付结束后的三年止。

解析：

本条是关于档案管理的规定。

本条款明确了注册办公室档案管理的要求。

**第二十六条**　注册办公室应定期撰写有关注册文件评议、注册会议情况的工作报告。

解析：

本条是关于注册工作报告的规定。

本条款规定了注册办公室按月度、季度、年度对注册工作进行总结。

## 第四章　纪律与责任

**第二十七条**　注册专家应遵守下列工作纪律：

（一）坚持原则、公正廉洁、勤勉尽责；

（二）保守企业及相关机构的商业秘密；

（三）不得泄露注册会议的任何信息；

（四）不得利用工作便利，为本人或者他人谋取不正当利益；

（五）在行使相关职责期间（指自确认参加注册会议始，至相关企业注册文件有最终结论止），不得与相关企业、机构或个人接触；

（六）正确行使职权，独立发表注册意见，不得干扰其他注册专家发表相关意见。

解析：

本条是关于注册专家工作纪律的规定。

本条款明确了注册专家履职期间应遵守的工作纪律。

**第二十八条　出席注册会议的注册专家应认真审阅注册文件，切实履行职责。**

解析：

本条是关于注册专家审阅文件的规定。

本条款明确了注册专家的工作职责。

**第二十九条　注册办公室工作人员和注册会议其他列席人员应遵守下列工作纪律：**

（一）坚持原则、公正廉洁、勤勉尽责；

（二）保守企业及相关机构的商业秘密；

（三）不得泄露注册办公室初评工作和注册会议信息；

（四）不得利用工作便利，为本人或者他人谋取不正当利益；

（五）与企业等相关机构或个人存在利害关系的，应回避；

（六）服从协会秘书处管理，遵守协会各项规章制度和秘书处注册工作内部纪律。

解析：

本条是关于注册办公室工作人员及会议列席人员的规定。

（1）本条款明确了注册办公室工作人员及其他列席注册会议人员的工作纪律；

（2）强调了相关人员不得泄露初评工作和注册会议信息。

**第三十条　注册办公室工作人员应实行定期轮岗制度。**

解析：

本条是关于轮岗制度的规定。

（1）本条款明确注册办公室实行工作人员定期轮岗制度；

（2）轮岗制度有利于实现"三公"原则。

## 第五章　附　则

**第三十一条　协会秘书处设后督中心，对注册工作实行全流程监督。有关工作规程另行制定。**

**解析：**

本条是关于注册工作内部监督的规定。

（1）本条款明确了协会对注册工作设有内部监督机制；

（2）注册工作的全流程指本规程中阐述的注册文件接收、初评、复核、注册会议、发送《接受注册通知书》或退回注册文件的全部过程。

**第三十二条　本规程由交易商协会秘书处负责解释。**

**解析：**

本条是关于本规程解释权的规定。

本条明确《注册工作规程》的解释权归属于协会秘书处。

**第三十三条　本规程自发布之日起施行。**

**解析：**

本条是关于施行日的规定。

本条明确《注册工作规程》的实施日为发布之日。

# 《银行间债券市场非金融企业债务融资工具主承销商后续管理工作指引》

## 制定背景及意义

自 2008 年非金融企业债务融资工具发行施行注册制以来，债务融资工具市场规模发展迅速，目前已成为企业直接融资的重要渠道。债务融资工具市场的不断扩容、发行主体类型的不断扩充和创新产品的不断推出，都对主承销商风险把控能力和风险防范水平提出了更高要求。主承销商负责制是注册制得以顺畅运行的最重要的基本制度安排。但在市场迅速发展对主承销商风险防范水平和掌控能力提出更高要求的同时，主承销商对债务融资工具风险管理的投入并未能与时俱进，尤其是对债务融资工具存续期间的后续管理，存在着思想重视程度不够、制度建设不健全、人员配备不足、管理手段不科学等工作不到位的问题，后续管理流于形式，表现为信息敏感性不足、对企业的重大不利变化反应迟钝、信息披露督导不到位等，不仅未能使主承销商尽职履责的作用得到应有发挥，更未能以加强后续管理为依托进一步完善支持债务融资市场可持续发展的风控体系。债务融资工具后续管理工作作为市场风险防范的关键点，已经成为目前债务融资工具承销业务中急需主承销商增强责任意识、提高工作水平的环节之一。

为建立、健全债务融资工具存续期间后续风险管理制度，推动主承销商完善后续管理工作机制，保护投资者利益，维护市场稳定有序运行，交易商协会秘书处根据 2009 年 2 月主承销商工作会议要求和全年工作计划，组织市场成员在总结经验、深入挖掘最佳工作实践的基础上，制定了《银行间债券市场非金融企业债务融资工具主承销商后续管理工作指引》（以下简称《后续管理工作指引》）。

《后续管理工作指引》对主承销商开展后续管理工作的一般原则、具体方法等做出了明确的规定。后续管理工作范围涵盖债务融资工具发行至本息兑付的整个存续期，主承销商作为债务融资工具后续管理工作的第一责任人，其职责主要体现在为发行人合规参与市场提供贯穿债券发行前、中、后的各类服务。特别在债券存续期间，主承销商需通过各种方式持续关注承销企业的信用风险和业务合规性情况，督导企业规范运作，及时预警、防范、处置信用风险。在信用风险事件发生后，主承销商应落实应急管理职责，密切监测督导企业按要求披露重大信息，加强与其他中介机构、相关监管及政府部门的信息沟通和行动协调，利用专业和信息优势协助企业谋求可行的市场化债务处置方案，最大限度降低系统性风险的发生、维持市场平稳健康运行。

## 总体框架

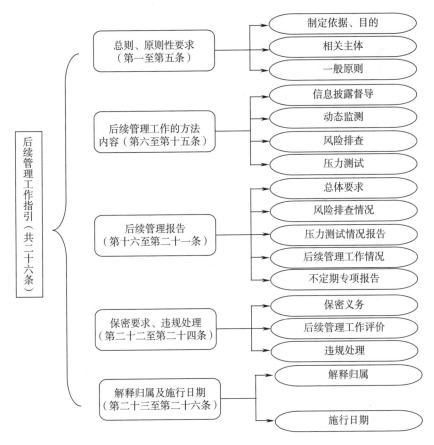

图 3-5 《后续管理工作指引》总体框架图

《后续管理工作指引》共包括二十六条，对后续管理工作定义、工作范围和原则、工作方法和内容、后续管理报告、工作要求和违规处理等内容进行了规定，明晰了主承销商后续管理工作的责任边界，提供了后续管理工作的方式和方法；在突出主承销商权责地位的同时，强调了发行人和提供信用增进服务机构的配合义务，对债务融资工具存续期间的后续管理进行制度化自律规范。

## 条款解析

（一）原则性要求

第一条至第五条为总则和原则性要求。说明了指引的制定依据和目的，明确了后续管理工作的涵盖范围、工作主体、工作对象，提出了对主承销商开展后续管理工作的一般性原则要求，主承内部工作机制的设置要求，以及对于联席主承销商责任义务的划分要求。

**第一条** 为建立健全银行间债券市场非金融企业债务融资工具（以下简称债务融资工具）后续管理体系，指导主承销商开展相关工作，促进银行间债券市场平稳健康发展，根据《银行间债券市场非金融企业债务融资工具管理办法》（中国人民银行令〔2008〕第 1 号）及中国银行间市场交易商协会（以下简称交易商协会）相关自律规则，制定本指引。

解析：

本条是关于指引制定依据和目的的规定。

本条明确了指引的制定依据为中国人民银行令〔2008〕第 1 号和交易商协会的相关自律规则；旨在为主承销商开展非金融企业债务融资工具后续管理工作提供指导，从而促进银行间债券市场的平稳运行及健康发展。

**第二条** 本指引所称后续管理工作，是指主承销商在债务融资工具存续期内，通过各种有效方法对债务融资工具发行企业（以下简称企业）和提供信用增进服务的机构进行跟踪、监测、调查，及时准确地掌握其风险状况及偿债能力，持续督导其履行信息披露、还本付息等义务，以保护投资者权益的行为。

解析：

本条是对后续管理工作定义的规定。

后续管理工作要点主要包含三层含义。

（1）工作主体与对象。本指引界定的后续管理工作主体为主承销商，主承销商对发行企业以及提供信用增进服务机构进行后续管理。

（2）工作期间与范围。后续管理工作涵盖债务融资工具发行完成至兑付的存续期，工作重点在于对相关主体风险状况及偿债能力变动情况的监测以及风险管理。

（3）工作方式与内容。主承销商可采取多种有效措施通过跟踪、监测、调查等方式及时掌握有关风险情况，督导企业和信用增进机构履行信息披露、还本付息等义务。

**第三条**　主承销商应根据本指引要求，遵循勤勉尽责、审慎判断、及时预警、稳妥处置的原则，有组织、有计划、有步骤地开展后续管理工作。企业和提供信用增进服务的机构应积极配合主承销商开展后续管理工作。

解析：

本条规定了后续管理工作的原则及相关主体配合义务，本条包括两层含义。

（1）说明了主承销商后续管理工作程序、方式的一般性原则，涵盖了主承销商工作的指导精神和工作方法，强调了主承销商风险监测及处理的基本思路，以充分发挥主承销商"第一道防线"的风险防控作用。

（2）明确了企业、信用增进机构的配合义务，为主承销商顺利开展后续管理工作提供保障。

**第四条**　主承销商应根据本指引建立后续管理工作机制和相关制度，设立专门机构或岗位从事债务融资工具后续管理工作；后续管理工作应由总部负责，分支机构协助配合。

解析：

本条规定了主承销商需建立后续管理工作机制和制度，本条包含两层含义。

（1）后续管理基本制度建设。主承销商需按照本指引的要求，结合自身业务特点，建立后续管理基本制度，使相关工作的开展有制度保障和基础依据。

（2）后续管理工作机制健全。主承销商需要在人员设置、工作流程设计方面落实后续管理职责，设立专门机构或者岗位，确定岗位分工，并且明确由总部负责、分支机构配合的工作模式，保持总/分机构信息沟通顺畅，为后续管理工作提高效率和质量提供机制上的保障。

**第五条** 企业发行一期债务融资工具聘请两家或两家以上机构担任主承销商的，由相关主承销商与企业协商指定一家主承销商牵头负责后续管理工作，并将各自职责在承销协议中予以明确。

解析：

本条规定了后续管理牵头主承销商机制。

针对企业聘请两家及以上机构担任主承销商发行债务融资工具的情形，本条规定了由企业与相关主承销商协商确定一家主承销商牵头负责后续管理工作，同时非牵头主承销商亦需承担后续管理工作职责，非牵头主承销商并不意味着其取得了后续管理工作职责的豁免。

主承销商之间责任界定的事项通过《银行间债券市场非金融企业债务融资工具承销协议标准文本》进一步予以明确。

（二）后续管理工作方法和内容

第六至第十五条为后续管理工作方法和内容，为指导主承销商开展工作提供了有效途径。从对企业的信息披露督导和风险状况的监测、分析、预警两方面展开，提出了动态监测、风险排查、压力测试等工作方法。强调主承销商应结合企业的不同情况，有重点、有层次地开展后续管理工作，以提高风险管理的针对性和有效性。动态监测为对所有项目进行的日常性、标准化工作；对于在动态监测中发现可能对还本付息产生影响的企业，应及时将其纳入重点关注池；对重点关注池内的企业应进行风险排查，以更深入监测其风险状况；针对出现可能严重影响其还本付息的企业，应通过压力测试以重点监督、密切关注。

**第六条** 主承销商应协助企业和提供信用增进服务的机构建立和完善信息披露管理制度，督导其真实、准确、完整地披露相关信息。

解析：

本条规定了主承销商信息披露督导工作职责。

本条强调了主承销商的重点职责之一，应以强化信息披露为重点加强督导，提高市场透明度，即协助发行企业和相关机构建立和完善信息披露管理制度，形成合规披露信息的有效工作机制，并监督、引导发行企业和相关机构为投资者披露相关信息，信息质量应满足真实性、准确性和完整性要求。

**第七条** 主承销商应至少提前一个月掌握债务融资工具还本付息的资金安排，并及时了解其他有特殊安排产品的相关情况，督促企业按时履约。

解析：

本条规定了主承销商督导债务融资工具还本付息职责。

在发行企业履约还本付息事宜中，为及时监测、防范信用风险，要求主承销商提前掌握已发行工具的本息兑付资金安排情况。此外，对于有特殊安排的产品（如衍生品），亦要求主承销商及时了解所有与产品企业履约相关的其他信息安排，督促企业按时履约。

**第八条　主承销商应对企业和提供信用增进服务的机构进行动态监测，建立重点关注池，开展风险排查和压力测试，以便及时、准确地掌握其偿债能力。**

解析：

本条提出了主承销商后续管理的主要工作方法。

主承销商可通过动态监测，及时了解掌握企业风险状况与业务合规情况，对存在风险苗头的纳入重点关注池，开展风险排查和进行压力测试，以准确地掌握其偿债能力及变化等信息。

**第九条　主承销商应结合宏观经济、金融政策和行业运行变化情况，对企业和提供信用增进服务机构的经营管理、财务状况，债务融资工具信息披露、募集资金用途、二级市场交易、公开市场信息等情况，进行动态监测。**

**在动态监测过程中，对于可能影响企业偿债能力的重大事项，应督促其及时披露；对于符合第十条要求的企业，应纳入重点关注池；对于偿债能力可能受到严重影响的企业，应进行压力测试。**

解析：

本条提出了动态监测的方法和主要内容。

本条明确了动态监测工作开展要点包括两个主要方面。

（1）监测内容。对企业风险的识别应全面考察宏观、中观、微观各角度，结合经济形势、相关政策、行业运行变化，密切关注企业经营状况、财务信息、信息披露、募集资金运用、二级市场交易数据（如成交量、成交价格，是否存在异常交易等）以及其他渠道的公开信息等。

（2）企业风险分层管理指导思路。主承销商应根据动态监测获取的风险信息，对企业进行分类管理。按照风险程度的大小，由低到高按照"督促信息披露——纳入重点关注池——压力测试"进行管理。

主承销商督导企业披露信息的范围适用于包括但不限于《银行间债券市场非金融企业债务融资工具信息披露规则》第九条所定义的重大事件。纳入

171

重点关注池、进行压力测试的适用条件和具体要求将在参见本指引第十条、第十三条详细介绍。

第十条　主承销商通过动态监测，发现企业或提供信用增进服务的机构出现以下可能影响偿债能力情况的，应及时将企业纳入重点关注池：

（一）主要经营、财务指标出现不利变化；

（二）内部管理架构或高管人员出现重大变动；

（三）主体或债项跟踪评级级别下降，或评级展望调至负面；

（四）未按时披露财务信息或未及时披露重大事项；

（五）未按约定使用募集资金；

（六）主承销商认为应入池的其他情况；

（七）监管部门或交易商协会要求应入池的其他情况。

主承销商应对重点关注池施行动态管理，对于池内企业，经风险排查确认其偿债能力不会受到不利影响的，应及时调整出池。各家主承销商在池企业数量原则上应不少于存续期内企业数量的**20%**。

解析：

本条规定了后续管理重点关注池的管理方式和出入池标准，本条包含两层含义。

（1）重点关注池的管理方式。主承销商应对企业施行动态管理，根据风险排查的结果及时确定"入池"与"出池"的对象，调整重点关注池内的企业，在池企业数量需不少于主承销存续期内企业数量的20%。

（2）重点关注池的入池标准。主承销商可按照统一标准和差异标准相结合的原则建立重点关注池。统一标准为所有主承均需依据的入池标准，具体判断标准明确列示了五类情形，包括：

①主要经营、财务指标出现不利变化

主要指企业关键经营、财务指标的不利变动。经济形势、企业所在行业不同，关键指标亦存在差异。主承销商应结合经济周期、行业运行特点等情况，对企业的相关指标进行纵向、横向分析，及时发现不利变化。

②内部管理架构或高管人员出现重大变动

本款所指的内部管理架构范围较广，包括企业内部治理的各方面，涉及企业内部管理和内控机制。企业内部管理制度、机制发生重大变化，高管人员的重大变动对于企业的经营方向、资产结构、盈利能力可能产生重大影响，进而影响到偿债义务的履行。

③主体或债项跟踪评级级别下降，或评级展望调至负面

发行主体以及债项评级是持续信息披露的重要组成部分，级别下降直接影响后续发行额度的有效性，也揭示出发行主体存续债务可能存在偿还风险，需要重点关注主体或债项评级级别下降、评级展望调至负面的原因以及可能造成的不利影响，对企业暴露出的风险因素进行持续监测。

④未按时披露财务信息或未及时披露重大事项

财务信息和重大事项直接关系到投资者进行全面的投资决策判断，是企业需要履行的基本义务。具体要求及判断标准可参考《银行间债券市场非金融企业债务融资工具信息披露规则》等相关自律规则。

⑤未按约定使用募集资金

企业募集资金应用于符合国家相关法律法规及政策要求的企业生产经营活动，并在发行文件中明确披露具体资金用途。企业在融资工具存续期内变更募集资金用途应提前披露。

此外，主承销商应根据自身风险管理和内控机制要求，可在执行统一标准的同时，对重点关注池设定其他差异化的入池标准，除对以上列举的情形之外，对主承销商、监管部门或交易商协会认定为其他需要入池的情况也应给予重点关注。

第十一条　主承销商应对重点关注池内企业开展定期（半年一次）和不定期的风险排查，查找风险点，评估风险程度及影响。风险排查主要内容包括：

（一）行业运行情况；

（二）经营管理和财务状况及主要风险点；

（三）信息披露、募集资金使用情况；

（四）提供信用增进服务机构的风险状况；

（五）主承销商认为应排查的其他内容；

（六）监管部门或交易商协会要求排查的其他内容。

解析：

本条规定了对重点关注池内企业进行风险排查的方式和内容，本条包含两层含义。

（1）风险排查的方式。包括定期与不定期两类，目的在于保证及时、完整获取在池企业风险状况信息。排查结果应能够辨明企业风险点、风险程度以及影响。

（2）风险排查重点。本条所列内容明确了主承销商对在池企业进行风险排查的主要关注内容，包括以下五个方面。

①关注行业运行情况

行业分析是介于宏观经济与微观经济分析之间的中观层面分析，行业运行规律决定了行业内企业的经营规划和发展。应关注行业政策、行业竞争力、市场竞争格局、产品生产、销售、消费、技术等行业要素。

②分析企业经营、财务风险

考虑行业差异，结合企业在行业中所处位置以及企业以往的经营财务情况，同行业其他企业情况进行企业经营、财务风险的纵向和横向分析，确定风险点，并持续监测风险因素的变化情况。

③检查信息披露、募集资金使用情况

本项要求是对发行企业相关业务合规性情况排查的重要内容。信息披露情况排查重在了解发行企业是否严格遵守《信息披露规则》，募集资金使用排查重在了解募集资金实际用途是否按照募集说明书承诺、符合有关产品指引要求。

④提供信用增进服务机构的风险状况

对提供信用增进服务的机构，可参照企业风险分析的内容进行考察，包括行业运行情况、经营管理及财务状况、信息披露等方面。

⑤主承销商认定、监管机构或交易商协会要求进行排查的内容。

**第十二条** 主承销商通过动态监测、风险排查，发现对企业偿债能力可能产生严重影响的，应对企业开展定期（半年一次）和不定期的压力测试。测试企业数量原则上应不少于在池企业数量的 **20%**（至少 **1** 家）。

**解析：**

本条规定了压力测试的适用情形及测试企业数量。

主承销商通过动态监测、风险排查，发现企业偿债能力可能受到严重影响的情况，应按照有关规定进行压力测试。具体方式包括定期与不定期两类，测试对象数量应不少于在池企业数量的20%。

**第十三条** 主承销商应通过压力测试，测算企业在遇到假定的小概率事件等极端不利情况下可能发生的损失；如经评估，对债务融资工具还本付息可能带来严重影响的，应督促企业积极自查、防范风险，并会同企业制定风险处置预案。

制定风险处置预案应根据企业实际情况，以确保债务融资工具本息按期兑付为目标。预案具体内容可包括企业易变现的资产所有权质押、第三方流动性支持、企业兑付款预存、企业关联方担保等方式。

第十四条　对于已制定风险处置预案的企业，主承销商应加强沟通与联系，密切跟踪事态发展，根据情况适时启动风险处置预案，采取针对性处置措施，妥善处理相关问题，并及时向有关部门和交易商协会报告。

解析：

第十三条、第十四条规定了压力测试结果分析、风险预案制定及启动的相关要求，第十三条、第十四条包含两层含义。

（1）压力测试结论的运用。压力测试关注极端不利情况下企业的可能损失，并为企业相关债项按时履约能力提供判断依据。可能存在严重影响时，主承销商应督促企业进行风险自查、防范，同时会同企业制定风险处置预案。

（2）风险处置预案内容。可包括企业内部偿债安排（如易变现的资产所有权质押、兑付款预存等）、关联方担保、第三方流动性支持等方式，具体内容包括但不限于文中所列。已制定风险处置的企业，主承销商应密切关注事态发展，适时启动针对性措施，妥善处理问题并及时向有关部门和协会报告。

第十五条　对严重影响债务融资工具还本付息的突发事件，主承销商应根据《银行间债券市场非金融企业债务融资工具突发事件应急管理工作指引》，及时启动应急响应程序。

解析：

本条规定了应急响应程序的衔接机制。

本条适用于处理突发事件，应急响应程序的具体安排可参照《银行间债券市场非金融企业债务融资工具突发事件应急管理工作指引》。

（三）后续管理报告

第十六至第二十一条对后续管理报告和工作档案提出具体要求。对报告各部分（风险排查、压力测试、后续管理工作开展情况等）的内容和提交时间进行了规范，明确了主承销商应对后续管理工作进行定期（半年度和年度）总结，强调主承销商应对重点监测行业或企业持续关注，并形成不定期专项报告。

第十六条　在债务融资工具存续期内，主承销商应按要求形成相关后续管理报告，报告应情况明了、层次分明、条理清晰、重点突出、措施明确。

第十七条　后续管理报告包括定期和不定期两种形式，其中定期后续管理报告分为年度报告及半年度报告，分别于每年5月15日和9月15日前提交，报告内容包括当期风险排查情况、压力测试情况以及后续管理工作开展情况；不定期报告包括专项风险排查报告、专项压力测试报告和突发事件应急处置报告，各报告应在相关工作结束后的 **10** 个工作日内提交。

解析：

第十六条、第十七条是对主承销商后续管理报告的总体要求。

后续管理报告涵盖的时间范围为债务融资工具存续期间，提交时间须符合指引要求。内容应情况明了、层次分明、条理清晰、重点突出、措施明确。定期报告包括当期风险排查情况、压力测试情况以及后续管理工作开展情况，相应各部分内容的具体写作要求在第十八条、第十九条、第二十条中予以规范，每年需完成两次，分别于 5 月 15 日和 9 月 15 日前提交。不定期报告包括专项风险排查报告、专项压力测试报告和突发事件应急处置报告，应在相关工作结束后的 10 个工作日内提交。

**第十八条** 后续管理报告中风险排查情况部分应包括但不限于以下内容：

（一）当期入池和出池企业清单，企业入池及出池原因分析；

（二）在池企业基本情况、经营管理、财务状况及主要风险因素分析；

（三）在池企业债务融资工具信息披露和募集资金使用情况；

（四）对在池企业提供信用增进服务机构的风险状况分析；

（五）采取的应对措施。

解析：

本条规定了后续管理报告中风险排查部分的撰写要求。

风险排查情况部分应至少包含五方面内容。

（1）当期入池和出池企业清单，企业入池及出池原因分析

主承销商应如实报告重点关注池调整情况，提供入池、出池企业清单的同时，应清晰载明调整原因，如企业风险概况、重点关注的风险点、风险程度等信息。

（2）在池企业基本情况、经营管理、财务状况及主要风险因素分析

对于在池企业，须提供其基本资料及风险信息，包括企业所属行业、经营范围、管理架构、经营方针、财务管理等方面的情况，同时对企业面临的经营、财务等方面的主要风险点进行分析，并及时更新风险因素的变动情况。

（3）在池企业债务融资工具信息披露和募集资金使用情况

主承销商应督导企业按时披露财务信息、及时披露重大事项，密切监测企业债务融资工具募集资金的实际用途和使用情况，并将所掌握的上述情况包含在后续管理报告内。

（4）对在池企业提供信用增进服务机构的风险状况分析

提供信用增进服务机构的风险状况所包括的内容可参照对发行企业进行风险分析的有关要求，如行业运行情况、经营管理现状、财务状况以及信息披露情况等。

（5）采取的应对措施

对于风险排查情况，主承销商采取了哪些工作措施来应对风险排查中发现的企业存在的风险点。

**第十九条　后续管理报告中压力测试情况部分应包括但不限于以下内容：**

**（一）进行压力测试的原因分析；**

**（二）压力测试具体方法、测试过程及结果分析；**

**（三）采取的应对措施（包括风险处置预案的制定及实施情况）。**

**解析：**

本条规定了后续管理报告中压力测试内容的撰写要求，压力测试情况主要包括三方面内容。

（1）进行压力测试的原因分析

根据本指引第十二条的规定，主承销商通过动态监测、风险排查，发现对于企业偿债能力可能产生严重影响的，应进行压力测试。在压力测试报告中，应列明进行压力测试的具体原因。

（2）压力测试具体方法、测试过程及结果分析

压力测试应测算企业在遇到假定的小概率事件等极端不利情况下可能发生的损失。进行压力测试的具体方法，如情景测试、敏感性测试，涉及判断重要风险因素或存在密切联系的因素、假定风险因素变化等方面的内容，对于选取的风险因素、假定的情景变化以及实际测试的过程、结果都应进行详细记录。

（3）采取的应对措施（包括风险处置预案的制定及实施情况）

主承销商制定了哪些风险处置预案，如何实施，实施后取得的效果等。

**第二十条　后续管理报告中后续管理工作开展情况部分应包括但不限于以下内容：**

**（一）债务融资工具情况概述，包括信息披露、募集资金使用及还本付息等情况；**

**（二）后续管理工作开展情况总结，包括动态监测、重点关注池管理、风险排查及压力测试等情况及采取的应对措施；**

**（三）下一年度后续管理工作计划（仅年度报告含）。**

**解析：**

本条规定了后续管理报告中后续管理工作开展情况部分的撰写要求。

后续管理工作开展情况主要包括三方面内容，即债务融资工具基本情况（相关主体信息披露、相关债项资金运用、还本付息等）、后续管理工作开展情况（动态监测、重点关注池管理、风险排查及压力测试等），对于年度报告，还应包括下一年度的后续管理工作计划。

**第二十一条　主承销商应为每家债务融资工具发行企业建立独立的后续管理工作档案，并至少保存至债务融资工具到期后 5 年。**

**解析：**

本条规定了主承销商后续管理工作档案的保管要求。

本条明确了主承销商后续管理工作档案的管理要求，主承销商应建立所承销企业的后续管理工作档案，并至少保存至债务融资工具到期后 5 年。

（四）保密要求及违规处理

第二十二条、第二十三条、第二十四条明确了对主承销商保密工作的要求，以及对于违规情况的处理措施。第二十五条和第二十六条为指引的生效条款。

**第二十二条　主承销商应对后续管理工作中获得的内幕信息予以保密，不得利用内幕信息获取不当利益。**

**解析：**

本条规定了主承销商对后续管理工作中获得的内幕信息的保密义务。

**第二十三条　交易商协会定期对主承销商后续管理工作质量进行综合评价考核。**

**解析：**

本条指出主承销商后续管理工作质量将被纳入到对其的综合评价考核体系中，予以打分评价。

**第二十四条　对未履行后续管理工作职责的主承销商，以及未履行配合义务的企业和提供信用增进服务的机构，交易商协会可通过诫勉谈话、警告、通报、公开谴责等措施进行处理，情节严重的，可建议有关部门给予处罚。**

**解析：**

本条规定了对违规行为的处理措施。

本条明确了对未按本指引要求处置的发行人和中介机构，协会可采取的处理方式。

**第二十五条　本指引由交易商协会秘书处负责解释。**

**第二十六条　本指引自公布之日起施行。**
解析：
第二十五条、第二十六条规定了指引的解释权和实施生效时间。

# 《银行间债券市场非金融企业债务融资工具突发事件应急管理工作指引》

## 制定背景及意义

自 2005 年短期融资券推出，特别是 2008 年债务融资工具发行施行注册制以来，债务融资市场规模迅速扩大，创新产品日益丰富，发行主体类型不断扩充，目前发行债务融资工具已经成为企业直接融资的主要渠道。随着市场的纵深发展，债务融资工具发行主体信用级别不断向下延伸、产品种类日益多样化、产品结构逐渐复杂化，广大市场成员对交易商协会在中国人民银行的指导下，根据"一手抓发展，一手抓风控"的思路，逐步建立一整套以发行企业充分履行信息披露义务为核心的、以主承销商等中介机构尽职履责为前提的投资者保护机制的做法给予了充分肯定，同时也对完善制度建设提出了更高的要求，以加强对投资者合法权益的保护、维护市场健康发展。建立健全突发事件应急管理制度即是完善投资者保护机制体系的关键一环。

从实践来看，"福禧事件"、"海龙事件"等突发事件的妥善处理充分说明对突发事件及时反应并果断处置，不仅可以在一定程度上有效化解单体信用风险，而且能有效降低个别事件对市场平稳运行的冲击，避免引发市场不必要的恐慌。虽然部分市场成员已积累了一定的应急管理经验，但大多数市场成员几乎没有危机处理的相关经验，制度建设更是急待完善，存在对突发事件应对不足、处置不当的可能。为指导发行人和以主承销商为主的中介机构提高突发事件应急管理工作水平，推动主承销商建立健全债务融资工具应急管理机制，以切实维护投资者合法权益，保证市场平稳发展，交易商协会组织市场成员在总结经验的基础上制定《银行间债券市场非金融企业债务融资工具突发事件应急管理工作指引》（以下简称《应急管理指引》）。

## 总体框架

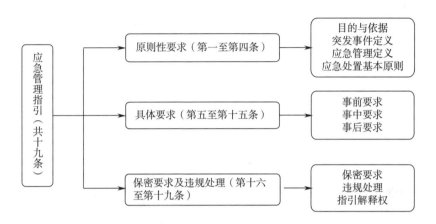

图3-6　《应急管理指引》总体框架图

《应急管理指引》共十九条，主要包括以下三部分内容：（1）原则性要求，包括第一条至第四条，分别介绍了指引的目的和依据，应急管理的客体、主体以及应急处置的基本原则。（2）按照突发事件事前、事中和事后顺序，提出应急管理工作的具体要求。包括第五条至第十五条。①事前要求。第五条和第六条对主承销商和发行人应急管理工作的事前相关机制建立提出了具体要求。②事中要求。第七条至第十四条为事中应急响应措施，是应急管理指引的核心部分。以主承销商获知突发事件作为应急响应的起点，根据各主体在应急管理工作中的定位，按照由主到次的顺序依次约定了各方的应急响应措施。③事后要求。第十五条要求应急处置结束后，主承销商、企业和相关中介机构总结报告、完善预案。（3）保密要求及违规处理，包括第十六条至第十九条。

## 条款解析

（一）原则性要求

**第一条　为建立健全银行间债券市场非金融企业债务融资工具（以下简**

称债务融资工具）突发事件应急组织管理体系，保护投资者合法权益，维护银行间债券市场平稳运行，根据《银行间债券市场非金融企业债务融资工具管理办法》（中国人民银行令〔2008〕第 1 号）及中国银行间市场交易商协会（以下简称交易商协会）相关自律规则，制定本指引。

解析：

本条是关于指引制定目的与依据的规定。

本条明确了应急管理指引的目标和目的，即推动市场成员建立健全债务融资工具突发事件应急组织管理体系，有效化解突发事件引发的单体信用风险和降低个别事件对市场平稳运行的冲击。明确了应急管理指引的制定依据，即人民银行公布的《非金融企业债务融资工具管理办法》和交易商协会的相关自律规则。

第二条  本指引所称突发事件，是指在债务融资工具存续期间突然发生的、严重影响或可能严重影响债务融资工具本息偿付的、需要立即处置的重大事件。

解析：

本条是关于突发事件定义的规定，该条款包含两层含义。

（1）突发事件的基本特征。明确了应急管理客体的不可预测和影响严重性，其中，"不可预测"强调发行人和主承销商无法事前推测事件的发生，因而无法提前进行防范，"严重影响"强调发行人的偿付能力因受突发事件严重损害，导致债务融资工具存在偿付风险，可能会给投资者造成实质利益影响。

（2）本指引的约束范围。由本条款对突发事件的定义可看出发生在债务融资工具注册和发行阶段的突发事件不在本指引的约束范围内，因为此时发行人和投资者之间尚未建立起契约关系，对投资者而言不存在偿付风险。

第三条  本指引所称应急管理，是指由债务融资工具主承销商牵头，提供信用增进服务的机构、信用评级机构和律师事务所等中介机构配合，协助相关发行企业有效应对突发事件的行为。

解析：

本条提出了应急管理的定义。

本条款通过定义应急管理，界定了应急管理主体范围，并确定了各主体的定位。

（1）发行人作为债务融资工具的偿付主体，在突发事件应急处理中的地位不可替代。

（2）主承销商作为债务融资工具承销机构，是银行间市场的主要组成机构，有维护投资者合法权益、维护市场健康发展的义务。事实证明，在面临突发事件时，主承销能在监管机构的指导下，通过协调相关机构、调动自身资源，妥善处理发生突发事件，降低市场影响、减轻相关损失。

（3）提供信用增进服务的机构、信用评级机构和律师事务所等中介机构也需各司其职、积极配合，才能协助主承销商和发行人妥善应对、处理突发事件。

**第四条　主承销商、企业及相关中介机构开展应急管理工作应坚持快速响应、各司其职、协同联动、稳妥处置的原则。**

**解析：**

本条提出了应急管理工作的原则性要求。

本条提出了开展应急管理工作的四点原则性要求。

（1）"快速响应"要求应急主体第一时间对突发事件做出反应，及时采取措施控制事态。

（2）"各司其职"要求应急主体在突发事件发生时，根据职责义务以及应急处置方案的部署，采取相应的应急措施。

（3）"协同联动"强调应急处置"一盘棋"的重要性，应急主体应在信息上互通有无，在行动上协调一致。

（4）"稳妥处置"强调对整体局势把握的分寸感和实际处置的技巧性、艺术性和灵活性。

（二）应急管理的具体要求

**第五条　主承销商应制定债务融资工具应急管理预案。应急管理预案包括但不限于以下内容：**

（一）按照突发事件性质、可控程度、影响范围和对债务融资工具还本付息的影响程度等因素，对突发事件进行科学合理的分类分级。

（二）建立统一指挥、分工明确、协同配合的内部应急管理组织体系和外部沟通协调机制。

（三）建立健全应对突发事件的预警提示、信息传递、应急响应的运作流程。

（1）预警提示：建立预警监测体系，及时提出预警；

（2）信息传递：确定内部和对外信息传递的基本路径，确保信息及时准确的传递；

（3）应急响应：按照突发事件的级别，明确相应的响应程序，并制订针对性的应对措施。

（四）明确应急预案的宣传、培训、演练等具体内容。

解析：

本条规定了应急预案的主要内容。

本条明确提出主承销商应制定应急预案，且应急预案应至少包括突发事件的分级分类、应急管理组织体系、应急运作流程等主要内容，主要包括四方面的含义。

（1）突发事件的分级分类。本条款中提出主承销商应对突发事件进行分级分类管理的原则性要求，并提供了分类分级的基本思路。其中事件性质主要是从诱因角度对突发事件分类，以便有的放矢地制定处置措施；可控程度考虑的是主承销商和发行人对事态的把握能力，评判突发事件是否需要借助外力解决；影响范围考虑事态对债务融资工具本身、资本市场甚至金融体系的冲击能力。可控程度、影响范围和对债务融资工具还本付息的影响程度三个因素相互交织，可综合起来设计分级体系。

（2）应急管理组织体系。主承销商处于连接发行人和投资者、市场成员和监管部门的枢纽位置，需建立有效的外部沟通协调机制，同时主承销商总分行之间以及相关平行部门间也应建立有利的联动机制，为准确判断事件影响、科学制定调整处置措施奠定基础。

（3）应急运作流程。该条款中提出了预警提示、信息传递和应急响应三个重要的应急流程要求。其中预警提示与后续管理工作指引中主承销商的动态监测、风险排查等工作相对接，信息传递是应急管理组织体系在信息传递路径方面的具体要求，应急响应是在突发事件分类分级体系上建构的分类处置措施和分级响应程序的集合。

（4）加强培训演练。应急预案是应急制度的载体，是"兵书"，要保证突发事件发生后，主承销商各个层面的业务人员能够按照要求沉稳有效应对，有必要以应急预案为基础进行"练兵"，确保经办人员熟知"兵法"，心中有数。

**第六条　企业应在主承销商协助下制定债务融资工具突发事件应急管理机制，积极应对突发事件。**

解析：

本条规定了企业应在主承销商协助下建立应急管理机制，包括两层含义。

（1）企业建立突发事件应急管理机制。企业通过建立应急管理机制，可提高主动应对债务融资工具突发事件的意识，提升对应对突发事件的一些基本手段的了解。

（2）主承销商的辅导工作。为充分发挥主承销商经验优势，辅导企业制定应急管理机制也属于主承销商后续管理工作之一。

第七条 主承销商应在获知突发事件后立即启动应急管理预案，并及时向相关部门和交易商协会报告。

第八条 主承销商应组织其他中介机构，在相关部门的指导下，积极协助企业制定并实施应急处置方案。

第九条 主承销商应督导企业按照有关规定及自律规则，在指定媒体披露突发事件相关信息；并协助企业做好对外沟通解释工作。

第十条 主承销商应视突发事件发展变化情况，根据需要，协助组织召开债务融资工具持有人会议。债务融资工具持有人会议规程另行制订。

第十一条 主承销商应密切跟踪事态发展，协助企业动态调整应急处置方案，并及时向相关部门和交易商协会报告。

解析：

第七条至第十一条提出了应急处置的一般逻辑。

以上条款明确了应急响应动作。依据应急处置的一般逻辑，第七条至第十一条规定了主承销商启动应急管理预案、协助发行人制订实施处置方案、督促发行人披露信息、做好对外沟通解释工作、上报事件发展动态和协助召开债务融资工具持有人会议等一系列应急响应动作。

特别是，在第十条中对突发事件发生后，持有人可采取的重要救济措施安排——持有人会议制度，首次予以明确，该机制具体安排可参见《持有人会议规程》。

第十二条 提供信用增进服务的机构应及时评估突发事件的影响，依据有关协议采取相应的偿债保障措施。

第十三条 信用评级机构应及时评估突发事件对企业和债务融资工具信用级别的影响，开展补充尽职调查，在指定媒体披露不定期跟踪评级结果。

第十四条　律师事务所应参与突发事件的处置工作，并就突发事件的法律后果和影响发表法律意见。

**解析：**

第十二条至第十四条规定了信用增进机构、信用评级机构和律师事务所的应急响应措施。

以上条款分别规定了其他中介机构的应急响应方式。

（1）提供信用增进服务的机构作为债务融资工具的第二偿债主体，在涉及信用风险的应急事件管理中扮演着重要的角色，应按照相关协议约定及时启动偿债保障措施。

（2）信用评级机构在突发事件发生时应根据有关规则指引要求及时启动跟踪评级，加强与各应急管理主体的沟通，发挥独立第三方信息揭示的积极作用。

（3）律师事务所应当依照行业准则为应急处置提供法律支持，并根据需要发表准确的法律意见。

第十五条　主承销商、企业和相关中介机构应在应急处置结束后，及时对突发事件的发生、处置过程、处置结果以及损失进行全面评估和总结，完善应急管理预案，并向交易商协会提交应急处置报告。

**解析：**

本条规定了应急处置结束后的相关工作。

本条明确了应急处置结束后，主承销商、企业和相关中介机构全面总结，进而完善应急处置预案，并形成书面报告的要求。

（三）保密要求及违规处理

第十六条　主承销商等中介机构应对应急管理工作中获得的内幕信息予以保密，不得利用内幕信息获取不当利益。

**解析：**

本条明确了对中介机构的保密要求。内幕信息是指非公开信息，中介机构既不得对无关第三方披露，也不得利用相关信息为自身或其他方获取不当利益。

第十七条　对未能按本指引要求处置突发事件的企业和主承销商等中介机构，交易商协会可通过诚勉谈话、警告、通报、公开谴责等措施进行处理，情节严重的，可建议有关部门给予处罚。

**解析：**

本条规定了对违规行为的处理措施。

本条明确了对未按本指引要求处置的发行人和中介机构，协会可采取的处理方式。

**第十八条　本指引由交易商协会秘书处负责解释。**

**第十九条　本指引自公布之日起施行。**

**解析：**

第十八条、第十九条规定了解释权和生效日期。

# 第四篇
# 其他篇

# 《银行间债券市场非金融企业债务融资工具现场调查工作规程》

## 制定背景及意义

随着债务融资工具市场的迅速发展，广大市场成员对保护投资者合法权益、维护市场健康发展提出了更高的要求。秉承创新发展与风险管理并重的理念，协会不断加强风险管理力度，自 2009 年以来，先后对发行企业和相关中介机构开展了多次现场调查工作，逐步确立了现场调查作为后续管理重要工作手段的地位。通过与调查对象高管和员工面对面座谈、进入生产经营管理场所实地考察、查阅资金收支凭证等方式，代表投资者了解了债务融资工具发行企业和相关中介机构对于自律规则的执行情况，有效督导了相关机构合法合规开展业务。

为进一步规范现场调查工作，交易商协会总结实践经验，组织市场成员多次讨论研究，起草制定了《银行间债券市场非金融企业债务融资工具现场调查工作规程》（以下简称《现场调查规程》），经交易商协会第二届常务理事会第三次会议审议通过后正式发布实施。实践证明，规程的出台有利于交易商协会进一步规范自身自律管理工作，加强市场各方的沟通交流，并推动主承销商等中介机构进一步完善后续管理工作，对于促进银行间债券市场平稳健康发展，切实维护债务融资工具投资者的合法权益具有重要的意义。

《现场调查规程》借鉴了国内类似监管机构的相关制度安排和实践经验，同时充分考虑了债务融资工具市场自律管理的特殊性，兼具原则性和灵活性。在调查范围方面，考虑到银行间债券市场未来的发展，将现场调查事项范围定位为与债务融资工具相关的全部业务流程，将调查对象范围定位为债务融资工具发行人和相关中介机构等交易商协会会员以及自愿接受交易商协会自律管理的机构；在调查重点关注内容方面，主要结合债务融资工具相关业务，强调了对注册发行文件以及自律规范文件执行情况（合规性）以及与债务融资工具偿付相关的基本情况（信用风险）重要性的关注；在调查程序规范性上，规定了交易商协会牵头的组织方式、利益相关人员回避原则和入场合规性等，以使现场调查工作流程化、规范化和专业化；在调查处理安排上，明确了现场调查后续处理的方式，并本着为会员服务的原则，赋予了调查对象申请利益相关人员回避、解释申辩处理意见等权利。

## 总体框架

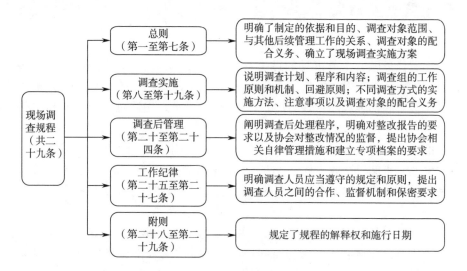

图4-1　《现场调查规程》总体框架图

《现场调查规程》共二十九条、五个章节。第一章"总则"明确了该规程制定的依据和目的、调查对象范围、与其他后续管理工作的关系、调查对象的配合义务，确立了现场调查实施方；第二章"调查实施"说明了调查计划、程序和内容，调查组的工作原则和机制、回避原则，不同调查方式的实施方法、注意事项以及调查对象的配合义务；第三章"调查后管理"阐明了调查后的处理程序，明确对整改报告的要求以及协会对整改情况的监督，提出协会相关自律管理措施和建立专项档案的要求；第四章"工作纪律"明确了调查人员应当遵守的规定和原则，提出调查人员之间的合作、监督机制和保密要求；第五章"附则"规定了规程的解释权和施行日期。

# 条款解析

(一) 规程的总则性要求

## 第一章  总  则

**第一条**  为规范银行间债券市场非金融企业债务融资工具（以下简称债务融资工具）现场调查工作，督导相关市场成员依法合规开展业务，促进银行间债券市场平稳健康发展，根据《银行间债券市场非金融企业债务融资工具管理办法》（中国人民银行令〔2008〕第1号）以及中国银行间市场交易商协会（以下简称交易商协会）相关自律规范文件，制定本规程。

解析：

本条是关于《现场调查规程》制定目的和依据的规定。

本条明确了制定本规程的目的是为规范银行间债券市场非金融企业债务融资工具现场调查工作，依据是《银行间债券市场非金融企业债务融资工具管理办法》（中国人民银行令〔2008〕第1号），将该规范文件明确定位为规程，即现场调查工作的具体操作指南。

**第二条**  本规程所称现场调查，是指交易商协会根据需要组成调查组，进入调查对象的生产、经营、管理等场所，就调查对象在债务融资工具发行、承销和后续管理过程中对相关自律规范文件执行情况实施的自律检查。

解析：

本条是关于现场调查定义的规定，本条主要明确了四方面的内容。

（1）调查的实施方，现场调查的实施方是交易商协会组成的调查组；

（2）调查的地点，包括调查对象的生产、经营、管理等场所，对应"现场"的含义；

（3）调查的业务范围，涵盖债务融资工具发行、承销和后续管理等与债务融资工具相关的全部业务流程；

（4）调查的内容，包括检查调查对象对相关自律规范文件的执行情况。

**第三条**  本规程所称调查对象，是指债务融资工具发行人（以下简称发行人）与相关中介机构等交易商协会会员，以及自愿接受交易商协会自律管理的机构。

**解析：**

本条是关于调查对象定义的规定，本条明确了调查对象的范围，主要包括两个方面。

（1）交易商协会会员。包括发行短期融资券、中期票据、中小企业集合票据等各品种债务融资工具的发行人，以及主承销商、信用增进机构、会计师事务所、律师事务所、评级公司等中介机构；

（2）自愿接受交易商协会自律管理的机构，部分机构如会计师事务所、律师事务所等还未成为交易商协会会员，但在参与债务融资工具相关业务过程中承诺了自愿接受交易商协会的自律管理，对于这些机构，协会也有权对其进行现场调查，规范其债务融资工具相关业务。

**第四条　现场调查是交易商协会的独立行为，不替代发行人以及主承销商等中介机构应开展的相关工作。**

**解析：**

本条是关于现场调查与主承销相关工作之间关系的规定。

本条明确了协会的现场调查工作并不替代发行人和中介机构的后续管理工作。债务融资工具存续期间，发行人和中介机构应按照相关自律规定开展后续管理工作，不应因为协会对其开展过现场调查而减少相关工作。需要特别指出的是，协会对某家发行人或信用增进机构进行了现场调查，发现存在的信息披露问题并提出了具体整改要求，相关主承销商仍应根据《后续管理工作指引》开展相关后续管理工作，持续督导发行人及中介机构的信息披露情况，视工作需要，独立开展尽职调查、风险排查、压力测试等工作。

**第五条　调查对象应当配合调查，及时提供相关信息，并保证其真实、准确、完整。**

**解析：**

本条是对调查对象责任和义务的总体性要求。

本条明确了调查对象应当配合调查的义务，调查对象应当向调查组提供必要的工作条件，及时提供调查组需要的相关信息，并以签字、盖章等方式确定其真实、准确和完整性。

**第六条　现场调查不代表交易商协会对相关债务融资工具投资价值做出任何评价，也不代表对相关债务融资工具投资风险做出任何判断。投资者应当独立判断投资价值，自行承担与其有关的任何投资风险。**

**解析：**

本条是对投资者自行判断和承担投资风险的提示。

债务融资工具实行注册制，注册制强调投资者风险自负。投资者的收益完全取决于投资机构自身对债务融资工具投资价值及投资风险的专业判断，投资风险完全由其自负。协会作为市场成员的代表，通过对企业和中介机构实施自律管理，督促企业和相关中介机构规范操作完善信息披露，现场调查工作并不代表协会的任何判断。

**第七条　交易商协会秘书处负责现场调查的组织与实施。**

**解析：**

本条是关于现场调查组织和实施方的规定。

本条明确了现场调查的组织和实施方是交易商协会秘书处。

（二）现场调查实施的程序性规范

## 第二章　调查实施

**第八条　交易商协会秘书处应根据需要制定调查计划，并根据调查计划开展现场调查。**

**解析：**

本条是对现场调查总体计划的规定。

本条明确了现场调查的前期安排，协会秘书处根据市场状况及工作需要，分阶段制定现场调查计划，明确调查的范围和时间安排，根据计划开展现场调查工作。

**第九条　现场调查的程序主要包括：**

（一）制定具体调查方案；

（二）成立调查组；

（三）向调查对象发送调查通知；

（四）进入调查现场开展查阅资料、访谈和实地查看工作；

（五）调查评估及调查后管理。

**解析：**

本条是现场调查程序的总括性条款。

本条明确了现场调查主要程序包括制定方案、成立调查组、发送通知、进入现场、后续管理等。

**第十条** 现场调查方案应当明确调查目的、调查时间、调查人员和调查提纲等内容。

**解析：**

本条是关于现场调查方案的规定。

本条明确了现场调查方案的主要内容包括调查目的、时间、人员、提纲等。

**第十一条** 交易商协会秘书处可以根据调查需要邀请其他相关机构或专家参加调查组，调查组中交易商协会秘书处的调查人员不得少于 **2** 人。

**解析：**

本条是关于调查组的组成原则和机制的规定，主要包括以下两层含义。

（1）协会现场调查涉及调查对象财务、法律等领域问题时，为保证调查效果，可以邀请相关机构或专家参加调查组。协会将综合考虑调查对象的情况，邀请的机构或人员是与调查对象不存在利益冲突或竞争关系的独立机构或人员。

（2）调查组中交易商协会秘书处的调查人员不得少于 2 人，以达到相互监督的目的，以保证调查的公正性和透明性。

**第十二条** 交易商协会秘书处原则上应当至少提前 **5** 个工作日将调查安排书面通知调查对象。出现重大紧急情况或者提前告知调查对象可能影响调查效果的情况除外。

**解析：**

本条是关于现场调查通知的程序和时间要求的规定。

本条款明确了一般情况下，协会秘书处将至少提前 5 个工作日将调查安排告知调查对象，目的是给予调查对象充足的准备时间，以保证调查效果。但是特殊情况，协会也可不提前告知调查对象。

**第十三条** 调查人员与调查对象存在利害关系的，应当回避；调查对象认为相关调查人员与其存在利害关系的，应当说明理由，并至少在现场调查的 **1** 个工作日前以书面形式向交易商协会秘书处提出回避申请。经交易商协会秘书处核实后，相关调查人员应当回避。

**解析：**

本条明确了现场调查的回避原则。

为保证现场调查的公正和公平性，本条款赋予调查对象申请回避的权利，明确了与调查对象存在利害关系的调查人员应当回避。同时为了保障调查过程的顺利进行，防止调查对象以此为由拖延调查时间，提出调查对象应在现场调查的 1 个工作日前提出回避要求。

**第十四条　调查人员进入现场开始调查时，应当出示现场调查通知书。**

**解析：**

本条是入场调查时的程序规定。

本条明确了调查人员进入调查现场应当出示调查通知书。

**第十五条　现场调查时，调查人员可以采取查阅资料、访谈、查看生产经营管理场所等方式，如有必要可以复制或记录有关资料。**

**解析：**

本条是关于现场调查方式的规定。

本条明确了现场调查可以采用查阅资料、访谈、查看生产经营管理场所等各种方式。

**第十六条　查阅资料是指调查人员查阅调查对象债务融资工具相关凭证、正式文件、资料和工作底稿等内容。**

调查对象为发行人的，查阅资料范围包括债务融资工具募集资金收支凭证、相关文件和生产经营情况报告等。

调查对象为主承销商以及其他中介机构的，查阅资料范围包括债务融资工具发行、承销及后续管理相关的各种文件、资料和凭证等。

**解析：**

本条是关于查阅资料范围的规定。

本条针对发行人、主承销商等中介机构等不同调查对象介绍了查阅资料的范围。

**第十七条　访谈是指调查人员与调查对象工作人员就相关事宜进行对话和询问。**

参加访谈的调查对象工作人员应当为债务融资工具业务相关负责人以及交易商协会秘书处认为有助于保证访谈效果的人员。

**解析：**

本条是关于访谈的规定。

本条提出了对访谈的要求，明确了对参加访谈的调查对象工作人员的要求。

第十八条　实地查看是指在不影响调查对象正常生产经营的前提下，调查人员进入调查对象生产经营管理场所进行查看。

调查对象为发行人的，实地查看应当重点关注其生产经营管理情况、募集资金所投项目的运行情况等。

调查对象为主承销商及其他中介机构的，实地查看应当重点关注其债务融资工具有关经营管理情况以及各种文件和凭证保存的完备性和合规性情况等。

解析：

本条是对实地查看的规定。

本条区分了对不同调查对象在实地查看时应重点关注的内容。

第十九条　调查对象应当为实施现场调查提供必要的条件和准备，及时提供调查所需的文件和资料，并以合理方式确认其真实性。

解析：

本条是对调查对象责任和义务的具体要求。

本条明确了调查对象应按照相关自律规定和承诺配合协会现场调查，提供必要的访谈场所、安排合理的访谈时间和调查需要的相关资料凭证等。本条中的"合理方式"可以是指签字和加盖公章等具有法律意义的形式。

（三）现场调查的后续程序及相关要求

# 第三章　调查后管理

第二十条　交易商协会秘书处应当在现场调查后进行评估，并在现场调查结束后20个工作日内向调查对象出具业务调查意见书。

解析：

本条是对调查后发送业务调查意见书的要求。

本条明确了对于全部现场调查，协会秘书处都将根据调查情况出具业务调查意见书。

第二十一条　交易商协会秘书处确定要求调查对象进行整改的，调查对象应当按照要求进行整改。

需要提交整改报告的，调查对象应当按照要求向交易商协会秘书处提交整改报告。整改报告应当至少包括整改原因、问题分析、整改计划、整改措施、整改负责人等内容。

**第二十二条**　交易商协会秘书处应当核查调查对象整改落实情况。调查对象未按照要求进行整改的，交易商协会秘书处可以采取进一步自律管理措施。

解析：

第二十一条至第二十二条是关于整改的条款。

第二十一条指出调查对象应当按要求整改，并明确了整改报告的基本要求；第二十二条明确了协会对整改情况的监督和对整改不到位情况的后续处理。

**第二十三条**　针对违反本规程以及现场调查中发现违反交易商协会自律规范文件要求的调查对象，交易商协会可通过诫勉谈话、警告、通报、公开谴责等措施进行处理；违反有关法律法规的，移交有关部门处理。

解析：

本条是该规程的罚则条款。

本条明确了现场调查对象应当遵循本规程和交易商协会自律规范文件要求，违反有关规定的，协会将根据《非金融企业债务融资工具市场自律处分规则》对其采取诫勉谈话、警告等自律处分措施。

**第二十四条**　交易商协会秘书处应当建立现场调查专项档案，并至少保存至现场调查结束后 5 年。

档案内容包括工作底稿、调查对象提供的材料以及现场调查有关的其他材料。

解析：

本条是对建立和保存专项档案的要求。

（四）调查人员的工作纪律要求

## 第四章　工作纪律

**第二十五条**　调查人员应当遵守法律法规和交易商协会自律规范文件的有关规定，遵守交易商协会秘书处有关规章制度，坚持廉洁自律、客观公正、勤勉尽职。

解析：

本条明确了调查人员应当遵守的规定和检查的原则。

**第二十六条** 调查人员应当相互合作、相互监督，确保调查工作有序、高效的开展。

解析：

本条提出了调查人员之间的合作和监督机制。

**第二十七条** 调查人员应当保守调查对象以及其他相关机构的秘密，不得利用工作便利，为本人或者他人谋取不正当利益。

解析：

本条明确了调查人员的保密要求。

本条款明确了调查人员应当对调查中得知的信息和材料严格保密，调查涉及的相关材料及时归集存档，不得丢失或流传至其他机构。

## 第五章 附 则

**第二十八条** 本规程由交易商协会秘书处负责解释。

**第二十九条** 本规程自发布之日起实施。

解析：

第二十八条、第二十九条规定了解释权和生效日期。

# 《银行间债券市场非金融企业债务融资工具持有人会议规程》

## 制定背景及意义

随着债务融资工具市场的不断发展，投资者维护自身合法权益的意识不断提高，参与处理债务融资工具偿付事项的意愿也日益增强，对完善投资者保护制度也提出了更高的要求。债务融资工具持有人会议（以下简称持有人会议）是债务融资工具持有人集体议事表达自身合理意愿的平台，也是持有人与发行人就重大事项进行有效沟通协商的重要机制安排，因此建立健全与持有人会议相关的制度是完善投资者保护机制体系的关键一环。

由于市场长期缺乏对持有人会议进行专门规制的法律、法规，使投资者、发行人和主承销商在召开条件、召集程序、表决形式、决议有效性、信息披露等方面认识不一，操作各异，易造成对投资者的权益保护不到位。为规范持有人会议召开程序和议事权限，明确相关各方权利义务，推动投资者保护机制的建设，协会应广大市场成员要求，组织有关专家在总结既往持有人会议实践、借鉴国内外相关法律法规规定的基础上制定了《银行间债券市场非金融企业债务融资工具持有人会议规程》（以下简称《持有人会议规程》）。自规程发布以来，截至 2012 年 10 月，有关市场成员在交易商协会指导下已先后召开 38 期债务融资工具持有人会议，协商解决 25 家债务融资工具发行企业因资产重组、债务转移、公司分立和提前偿付等产生的问题。

## 总体框架

规程共三十一条，主要包括以下六章内容。（1）总则性要求，包括第一章（第一至第四条），说明了规程的制定依据和目的、持有人会议的定义、持有人边界和审议表决事项的性质、持有人会议的目的，界定了持有人会议决议

201

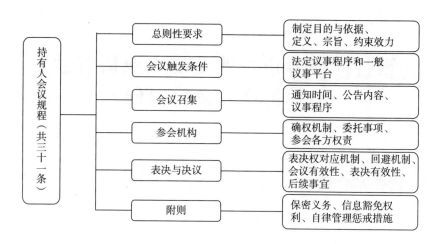

图 4-2　《持有人会议规程》总体框架图

的约束效力；（2）持有人会议召开条件，第二章（第五至第七条）明确了持
有人会议的召集人和触发条件；（3）持有人会议的召集，第三章（第八至第
十条）规定了持有人会议召集的有关事项；（4）参会机构，第四章（第十一
至第十五条）规定了持有人会议参会机构的权利义务；（5）表决和决议，第
五章（第十六至第二十四条）规定了持有人会议表决和决议的有关事项；（6）
附则，第六章（第二十七至第三十一条）主要规定了保密义务、信息豁免权
以及自律处分等内容。

## 条款解析

### 第一章　总　则

第一条　为保护银行间债券市场非金融企业债务融资工具（以下简称债务
融资工具）持有人的合法权益，规范债务融资工具持有人会议（以下简称持有
人会议），明确相关各方的权利义务，根据中国人民银行《银行间债券市场非金
融企业债务融资工具管理办法》（中国人民银行令〔2008〕第 1 号）及中国银行
间市场交易商协会（以下简称交易商协会）相关自律规则，制定本规程。

解析：

本条说明了规程的制定目的和依据。

本条明确了规程的制定依据是中国人民银行《银行间债券市场非金融企业债务融资工具管理办法》（中国人民银行令〔2008〕第 1 号）及交易商协会相关自律规则。规程制定的目的是为了保护债务融资工具持有人的合法权益，规范持有人会议，明确相关各方的权利义务。

**第二条　持有人会议由同期全体债务融资工具持有人组成，依据本规程规定的程序召集和召开，对本规程规定权限范围内与债务融资工具本息偿付相关的重大事项依法进行审议和表决。**

解析：

本条规定了持有人会议的定义，本条明确了两层含义。

（1）持有人会议的持有人边界。持有人会议的持有人边界限定于本期债务融资工具持有人。根据合同相对性原理，一个独立生效的债权合同仅仅约束合同双方当事人，发行人发行的一期债务融资工具视为法律上的一个独立的债权合同，发行人和债务融资工具持有人分别是合同的债务人和债权人。因此，债务融资工具持有人会议若要对涉及债务融资工具履行重大事项进行合法的审议和决议，必须限定在本期债务融资工具（同一债权债务关系）持有人之间。

（2）会议审议表决事项的性质。持有人会议的议事范围必须合法合规，必须依据法律法规规定和募集说明书的事先约定。因此，持有人会议的议事和决议范围限定在规程规定权限范围内与债务融资工具偿付相关的重大事项。

**第三条　持有人会议以维护债务融资工具持有人的共同利益，表达债务融资工具持有人的集体意志为目的。**

解析：

本条点明了持有人会议召开的目的。

持有人会议是债务融资工具持有人集体议事表达自身合理意愿的平台，也是持有人与发行人/信用增进机构等偿付主体就重大事项进行有效沟通协商的重要机制安排。发行人与单个持有人（债权人）达成的协议未必符合其他持有人的期望，甚至可能损害其他持有人的利益。因此，债务融资工具持有人会议必须体现全体债务融资工具持有人的集体意志，通过持有人会议，可以集中全体持有人的意见进行讨论，并以维护大多数人利益为原则做出决定。

**第四条　持有人会议根据本规程审议通过的决议，对同期全体债务融资工具持有人具有同等效力和约束力。**

**解析：**

本条规定了持有人会议的约束范围。

本条款所指同期全体债务融资工具持有人，包括所有出席会议、未出席会议、反对决议或放弃投票权的债务融资工具持有人，以及在相关决议通过后受让本期债务融资工具的持有人。发行人应在募集说明书中载明本条声明，投资人购买或持有本期债务融资工具，就视同认可了对本期债务融资工具持有人会议决议的效力，并应当接受决议的约束力。

## 第二章　持有人会议的召开条件

**第五条**　发行人应当在募集说明书中约定持有人会议的召集人。召集人原则上为本期债务融资工具的主承销商。本期债务融资工具由多家机构联合承销的，召集人为负责后续管理的牵头主承销商。

**解析：**

本条规定了持有人会议的召集人的确定原则。

首先，发行人有义务在募集说明书中约定持有人会议的召集人人选。其次，召集人首选为本期债务融资工具的主承销商。结合国内场外债券市场发展的环境、机制特点，由于没有"债券代理人"或"债券受托人"的机制安排，从召集人角色性质、召集人义务边界以及后续管理"主承销商负责制"等多方面考虑，规程确定主承销商为持有人会议的首选召集人。同一期债务融资工具由多家主承销商联合承销的，召集人为负责后续管理的牵头主承销商。依照从前至后的判断顺序，最终可以确定召集人人选和召集职责的归属。

**第六条**　在债务融资工具存续期间，出现以下情形之一的，召集人应当自知悉该情形之日起按勤勉尽责的要求召集持有人会议，并拟定会议议案。

（一）发行人未能按期足额兑付债务融资工具本金或利息；

（二）发行人转移债务融资工具全部或部分清偿义务；

（三）发行人变更信用增进安排或信用增进机构，对债务融资工具持有人权益产生重大不利影响的；

（四）发行人减资、合并、分立、解散、申请破产或被接管；

（五）单独或合计持有百分之五十以上同期债务融资工具余额的持有人提议召开；

（六）募集说明书中约定的其他应当召开持有人会议的情形；

（七）法律、法规规定的其他应由持有人会议做出决议的情形。

出现上述情形时，发行人应当及时告知召集人。持有人会议的召集不以发行人履行告知义务为前提。

解析：

本条规定了持有人会议的"规定决议程序"功能。

持有人会议具有"规定决议程序"和"一般议事平台"两类功能。"规定决议程序"是指持有人会议为法律法规或发行文件约定的需由持有人表态方可产生效力的有关事项提供进行决议所必需的议事程序和审议平台。本条明确了规定召开持有人会议的几类情形。

（1）实际违约或迟延履行。是指发行人未能按期足额兑付债务融资工具本息构成了违约责任，在违约形态上属于实际违约或迟延履行。

（2）债务承担。债务人将合同的义务全部或者部分转移给第三人的应当经债权人同意，债务承担实际上是债务人与债务融资工具清偿义务承接方（以下简称承接方）之间的协议，该协议未经债权人同意对债权人没有效力。

（3）债权人对于信用增进服务的议事权力。若发行人信用增进状况或信用增进机构发生了对债权人利益产生重大实质影响的变化，且这种变化是由债务人或信用增进方的过错导致的，那么债权人可以对债务人主张相应的民事权利。

（4）特殊事项的违约救济措施。依据相关法律规定，发行人减资、合并、分立、解散、申请破产或被接管时债权人有权采取一定违约救济措施确保债权按期足额履行；发行人净资产状况是投资人对其偿债能力进行判断的重要依据，此处"减资"应作广义理解，是指发行人非因正常生产经营或利润分配导致净资产减少，具体包含注册资本减少、资产无偿划转、会计账务处理减资（股权托管或子公司控制权丧失）、债务免除等各种情形；合并不仅包括发行人吸收合并其他主体，也包括新设合并（发行人被其他主体合并或与另一主体合并为新的主体）；分立是指新设分立和存续分立。

（5）多数持有人利益保护。第五款从保护大多数持有人利益的原则出发，赋予了符合持券份额达到50%以上的持有人触发会议召开的权利。

（6）募集说明书约定事项。本款是指发行人与持有人在发行人文件中约定的触发情形。

（7）其他事项。涵盖了法律法规所规定的各种未尽情形，实践中涉及的提前偿付等变更债券基本要素的行为需经全体持有人同意即是依据此规定。

此外，本条强调了发行人的相关告知义务，但是召集人履行召集职责不以发行人履行告知义务为前提。在必然触发情形下，召集人知悉法定必然触发情形之日，即为召集人以勤勉尽责的要求履行持有人会议召集职责的时间起算点；所谓知悉是指客观知悉，即以召集人所掌握的资源和市场公开信息披露的状况推定召集人应当知悉该情形的情况。

**第七条** 在债务融资工具存续期间，发行人或信用增进机构出现《银行间债券市场非金融企业债务融资工具信息披露规则》列明的重大事项情形之一的，债务融资工具持有人、发行人和信用增进机构可以向召集人提议召开持有人会议。召集人不能履行或不履行召集职责的，提议人有权自行召集持有人会议。召集程序、议事规则、表决决议机制可以参照本规程的相关规定。

解析：

本条是关于持有人会议的"一般议事平台"功能的规定，本条包含两层含义。

（1）"一般议事平台"功能的明确和事项链接。"一般议事平台"从机制设计上防止了过于正式、繁琐和召开条件限制持有人会议的议事功能，从而与"规定决议程序"在功能上相得益彰，为持有人、发行人和信用增进机构等就除法定必然触发事项之外的、与债务融资工具偿付有关的相关重大事项提供了一个高效协商、便利沟通的渠道。《信息披露规则》第九条①对于这类与债务融资持有人利益相关的重大事项规定较为详尽，可以作为债务融资工具持有人自主议事范围的一个重要参考。

（2）召集自治权。该条明确了在募集说明书约定的召集人不能召集（客观上不能履行召集职能）或不履行（主观上不愿履行召集职责）的情形下，提议召开持有人会议的提议人也可自行召集，在决议事项、议事程序、表决机制等方面都给予了提议召集人充分的自治权。

---

① 《信息披露规则》（2012 版）第九条所列重大事项包括：（一）企业名称、经营方针和经营范围发生重大变化；（二）企业生产经营的外部条件发生重大变化；（三）企业涉及可能对其资产、负债、权益和经营成果产生重要影响的重大合同；（四）企业发生可能影响其偿债能力的资产抵押、质押、出售、转让、划转或报废；（五）企业发生未能清偿到期重大债务的违约情况；（六）企业发生大额赔偿责任或因赔偿责任影响正常生产经营且难以消除的；（七）企业发生超过净资产10%以上的重大亏损或重大损失；（八）企业一次免除他人债务超过一定金额，可能影响其偿债能力的；（九）企业三分之一以上董事、三分之二以上监事、董事长或者总经理发生变动，董事长或者总经理无法履行职责；（十）企业作出减资、合并、分立、解散或申请破产的决定，或者依法进入破产程序、被责令关闭；（十一）企业涉及需要说明的市场传闻；（十二）企业涉及重大诉讼、仲裁事项；（十三）企业涉嫌违法违规被有权机关调查，或者受到刑事处罚、重大行政处罚，企业董事、监事、高级管理人员涉嫌违法违纪被有权机关调查或者采取强制措施；（十四）企业发生可能影响其偿债能力的资产被查封、扣押或冻结的情况，企业主要或者全部业务陷入停顿，可能影响其偿债能力的；（十五）企业对外提供重大担保。

## 第三章　持有人会议的召集

**第八条**　召集人应当至少于持有人会议召开日前两个工作日在中国债券信息网、中国货币网和交易商协会网站发布召开持有人会议的公告。

**解析：**

本条规定了会议通知公告的时间和指定媒体。

会议召开公告的指定披露媒体为中国债券信息网、中国货币网和交易商协会网站，考虑到持有人会议议事的应急性和效率性，规程将持有人会议的召开公告时间定为会议召开日前至少两个工作日。

**第九条**　召开持有人会议的公告内容包括但不限于下列事项：

（一）会议召集人、会务负责人姓名及联系方式；

（二）会议时间和地点；

（三）会议召开形式：持有人会议可以采用现场、非现场或两者相结合的形式；

（四）会议拟审议议题：议题属于持有人会议权限范围、有明确的决议事项，并且符合法律、法规和本规程的相关规定。

（五）会议议事程序：包括持有人会议的召集方式、表决方式、表决时间和其他相关事宜；

（六）债权登记日：应为持有人会议召开日前一工作日；

（七）提交债券账务资料以确认参会资格的截止时点：债务融资工具持有人在规定时间内未向召集人证明其参会资格的，不得参加持有人会议和享有表决权。

（八）委托事项。

**解析：**

本条规定了会议通知的基本内容要求，本条各条款对公告内容提出了明确的最低要求。

（1）会议召集、联络基本信息。公告会议召集人和会务负责人的名称、姓名和联系方式，便于参会机构和人员进一步了解会议召开的具体情况，进行咨询和确认。

（2）会议时间和地点。在会议时间的选择上，需要关注会议召开公告的日期与会议召开日之间的时间间隔必须大于或等于两个工作日。

（3）会议召开的可选形式。会议召开形式可选择现场、非现场或两者结合三种形式。其中，非现场形式召开会议是指以数据电文、视频或传真等实时电子通讯方式召开会议，在会议公告通知、确认参会、会议文件发送、会议议案审议、会议议案表决等议事程序上与现场会议的时间点完全一致，在参会资格确认、表决票确认的标准方面也与现场会议一致。选择非现场形式参会的债务融资工具持有人必须以传真或其他方式，在规定时间内，传送加盖印章（或其他证明公信力的方式）的证明材料和表决票以证明参会资格和表决票真实性。

（4）会议拟审议的议题。便于债务融资工具持有人判断是否出席会议，对会议的议事范围和决议事项进行约束则是确保会议有议必有决，提高会议议事的针对性和效率性。

（5）会议议事程序和表决事宜。确保债务融资工具持有人了解持有人会议的全流程，以便提前做好参会相关准备工作。

（6）设定债权登记日。遵循法律上的股东大会和债权人大会的成例，指定会议召开前某一天作为股权或债权登记日用以界定哪些主体可以参加会议，在债权登记日这一天仍然持有本期债务融资工具的持有人可以享有参加会议和行使对会议议事事项进行审议、表决和监督的权利。

（7）参会资格确认时间及方式。明确了如何在债权登记日确认参会资格，为确保会议的严肃性和时效性，确认参会资格必须在会议召开前规定的时间范围内完成，规定时间内未向召集人证明其参会资格的，不得参加持有人会议和享有表决权。

（8）委托事项。提示在债权登记日确认债权的债务融资工具持有人有权通过出具书面授权书委托合格代理人出席持有人会议。委托参会制度参考了相关法律法规中股东大会、董事会代表委托参会机制的通行做法，也体现了会议的效率性和灵活性。


**第十条　召集人在持有人会议召开前将议案发送至参会人员，并将议案提交至持有人会议审议。**

**解析：**

本条规定了召集人发送提案以及提交议案上会审议的相关要求。

本条需结合第十八条进行理解。首先，从信息对称的角度考虑，持有人获得详尽准确的议案并进行充分审议是持有人进行表决的基础，召集人必须保证持有人具有充足的时间掌握必要的议案信息，应当在会议召开前将议案发送至参会人员；其次，从信息的一致性角度考虑，持有人对触发情形信息分析后决定参会和表决的判断应当受到保护，为充分保护持有人对审议事项的知情权和判断权，不允许采用"突然袭击"式的做法，将事前未向持有人告知的议案事项提请持有人表决；最后，持有人会议坚持"表决"与"审议"不可分割的原则，有"议"方有"决"，召集人应组织持有人对议案进行充分审议，未经审议环节的议案不得提交表决。

## 第四章　持有人会议参会机构

**第十一条**　债务融资工具持有人应当于债权登记日向中国人民银行认可的银行间债券市场债券登记托管结算机构申请查询本人当日的债券账务信息，并于会议召开日提供相应债券账务资料以证明参会资格。召集人应当对债务融资工具持有人的参会资格进行确认，并登记其名称以及持有份额。

**解析：**

本条规定了持有人会议的确权机制。

本条应结合第二十条理解。持有人会议采用"双重确权机制"，本条明确了第一重"参会权"的确认机制，即由持有人在债权登记日自行向人民银行认可的债券登记托管机构申请债券账务信息，于次一工作日即会议召开日持该证明参加会议，并享有议事、表决等权力。在确权方面，为防止存在会议召开及表决期间，产品换手造成表决日实际持有人与投票表决人不一致的问题，国内外交易所市场交易的产品可以采用停牌机制。信用债市场由于场外市场的特性缺乏统一停牌的机制和统一组织机构，且债务融资工具的停牌会对买断式回购的履约等造成影响并与《银行间债券市场债券登记托管结算管理办法》规定不符，因此未采用。为解决上述问题，规程在第一重确权后设计了两个配套安排。（1）会议表决日的时间限制，限定召开日后3个工作内任意一日为会议表决日，从时间设计上尽量减少债券易手的可能。（2）第二重表决权确认，会议表决日后召集人可以委托登记托管机构确认在会议表决日持有人的名单以及份额，剔除无对应债务融资工具面额的表决票，由此保证会议表决日持有份额和表决权利的对应。

**第十二条**　除法律、法规及相关自律规则另有规定外，在债权登记日确认债权的债务融资工具持有人有权出席或者通过出具书面授权书委托合格代理人出席持有人会议。

授权委托书需载明委托事项的授权权限。授权权限包括但不限于代理出席权、议案表决权、议案修正权、修正议案表决权。

解析：

本条明确了持有人会议的委托事项安排，指明了委托权限的种类。

书面授权委托书必须有委托人的盖章或其他具有公信力的证明方式证明委托授予权限的真实性；从法理看，委托事项只要不超出委托人原始权限即为合法、合理。因此，受托人出席会议所享有的委托事项授权权限与本人出席会议享有的权限一致，包括代理出席权、议案表决权、议案修正权、修正议案表决权。

**第十三条　发行人、债务融资工具清偿义务承继方、信用增进机构等重要关联方应当按照召集人的要求列席持有人会议。交易商协会派员列席持有人会议。**

解析：

本条规定了持有人会议的其他参会机构。

本条明确了与持有人利益密切相关的其他各方参会的原则性要求，以及交易商协会出于履行自律管理职责需要派员列席。

此处关联方参会是出于持有人会议更加有效召开、更好帮助持有人了解议案情况的角度考虑。首先，此处关联方是指与债务融资工具本息偿付或投资者进行价值判断具有重要影响的机构，如发行人、清偿义务承继方、信用增进机构等与持有人利益密切相关的机构。其次，关联方参会需要遵循一定的原则，召集人根据会议具体情形的需要确定邀请哪些关联方参会，关联方只能应召集人邀请才能参加会议，且关联方具有配合主承销商参会的义务，无故不得拒绝参会。此外，关联方在出席会议应当遵守会议秩序和纪律、尊重召集人和参会持有人，在召集人的组织和安排下发言，对议案和持有人提出的问题进行补充、解释和说明，不得干涉和影响会议过程。

**第十四条　持有人会议应当有律师出席。出席律师原则上由为债务融资工具发行出具法律意见的律师担任。出席律师对会议的召集、召开、表决程序、出席会议人员资格和有效表决权等事项出具法律意见书。法律意见书应当与持有人会议决议一同披露。**

解析：

本条规定了律师的参会机制安排与参会权责，本条包含四层含义。

第一，律师出席持有人会议是固有的机制安排，本条明确持有人会议必须有专业律师出席并出具法律意见，为持有人会议召开合规性把关。第二，出席律师原则上由为债务融资工具发行出具法律意见的律师担任，这是考虑到该律师对该期债务融资工具的相关事项、企业情况及触发情形更为了解，能更好地参与持有人会议并出具法律意见。第三，出席律师应充分尽职履责，发挥律师的专业服务职能，独立、公正、客观地对会议的召集、召开、表决程序、出席会议人员资格和有效表决权等事项的合法合规性进行见证并出具法律意见书。第四，律师出具的法律意见书非常重要，是持有人会议信息披露文件的必备要件之一，应当与持有人会议决议一同披露。

**第十五条** 信用评级机构可应召集人邀请列席会议，密切跟踪持有人会议动向，并及时发表公开评级意见。

**解析：**

本条是信用评级机构的参会机制安排与参会职责。

首先，信用评级机构参会是持有人会议的可选机制安排；召集人根据会议具体情形的需要确定是否邀请评级机构参会，评级机构具有配合召集人参会的义务，在召集人的组织和安排下发言。其次，评级机构参会应当充分发挥专业职责，密切跟踪持有人会议动向，并及时发表公开评级意见，回答参会投资人的问题，就相关情形对评级调整的影响发表意见。

## 第五章 持有人会议的表决和决议

**第十六条** 债务融资工具持有人及其代理人行使表决权，所持每一债务融资工具最低面额为一表决权。发行人、发行人母公司、发行人下属子公司、债务融资工具清偿义务承继方等重要关联方没有表决权。

**解析：**

本条规定了持有人会议的表决权对应机制和表决回避机制。

参考《公司法》、《企业所得税法》、财政部《企业会计准则第 36 号——关联方披露》、中国证监会《上市公司信息披露管理办法》等法律法规，结合场外债券市场的特性，规程确定了现有的表决权对应机制和表决权回避机制。其中，最低表决权以募集说明书载明为准，发行人及其母公司、下属子公司、清偿义务承继方等重要关联方没有表决权。

**第十七条** 除募集说明书另有约定外，出席持有人会议的债务融资工具持有人所持有的表决权数额应达到本期债务融资工具总表决权的三分之二以上，会议方可生效。

持有人会议的议事程序和表决形式，除本规程有规定外，由召集人规定。

**解析：**

本条规定了持有人会议的生效条件，并对议事程序和表决方式进行了开放规定。

（1）会议有效性设定的目的。设置会议有效性机制的首要考虑是防止出现滥用规程第七条赋予的会议召集权的行为，其次是提高会议召开效率，便于召集人在登记持有人名册和汇总各持有人持券信息后确定是否继续召开会议，免去召集人在会议生效机制难以满足的情形下召开会议的负担。

（2）募集说明书约定与规程规定的会议有效性"门槛"关系的理解。为防止出现会议有效性、决议有效性的生效比例要求"过高"，从而对持有人的议事权进行反向限制，规程特意在本条规定募集说明书可以另行规定会议的生效条件，发行人可在募集说明书中载明不同于"三分之二"、"四分之三"等的生效比例，投资人若购买了该期债务融资工具，就视同认可了对持有人会议的相关约定。

（3）议事程序和表决形式的规定。本条对持有人会议的具体议事程序、表决形式等作了开放式约定，在依法合规、公正、公开、公平的前提下，给予召集人对相关问题结合实际情况便宜处理的权力，便于召集人提高会议的召集效率和灵活性。

**第十八条** 持有人会议对列入议程的各项议案分别审议，逐项表决。单独或合计持有该债务融资工具余额百分之十以上的债务融资工具持有人可以提议修正议案，并提交会议审议。

持有人会议不得对公告通知中未列明的事项进行决议。

**解析：**

本条应结合第十条进行理解，是关于持有人会议议案审议的规定，同时赋予了持有人提议修正议案的权利。为了确保会议召开前后信息的对称性，防止对未到场参会的持有人不公平，也是与法律法规的通行立法规定相匹配，本条规定持有人会议不得对会议通知中未列明的事项进行决议。规定单独或合计持有该债务融资工具余额百分之十以上的持有人可提示修正议案，是给提出修订议案附加一定约束性条件，防止出现议案修正权滥用的情形。

**第十九条** 持有人会议的全部议案在会议召开日后三个工作日内表决结束。

**解析：**

本条可结合第十一条、第二十条进行理解，规定了持有人会议的表决期限。

本条是持有人会议确权机制的配套机制之一，为消除持有人会议召开期间因债券流通引起的持有人群体的变动，规程限定召开日后三个工作内任意一日为会议表决日，从时间设计上尽量减少债券易手的可能，尽可能保证会议表决日当天债券实际持有人和表决人是同一机构。

**第二十条　持有人会议表决日后，召集人应当对会议表决日债务融资工具持有人的持有份额进行核对。表决日无对应债务融资工具面额的表决票视为无效票。**

解析：

本条讲述了第二重确权机制，规定了持有人会议的会后表决票核对机制，可结合第十一条、第十九条进行理解。

会议表决日后，召集人可以委托国债登记公司确认在会议表决日时持有人的名单以及份额，剔除无对应债务融资工具面额的表决票，由此保证会议表决日持有份额和表决权利的对应。

**第二十一条　除募集说明书另有约定外，持有人会议决议应当由出席会议的本期债务融资工具持有人所持有的表决权的四分之三以上通过后生效。**

解析：

本条规定了持有人会议的决议生效条件。本条规定的表决有效性条件与募集说明书约定之间的关系，可结合第十七条理解。

（1）决议有效性依据。在决议有效性上，规程仍然认同募集说明书的约定优先，发行人应在募集说明书中载明会议决议生效条件，投资人购买了该期债务融资工具，就视同认可了对持有人会议决议生效的相关约定。但是，在没有募集说明书约定的情形下，为了充分体现持有人会议决议的公平、公开、公正和代表性，规程采用了通行的多数表决权通过制度。

（2）多数表决权通过制度。持有人会议决议应当由出席会议的本期债务融资工具持有人所持有的表决权的四分之三以上多数通过方可生效。按照前款规定，持有人会议生效的最低标准是出席会议的持有人所持表决权数额达到本期债务融资工具总表决权的三分之二。因此，持有人会议决议通过的最低标准是以会议生效条件最低标准为基数取四分之三，即本期债务融资工具总表决权的二分之一，充分保证了持有人会议决议的严肃性和多数代表性。

**第二十二条　持有人会议应有书面会议记录。召集人应当保证持有人会议**

记录内容真实、准确和完整。持有人会议记录由出席会议的召集人代表和律师签名。

解析：

本条规定了持有人会议书面会议记录的要求，明确了会议记录的内容要求以及召集人、律师的确认程序。

第二十三条　召集人应当在持有人会议表决日次一工作日将会议决议公告在中国债券信息网、中国货币网和交易商协会网站披露。会议决议公告包括但不限于以下内容：

（一）出席会议的本期债务融资工具持有人（代理人）所持表决权情况；

（二）会议有效性；

（三）各项议案的议题和表决结果。

解析：

本条规定了持有人会议决议公告内容的要求。

本条明确了决议公告应包括参会人员所持表决权情况、会议有效性、议题及其表决结果等内容。

第二十四条　召集人在会议表决日次一工作日将会议决议提交至发行人，并代表债务融资工具持有人及时就有关决议内容与发行人及其他有关机构进行沟通。发行人应当在三个工作日内答复是否接受持有人会议通过的决议。

解析：

本条是对召集人提交会议决议的职责和发行人答复义务的规定。

本条具有两重含义。首先，召集人具有将持有人会议决议提交发行人的职责，并有义务代表全体持有人就决议的相关内容与发行人进行沟通解释；其次，发行人在获知会议决议后，具有一定期限内答复持有人的义务，这是由于持有人会议的决议并不直接约束发行人，规程采用将会议决议告知发行人并要求答复的形式对发行人产生约束作用。

第二十五条　召集人应当及时将发行人答复在中国债券信息网、中国货币网和交易商协会网站披露。召集人在持有人会议表决日后七个工作日内将持有人会议相关材料送交易商协会备案。备案材料包括但不限于以下内容：

（一）持有人会议公告；

（二）持有人会议议案；

（三）持有人会议参会机构与人员以及表决机构与人员名册；

（四）持有人会议记录；

（五）表决文件；

（六）持有人会议决议公告；

（七）发行人的答复（若持有人会议决议需发行人答复）；

（八）法律意见书。

解析：

本条规定了发行人答复的披露文件和持有人会议相关材料的备案要求。

第二十六条　持有人会议的会议记录、出席会议机构及人员的登记名册、授权委托书、法律意见书等会议文件、资料由召集人保管，并至少保管至对应债务融资工具到期后五年。

解析：

本条是对会议资料保管的规定。

## 第六章　附　　则

第二十七条　持有人会议的召集人、参会机构对涉及单个债务融资工具持有人的持券量、投票结果等信息具有保密义务。

解析：

本条规定了持有人会议的保密要求

第二十八条　召集人可依据相关自律规则申请豁免披露持有人会议有关情况。

解析：

本条规定了持有人会议信息披露的豁免。

第二十九条　对未按本规程履行持有人会议有关职责的发行人和主承销商等中介机构，交易商协会可通过诫勉谈话、警告、通报、公开谴责等措施进行处理，情节严重的，可建议有关部门给予处罚。

解析：

本条规定了对持有人会议违规行为的处罚措施。

第三十条　本规程由交易商协会秘书处负责解释。

**第三十一条** 本规程自公布之日起实施。

**解析：**

第三十条、第三十一条规定了解释权和生效日期。

# 《非金融企业债务融资工具市场自律处分会议工作规程》

（2012 年 7 月 6 日第三届常务理事会第二次会议审议通过，
自 2012 年 10 月 1 日起施行）

## 制定背景及意义

为加强非金融企业债务融资工具市场自律管理，完善自律处分体系，规范自律处分会议工作，根据《自律处分规则》及相关自律规定，协会组织市场成员制定了《非金融企业债务融资工具市场自律处分会议工作规程》（以下简称《自律处分规程》）。

《自律处分规程》按照《自律处分规则》关于自律处分会议的相关规定，遵循制度体系完整化、运行机制市场化、会议程序合规化、议定过程透明化、实施操作便捷化等原则，对自律处分会议整套工作流程进行了设计和规范。《自律处分规则》是自律处分体系的核心制度安排，明确了自律处分以"市场事、市场议、市场决"为根本理念，实施自律处分会议议定制度，由市场专家共同对违规行为进行审议并做出处分决定或提出意见。《自律处分规程》规范了自律处分会议召开流程、是对《自律处分规则》的细化规定和补充。《自律处分规程》的发布与实施，夯实了自律管理的制度基础，将有利于《自律处分规则》的贯彻落实，进一步加强市场自律管理。

## 总体框架

《自律处分规程》共六章三十二条，包括总则、会议准备、审议和表决、复审、工作纪律和附则六部分内容。《自律处分规程》明确了在自律处分会议制度下，遵循公平、公正、审慎的原则，通过自律处分会议的方式审议违规行

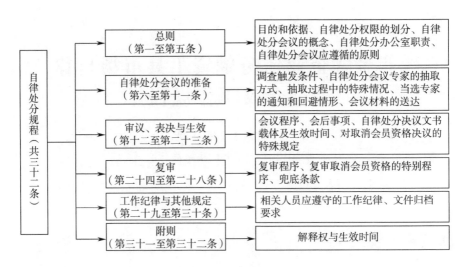

图 4-3 《自律处分规程》总体框架图

为，设计和规范了包括会议触发、会议筹备、选取专家、调查汇报、补充调查、专家审议、专家表决、会议记录、复审申请、复审会议等程序在内的全部流程，以保证自律处分的程序公平正义。

## 条款解析

### 第一章 总 则

**第一条** 为规范非金融企业债务融资工具市场自律处分会议工作，根据《银行间债券市场非金融企业债务融资工具管理办法》（中国人民银行令〔2008〕第 1 号）、《非金融企业债务融资工具市场自律处分规则》以及中国银行间市场交易商协会（以下简称交易商协会）相关自律规定，制定本规程。

**解析：**

本条规定了规程的制定目的和依据。

首先，中国人民银行令〔2008〕第 1 号授予协会对债务融资工具进行自律管理的职权，是协会开展自律管理的法律依据，也是《自律处分规程》的制定依据；其次，《自律处分规程》是对《自律处分规则》中有关自律处分会议整个流程的细化规定和具体落实，《自律处分规则》是《自律处分规程》的制定依据之一；同时，规程的制定依据亦包括协会其他相关自律规定。

**第二条** 自律处分实行自律处分会议制度。违反相关自律规定且情节较轻的，可由交易商协会秘书处专题办公会决定；情节严重的，须提交自律处分会议议定；涉及取消会员资格的，须经常务理事会审议批准。

解析：

本条规定了自律处分会议制度和自律处分分层决策机制。

本条与《自律处分规则》第四条、第五条和第十六条保持一致，规定了分层决策机制。根据《自律处分规则》相关规定，给予处分对象诫勉谈话、通报批评、责令改正自律处分的违规行为属于情节较轻的情形，自律处分专家会议和交易商协会秘书处专题办公会均有权作出该类型处分决定；给予处分对象除诫勉谈话、通报批评、责令改正之外的其他处分措施的违规行为属于情节较重的情形，自律处分专家会议有权作出该类型处分决定。

**第三条** 自律处分会议由不少于五名自律处分专家（以下简称专家）参加，按照相关自律规定，对违规行为进行审议并作出处分决定。

解析：

本条规定了自律处分会议的概念。

本条《自律处分规则》第六条规定一致，参照《自律处分规则》释义。

**第四条** 交易商协会秘书处设自律处分会议办公室（以下简称办公室）。办公室是自律处分会议的常设机构，负责组织开展调查、安排召开自律处分会议、受理复审申请等工作。

解析：

本条规定了自律处分办公室的职责。

本条与《自律处分规则》第八条规定一致，可参照《自律处分规则》释义。

**第五条** 自律处分会议遵循公正、客观、审慎的原则。

解析：

本条规定了自律处分会议应遵循的原则。

本条沿袭《自律处分规则》第三条的规定，在第三条规定的"公正、公开和审慎"基础上，根据自律处分会议的特殊性做了一定调整。自律处分会议遵循公正、客观、审慎的原则。

## 第二章　自律处分会议的准备

**第六条　通过调查，发现调查对象涉嫌违反相关自律规定且情节严重、须提交自律处分会议议定的，办公室安排自律处分会议。**

解析：

本条规定了自律处分会议的触发条件。

调查小组经过组织调查后，发现调查对象涉嫌较为严重的违规情形的，按照自律处分分层决策机制的安排，办公室应安排组织召开自律处分会议。

**第七条　办公室从自律处分专家库中随机排序顺次确定不少于五名参会专家，其中投资者代表、律师至少各一名，并随机确定一名参会专家作为召集人。参会专家人数应为单数。**

**在审议专业性较强的违规行为时，须至少抽取两名相关专家。**

解析：

本条规定了自律处分专家的抽取方式、专家构成要求。

本条是对《自律处分规则》第十七条规定的进一步细化，明确了自律处分专家的抽取方式、专家结构，需要关注的方面包括以下四个方面。

（1）自律处分会议专家库抽取排序原则。针对单个违规行为的自律处分，办公室将只进行一次自律处分会议的专家库的随机排序，直到本次自律处分工作结束，凡涉及选取专家的，都要以该次专家排序为抽取顺序标准。

（2）专家数量要求。为尽可能地使专家结构多元化，满足市场各方的诉求，《自律处分规程》规定参会专家应不少于五名；人数规定为单数可以避免出现在对两个议案表决时出现平局的状况。

（3）参会专家结构。《自律处分规程》规定投资机构代表和律师应至少各有一名，在审议专业性较强的违规行为时，须至少抽取两名相关专家。该结构设计的主要考虑在于：首先，自律处分的根本目的是保护投资者合法利益，因此参会专家中必须有投资机构代表；其次，由于律师熟悉法律和相关规则，不但能够为自律处分提供专业性意见，同时也能见证和保障自律处分工作的合法合规；最后，为确保自律处分工作的公正、客观和专业，对处分对象给予审慎、客观的处分决定，在审议专业性较强的违规行为时，须至少抽取两名相关专家。

（4）自律处分会议召集人。自律处分办公室在抽取专家时随机确定一名参会专家作为召集人，一般来说，会议召集人是由从业经验丰富、资历高的专家担任。召集人需承担宣布会议纪律、组织专家审议违规行为、组织专家投票并形成处分议案等程序性的职责，不享有其他特殊权利。

第八条　会议召开前，参会专家有下列情形之一的，办公室应按本规程第七条相关规定，顺位选择下一名专家参加自律处分会议：

（一）参加相关自律处分调查小组工作的；

（二）个人或其近亲属现任处分对象或其关联方的董事、监事、高级管理人员的；

（三）个人或其近亲属、所在工作单位正在为处分对象提供承销、评级、审计、法律、信用增进等服务的；

（四）所在工作单位已有专家参加本次自律处分会议的；

（五）因故不能参会的；

（六）可能影响公正履职的其他情形。

解析：

本条规定了专家回避情形及顺位选择机制，理解该条文时需要关注以下几点。

（1）本条第二项规定，即"个人或其近亲属现任处分对象或其关联方的董事、监事、高级管理人员的"，本处"现任"的任职时间限制是针对每次具体的自律处分会议，只要在该次自律处分会议的过程中，"个人或其近亲属现任处分对象或其关联方的董事、监事、高级管理人员的"，该"个人或者其近亲属"处分专家就应该回避。

（2）本条第四项中"所在工作单位已有专家参加本次自律处分会议的"，"本次"的时间界限是指自该违规行为开始审议至自律处分决定执行完结，包括自律处分会议阶段、复审会议阶段、常务理事会发回而召开的自律处分会议阶段等，以最大限度地消除来自同一单位的专家因为本单位或者其他个人因素的影响，做出不公正的自律处分意见。

（3）根据本条第五项的规定，专家因故不能参会的，需要出具无法参会的说明，协会秘书处会根据专家无法参会的具体事由决定是否将该情形列入专家考核评级的裁量因素，以此来约束专家无故不履行职责的不当行为。

第九条　对于会议当天因故不能参会的或者会后发现参会专家存在第八条所列情形的，办公室应按照本规程第七条、第八条相关规定增补专家，重新安排自律处分会议审议违规行为。

**解析：**

本条规定了会议当天增补专家或重新开会的情形。

出现抽取专家无法参会的情形时，应根据情况具体问题具体解决。

（1）会前确定专家因故不能参会。应按照《自律处分规则》《自律处分规程》中专家抽取的规定和程序及时补充抽取符合条件的参会专家，并向其发送会议通知和会议材料。

（2）会议当天确定专家无法参会。会议当天专家因故不能参会或者会后发现参会专家存在回避情形的，办公室应按照本规程第七条、第八条专家抽取办法的相关规定增补专家，重新安排自律处分会议审议违规行为。

**第十条** 办公室应当及时通知当选专家，当选专家应当于获知当选之日起两个工作日内向办公室书面申明不存在本规程第八条第（二）、（三）、（六）项所列情形。

**解析：**

本条规定了当选专家的通知时间及当选专家关于回避情形的申明机制。

（1）通知时间。在自律处分会议前随时可能出现专家回避或者其他导致专家无法参会的事由，难以统一明确通知专家当选的时间，但是办公室应当及时通知当选专家。

（2）专家关于回避情形的申明机制。专家本人能够了解到其是否存在本规程第八条第（二）、（三）、（六）项所列回避情形，因此《自律处分规程》规定了参会专家主动提出回避申明的条款，专家接到当选通知后应于两个工作日内提交参会回执和没有回避情形的申明，为最终确定参会专家、向专家发送参会材料、专家审阅会议材料等留出相对充裕的时间。

**第十一条** 办公室应至少于自律处分会议召开前五个工作日将自律处分会议议程通知参会专家，送达调查报告和申辩材料等。

**解析：**

本条规定了会议材料的送达要求。

由于相关调查由自律处分办公室组织开展，专家了解案情的渠道主要依赖调查小组的调查报告、处分对象对调查报告的申辩以及调查小组针对处分对象申辩的答复等材料。自律处分办公室应在会议之前及时为专家提供充分详实的会议材料。

## 第三章　审议、表决与生效

**第十二条**　自律处分会议由召集人主持，参会专家以个人名义参加，依据事实和相关自律规定对违规行为独立发表意见。

解析：

本条规定了专家参会以及审议违规行为的方式，包括四层含义。

（1）议事机制。自律处分会议是自律处分专家审议违规行为并作出处分决定的议事形式，是协会实现自律处分会议制度的实践形式，是协会开展后续自律处分工作、处分违规会员及相关责任人员的机制安排。

（2）议事主体。自律处分的主体是自律处分专家，由代表市场的专家决定给予处分对象具体的处分，坚决贯彻了协会"市场事、市场议、市场决"的理念。

（3）决策依据。自律处分专家审议违规行为并作出处分决定的"规则依据"是协会的"相关自律规定"，如协会制定的规则指引中有关自律管理和自律处分的规定，而不是国家的法律、行政法规，也不是部门规章，这符合协会自律组织的身份和定位。

（4）议事原则。自律处分会议的决议采用民主集中制。自律处分专家以个人名义参会，独立审议违规行为，独立发表处分意见，履行相关职责，不受其他任何组织和个人的干涉。

**第十三条**　办公室相关人员向参会专家报告调查情况及涉嫌违反的相关自律规定。

解析：

本条规定了办公室人员陈述调查情况的职责。

本条规定自律处分办公室需向自律处分会议专家阐述调查小组的组成、调查方式、调查报告、处分对象的申辩等情况，全面介绍调查所获得的案件材料、调查对象涉嫌违反的自律规定，并回答专家关注的问题，以便于专家细致、快速、全面地了解案件，对案件进行客观判断和裁决。

**第十四条**　参会专家审议违规行为时，认为事实不清的，经多数参会专家同意，可要求办公室补充调查。补充调查后，办公室应尽快安排原参会专家召开自律处分会议。自律处分会议原则上只能退回办公室补充调查一次。

**解析：**

本条规定了补充调查机制。

审议违规行为需要以事实为依据，客观公正地对处分对象进行自律处分，本条给予了自律处分专家做出退回办公室补充调查决定的权利，同时兼顾效率以及防止部分专家因为个人原因而故意拖延自律处分会议，对参会专家做出退回调查决议有效性和次数进行了限制，本条主要包含两层含义。

（1）补充调查决议机制。参会专家应通过填写规范化表格的方式对提请补充调查的意见进行投票表决，以此决定是否启动补充调查程序。自律处分会议原则上只能决议退回办公室补充调查一次。

（2）开展补充调查及后续程序。对于需补充调查的案件，办公室组织原调查小组或者聘请相关专家对相关事项进行补充调查，在补充调查完毕后，办公室应立刻组织召开自律处分会议。

**第十五条　召集人组织参会专家依据相关自律规定对违规行为逐一发表意见，讨论形成不超过两种处分议案。**

**解析：**

本条规定了自律处分议案的形成机制，主要包含两层含义。

（1）讨论及表决。一是自律处分会议的讨论由召集人组织进行；二是参会专家在召集人的主持下对违规行为逐一发表处分意见，实行民主集中的会议原则，召集人不得干涉其他专家独立发表意见；三是参会专家依据协会制定的规则指引审议、裁量违规行为适用的处分措施。

（2）议案形成。为了提高自律处分工作的效率，参考《民事诉诉法》和《上海证券交易所纪律处分实施细则》，参会专家应在召集人的主持下讨论形成不超过两种处分议案，以便于投票表决，及时做出处分决定或者处分意见。

**第十六条　经审议，参会专家意见一致的，该处分议案为最终处分议案；形成两种处分议案的，召集人组织参会专家按照多数原则投票表决处分议案，专家投票给其中一种议案，一人一票，不得投弃权票，获多数票的为最终处分议案。**

**解析：**

本条规定了最终处分议案的形成机制，包括两类情形。

（1）唯一处分议案。经参会专家审议，自律处分意见一致的，无需投票表决，该意见即为最终处分议案。

（2）两种处分议案。经过参会专家讨论形成两种处分议案的，召集人组织参会专家投票表决采用何种处分议案，专家只能投票给其中一种议案，一人一票，不得投弃权票和反对票。按照多数原则，获多数票的议案为最终处分议案，自律处分会议据此制作处分决定书或处分意见书。

**第十七条**　召集人宣布投票结果和处分意见或者处分决定。办公室工作人员应做会议记录，参会专家核对会议记录并签字确认。

解析：

本条规定了宣布会议决议、会议记录等相关程序。

会议结束后召集人根据办公室工作人员的计票情况宣布投票结果。会议记录是完整客观记录整个会议情况的重要书面依据，需由参会专家审阅确认后签字，由办公室存档。

**第十八条**　自律处分会议作出诫勉谈话、通报批评或责令改正的处分决定，处分决定自作出之日起生效，办公室应自该决定作出之日起三个工作日内向处分对象发送《自律处分决定书》。

自律处分会议作出警告、严重警告、公开谴责、责令致歉、暂停相关业务、暂停会员权利、认定不适当人选或取消会员资格的处分意见，办公室应自该意见作出之日起三个工作日内向处分对象发送《自律处分意见书》。

解析：

本条规定了自律处分会议审议决定及其相应的文书载体、生效时点。

（1）审议决定。自律处分会议根据案件事实和协会相关规定审议违规行为并做出自律处分决定，按照《自律处分规则》的相关规定，自律处分会议可做出除取消会员资格外的所有自律处分决定。

（2）自律处分决议文书种类、适用规则、文书的生效参见《自律处分规则》第十八条的释义。

（3）自律处分文书的送达。自律处分文书一律采用纸质版、通过传真和邮寄的形式送达处分对象，其中传真送达的时刻即为确定处分对象收到处分意见或者处分决定书的时刻，以此开始计算申请复审的时间界限和开始执行自律处分决定的时间界限。发送《自律处分决定书》的，处分决定自做出之日起生效；发送《自律处分意见书》的，处分决定自处分对象逾期未提出复审的时间节点起（指自处分对象收到《自律处分意见书》后的五个工作日）生效。

**第十九条**　处分对象对自律处分意见有异议的，可在收到《自律处分意见书》五个工作日内向办公室书面提交《复审申请书》。

《复审申请书》应当包括原处分意见、复审申请和理由等。

**解析：**

本条规定了复审申请程序。

本条根据《自律处分规则》规定，规定了处分对象申请复审的权利和申请复审的时间、形式及内容，明确了复审意见书的内容需包含原处分意见、复审申请和理由等要件。

第二十条 办公室在规定时间内，未收到处分对象对除取消会员资格处分意见的复审申请，视其接受处分意见，处分决定生效，办公室向其发送《自律处分决定书》。

**解析：**

本条规定了处分对象未行使复审权利情形时自律处分决定的生效机制。

本条与《自律处分规则》规定一致，可参照《自律处分规则》相关条款解析。

第二十一条 办公室在规定时间内未收到处分对象对取消会员资格处分意见的复审申请，将该处分意见提交常务理事会审议批准。

**解析：**

本条规定了取消会员资格的"双重复核"机制。

本条与《自律处分规则》规定一致，可参照《自律处分规则》相关条款解析。

第二十二条 常务理事会批准取消会员资格的，处分决定生效，办公室自批准之日起三个工作日内向处分对象发送《自律处分决定书》。

**解析：**

本条规定了取消会员资格决定的生效程序。

本条与《自律处分规则》规定一致，可参照《自律处分规则》相关条款解析。

第二十三条 常务理事会不批准取消会员资格的，办公室自常务理事会作出决定之日起三十个工作日内，按照本规程第七条、第八条、第九条的规定确定另外不少于五名自律处分专家，组织召开新一次自律处分会议，作出处分意见。处分对象可对重新作出的处分意见提出复审申请。

**解析：**

本条规定了不予批准"取消会员资格"后的程序。

本条与《自律处分规则》规定一致，可参照《自律处分规则》相关条款解析。

## 第四章 复 审

**第二十四条** 处分对象按规定提出复审申请的，办公室应自收到复审申请之日起三十个工作日内，按照本规程第七条、第八条、第九条的规定确定另外不少于五名自律处分专家，安排自律处分会议。

**解析：**

本条规定了复审的组织筹备工作。

本条与《自律处分规则》规定一致，可参照《自律处分规则》相关条款解析。

**第二十五条** 自律处分会议应对违规行为和适用自律规定进行全面审议。

**解析：**

本条规定了复审审查的范围。

协会作为自律组织，代表市场成员进行自律管理，肩负着加强银行间市场自律管理、维护银行间市场正常秩序、保护市场各方合法权益的职责，因此在复审程序中需坚持有错必纠、全面审查的原则，对违规行为和适用自律规定进行全面审议。

**第二十六条** 复审决定给予除取消会员资格自律处分决定的，该复审决定为最终认定，处分决定生效。办公室自复审决定作出之日起三个工作日内向处分对象发送《自律处分决定书》。

**解析：**

本条规定了复审决定的生效。

本条与《自律处分规则》规定一致，可参照《自律处分规则》相关条款解析。

**第二十七条** 复审议定取消会员资格的，须提交常务理事会审议批准，相关程序适用本规程第二十二条、第二十三条规定。

**解析：**

本条规定了复审取消会员资格的特别程序。

本条与《自律处分规则》规定一致，可参照《自律处分规则》相关条款解析。

**第二十八条　复审程序除本章规定外，适用本规程自律处分会议相关规定。**

**解析：**

本条是复审程序与自律处分会议一般程序的衔接条款。

复审会议不是一个新的会议形式和议事机制，而是运用自律处分会议工作机制审理复审申请的工作安排，因此复审会议中关于专家的选取、议案的审议、表决等程序均参照第二章、第三章中自律处分会议一般程序的相关规定执行。

## 第五章　工作纪律与其他规定

**第二十九条　参会专家、办公室工作人员和自律处分会议其他列席人员应遵守以下规定：**

（一）坚持原则、公正廉洁、勤勉尽责；

（二）妥善保管自律处分会议材料，保守处分对象以及其他相关机构、个人的秘密；

（三）不得泄露自律处分专家信息、讨论内容和审议情况；

（四）不得为本人或他人谋取不正当利益；

（五）专家在履职期间，不得与处分对象接触；

（六）办公室工作人员和自律处分会议其他列席人员与处分对象存在利害关系的，应回避；

（七）不得干扰参会专家正常发表意见；

（八）服从交易商协会管理，遵守交易商协会相关规定。

**解析：**

本条规定了参会专家、办公室工作人员和自律处分会议其他列席人员应遵守的纪律要求。

本条的规定一方面是为了保护参会专家能够依法依规履行职权，另一方面也是对参会专家、办公室工作人员和自律处分会议其他列席人员的约束，保障自律处分会议规范有序运行。

对自律处分专家的管理方面，《自律处分专家管理办法》作为《自律处分规则》的配套文件之一，从专家的产生、专家的基本履职规定、专家参会规定、专家的评价和管理等方面做了详细规定。明确了专家应承担的基本工作职责、履职规定、回避情形。

**第三十条** 办公室应及时整理并妥善保管自律处分会议档案，包括调查报告、申辩材料、《自律处分意见书》、《自律处分决定书》、《复审申请书》、会议记录、表决记录、工作底稿等。以上材料的保存期至该违规行为处分程序结束之日起 5 年止。

解析：

本条规定了档案保存的内容和保存年限。

# 第六章 附 则

**第三十一条** 本规程由交易商协会秘书处负责解释和修订。

解析：

本条规定了《自律处分规程》的解释和修订主体。

**第三十二条** 本规程自 2012 年 10 月 1 日起施行。

解析：

本条规定了《自律处分规程》的施行时间。

# 《银行间债券市场非金融企业债务融资工具注册专家管理办法》

## 制定背景及意义

《银行间债券市场非金融企业债务融资工具注册专家管理办法》（以下简称《注册专家管理办法》）是依据发行注册规则和注册工作规程制定的，对注册专家相关工作行为进行规范的文件。目前，非金融企业债务融资工具发行管理采用注册制。注册机制的核心是注册会议，注册会议评议经秘书处注册办公室初评的注册文件，决定是否接受债务融资工具发行注册。注册会议以五名参会专家对注册文件信息披露的完备性、合规性发表书面意见的形式形成决议。在《银行间债券市场非金融企业债务融资工具发行注册规则》和注册工作规程中对注册专家的职责和产生都有原则性的描述。

从近两年的实践来看，在注册制度设计的框架下，注册专家对注册项目信息披露提出了非常好的专业性的意见和建议，注册会议对于接受注册的项目关于发行条款、产品的主要风险、发行人的经营和财务状况、投资者保护机制等方面都进行了非常全面的披露，确保了市场整体的平稳发展，注册会议总体体现了公平、公正、客观的精神。

为进一步规范注册专家的相关工作行为，提高注册工作的质量和透明度，完善注册工作机制，将目前经过实践检验的注册专家行为规范和管理框架进行明确，同时加强市场参与者对协会注册工作的监督制约，根据会议精神，协会组织市场成员认真研究，起草了《银行间债券市场非金融企业债务融资工具注册专家管理办法》，经 2010 年 3 月 26 日交易商协会第二届常务理事会第一次会议审议通过，并公布施行。

《注册专家管理办法》贯彻了注册制公平、公正、客观的精神，对注册专家的工作行为进行了明确的规范，是注册专家开展注册工作的依据。

## 总体框架

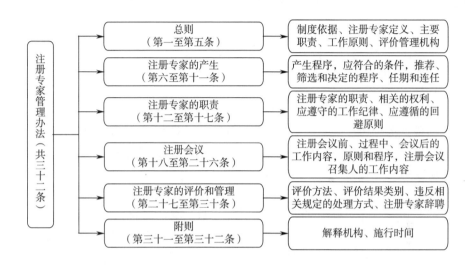

图4-4 《注册专家管理办法》总体框架图

《注册专家管理办法》共六章三十二条。第一章"总则",阐述了制定注册专家管理办法的依据,注册专家的定义、主要职责、工作原则和评价管理机构;第二章"注册专家的产生"明确了注册专家的产生程序及任期;第三章"注册专家的职责"描述了注册专家的职责、相关权利、应遵守的工作纪律,以及应遵循的回避原则;第四章"注册会议"详细描述了注册专家在参加注册会议前后各个环节的工作内容、原则和程序;第五章"注册专家的评价和管理"对注册专家评价方法、评价结果的类别、违反相关规定的注册专家处理方式、注册专家辞聘等内容进行了明确;第六章"附则"说明了解释机构和施行时间。

## 条款解析

### 第一章 总 则

第一条 为了规范非金融企业债务融资工具注册专家（以下简称注册专家）相关业务行为，提高注册工作的质量和透明度，完善注册工作机制，根据中国银行间市场交易商协会《银行间债券市场非金融企业债务融资工具发行注册规则》等有关规定，制定本办法。

解析：

本条是关于《注册专家管理办法》制定目的与依据的规定。

本条款明确了制定本办法的目的是为规范非金融企业债务融资工具注册专家业务行为，主要依据为中国银行间市场交易商协会《银行间债券市场非金融企业债务融资工具发行注册规则》。

第二条 注册专家是指经规定的条件和程序产生，由协会聘任，对非金融企业债务融资工具注册文件进行评议的专业人士。

注册专家的相关业务行为应当遵守本办法。

解析：

本条是关于产生注册专家的原则性的规定。

（1）本条款规定了注册专家的定义；

（2）本条款明确了本办法规范的对象。

第三条 注册专家根据相关法律规定和协会有关规定，对注册文件拟披露信息的完备性、合规性进行评议，并以书面形式独立发表意见。

注册专家不对非金融企业债务融资工具的投资价值及投资风险做实质性判断。

解析：

本条是关于注册专家工作依据、内容的规定。

（1）本条款明确注册专家的工作依据：注册专家依据的相关法律规定主要指《中华人民共和国公司法》《中华人民共和国人民银行法》和其他相关法

律、法规、规章及规范性文件等；注册专家依据的协会有关规定主要指三规则（《银行间债券市场非金融企业债务融资工具发行注册规则》《银行间债券市场非金融企业债务融资工具信息披露规则》《银行间债券市场非金融企业债务融资工具中介服务规则》）、七指引（《银行间债券市场非金融企业债务融资工具募集说明书指引》《银行间债券市场非金融企业债务融资工具尽职调查指引》《银行间债券市场非金融企业短期融资券业务指引》《银行间债券市场非金融企业中期票据业务指引》《银行间债券市场中小非金融企业集合票据业务指引》《银行间债券市场非金融企业债务融资工具主承销商后续管理工作指引》《银行间债券市场非金融企业债务融资工具突发事件应急管理工作指引》）、两规程（《银行间债券市场非金融企业债务融资工具注册工作规程》《银行间债券市场非金融企业债务融资工具持有人会议规程》）、两协议（《银行间债券市场非金融企业债务融资工具承销协议文本》《银行间债券市场非金融企业债务融资工具承销团协议文本》）及协会其他有关规定等。

（2）本条款明确注册专家的主要工作内容，即对注册文件拟披露信息的完备性、合规性进行评议。其中评议对象是注册文件的拟披露信息，评议内容是拟披露信息的完备性、合规性，评议的方式是书面发表意见，注册会议结束时注册专家填写意见表，勾选每个项目的结论并签字确认。

（3）本条款明确了注册专家独立发表意见，不受所在工作单位的角色限制。"独立"一是指不需与会专家协商达成一致结果，各自发表意见后按规则形成会议结论；二是指不受相关利益方干扰和影响，要做到客观、公正。

（4）本条款重申了注册制不做实质判断的精神。

**第四条　注册专家履行职责应当遵循独立、客观、公正的原则。**
**解析：**
本条是关于注册专家工作原则的规定。
本条款规定了注册专家工作的基本原则。注册专家不受相关利益方干扰，独自发表意见；且应实事求是、公平、公允地按规则指引和职业道德操守开展工作。

**第五条　协会秘书处对注册专家的工作进行评价和管理。**
**解析：**
本条是关于注册专家管理的规定。
注册专家的角色决定了其在注册过程中不仅工作量大，且频度相对较高，需要有专门人员对其日常工作进行记录和总结，便于定期评价和管理。因此，本条款明确了此职责由交易商协会秘书处负责。

# 第二章 注册专家的产生

**第六条** 注册专家由协会会员单位（以下简称会员单位）推荐，协会秘书处评议提名，协会常务理事会审议决定。

**解析：**

本条是关于注册专家产生机制的规定。

本条款明确注册专家的产生程序。会员单位提名后，由秘书处组织市场成员评议和调研，将符合条件的候选人名单提交常务理事会审议决定。

**第七条** 注册专家应当符合下列条件：

（一）奉公守法，坚持原则，公正廉洁，认真负责；

（二）熟悉相关法律规定和协会有关规定；

（三）熟悉经济金融专业知识，精通相关业务，具有较高职业声誉；

（四）有 5 年以上相关工作经验；

（五）自愿接受秘书处管理，并以独立身份从事注册文件评议工作；

（六）协会要求的其他条件。

**解析：**

本条是关于注册专家条件要求的规定。

本条款从道德水准、职业操守、专业水平、工作经验等方面明确注册专家应当具备的条件，会员单位在推荐注册专家时，应对照上述条件。

**第八条** 会员单位推荐注册专家，应当向秘书处提交推荐函、被推荐人基本情况表、被推荐人从业经历与业绩证明材料。

**解析：**

本条是关于推荐注册专家的规定。

（1）本条款规定了会员单位推荐注册专家应提交的材料；推荐函应加盖推荐单位的公章。

（2）推荐函和被推荐人基本情况表参考格式见附件一。

**第九条** 秘书处收到会员单位推荐后，通过市场调查了解被推荐人的有关情况，组织相关人士进行评议，并根据评议情况，拟定注册专家名单，提交常务理事会审议。

**解析：**

本条是关于秘书处评议注册专家的规定。

（1）本条款明确了秘书处收到会员单位推荐后的处理流程；

（2）本条款明确了总体原则是要经过广泛市场调研和评议后形成候选人名单。

**第十条　经常务理事会审议通过的注册专家名单应当及时在协会网站进行公示。**

**解析：**

本条是关于注册专家公示的规定。

本条款规定了秘书处应及时公示注册专家名单，可在协会网站相应栏目查阅。

**第十一条　注册专家由协会聘任，每届任期两年，可以连任。**

**解析：**

本条是关于注册专家聘期的规定。

（1）本条款明确注册专家的聘任和任期。

（2）任期内，注册专家如没有发生本管理办法第三十条所述情况，将自动连任。

## 第三章　注册专家的职责

**第十二条　注册专家的职责是：评议注册文件拟披露信息的完备性、合规性；督促发行人及中介服务机构完善信息披露；提供与注册相关的专业咨询意见；完成协会委派的其他工作。**

**解析：**

本条是关于注册专家职责的规定。

本条款明确注册专家的职责，主要是参与日常注册工作，并通过其工作促进中介机构尽职履责、充分披露必要信息；注册专家有责任和义务对完善注册工作和推动债券市场发展的相关问题发表意见并提出建议。

**第十三条　注册专家应当参加协会组织的相关业务培训。**

**解析：**

本条是关于注册专家参加培训义务的规定。

协会将定期组织开展注册专家业务培训，培训主要内容主要包括：相关自律规则、指引解读，相关经济金融政策理论探讨、形式分析，业务经验交流等。注册专家有义务及时提高相关业务能力和水平。

**第十四条　注册专家可以查阅评议注册项目所必须的相关文件资料。**
解析：
本条是关于注册专家查阅权利的规定。
本条款明确了注册专家为充分履行职责，可查阅必要的文件资料，注册办公室应予以配合。

**第十五条　注册专家履行职责时应当遵守以下规定：**
（一）工作勤勉尽责，客观公正；
（二）以个人身份出席注册会议，不得委托他人参加；
（三）妥善保管注册会议材料，保守企业及相关机构的商业秘密；
（四）不得泄露注册会议讨论内容和评议情况；
（五）不得为本人或他人谋取不正当利益；
（六）不得干扰其他注册专家正常发表意见；
（七）协会的其他有关规定。
解析：
本条是关于注册专家义务的规定。
本条款明确注册专家履职时应遵守尽职、保密、廉洁、公正等工作纪律。

**第十六条　注册专家如果发现相关机构或个人有违法、违纪行为，应当及时向协会反映。**
解析：
本条是关于注册专家反映违法义务的规定。
本条款明确了注册专家对违法、违纪行为不应包庇或无所作为，有责任和义务及时向协会反映，自觉维护银行间债券市场的持续健康发展。

**第十七条　注册专家在评议注册文件时，有下列情形之一的，应当及时提出回避：**
（一）个人或其亲属担任相关企业或关联方的董事、监事、高级管理人员的；
（二）个人或其亲属、所在工作单位为上会项目提供主承销、评级、审

计、法律等服务的;

（三）其他可能影响其公正履职的情形。

**解析：**

本条是关于注册专家回避义务的规定。

为切实贯彻独立、客观、公正原则，注册专家在工作中应遵循回避原则，本条款列举了应当回避的情形。

# 第四章　注册会议

**第十八条　注册专家通过参加注册会议对注册项目发表意见。**

**解析：**

本条是关于注册专家工作形式的规定。

本条款明确了注册专家评议注册文件、发表意见的形式是参加注册会议。

**第十九条　注册会议的 5 名参会专家和 2 名候补专家按照随机原则从全部注册专家中产生，注册会议召集人从参会专家中随机确定。**

**解析：**

本条是关于确定注册会议参会专家的规定。

本条款明确注册会议参会专家和候补专家的人数及产生原则。

**第二十条　注册专家在确认参会后，应当由其本人参加注册会议，因故不能到会的，应当说明情况。**

**解析：**

本条是关于注册专家亲自参会义务的规定。

本条款规定了注册专家应本人参会，确认参会后又因故不能到会的，注册办公室将通知候补专家参会。

**第二十一条　注册专家出席注册会议前，应当认真审阅注册文件，形成工作底稿，做好评议准备工作。**

**解析：**

本条是关于注册专家参会准备的规定。

本条款规定注册专家参会前的准备工作。

**第二十二条　注册专家应当按时出席注册会议，听取初评报告，客观、公**

正、有序地进行讨论，对注册文件信息披露的完备性、合规性进行评议，并独立发表意见。

解析：

本条是关于注册专家参会要求的规定。

本条款明确了参会注册专家注意事项：一是应准时参会，不能迟到；二是应认真听取初评人员汇报初评报告，初评报告包括注册项目基本情况、反馈意见及补充材料的情况等；三是明确了参与讨论的原则，对注册项目拟披露信息完备性、合规性进行讨论，亦可现场询问项目初评人；四是注册专家独立发表意见，不需要协商一致。

第二十三条　注册会议召集人负责主持会议，组织注册专家讨论并发表意见。

解析：

本条是关于会议召集人的规定。

本条款明确了注册会议召集人的相关工作职责。

第二十四条　注册专家意见分为"接受注册"、"有条件接受注册"、"推迟接受注册"三种：

（一）认为注册文件的信息披露符合相关自律规则、指引要求的，发表"接受注册"意见；

（二）认为注册文件通过补充具体材料可以达到相关自律规则、指引的信息披露要求的，发表"有条件接受注册"意见，并书面说明需要补充的具体材料内容；

（三）认为注册文件短期内无法通过补充具体材料达到相关自律规则、指引的信息披露要求的，发表"推迟接受注册"意见，并书面说明理由。

解析：

本条是关于注册专家意见的规定。

本条款阐述了注册专家发表意见的三种类型及含义。

第二十五条　注册专家发表"有条件接受注册"意见的，书面说明应当具体、明确、具有可操作性；发表"推迟接受注册"意见的，书面说明应当论据充分、论证客观。

解析：

本条是关于"有条件接受注册"和"推迟接受注册"的规定。

本条款明确了注册专家发表"有条件接受注册"和"推迟接受注册"两种意见的书面说明的要求。

**第二十六条**　对有条件接受注册的项目，注册专家在收到企业补充材料后，应当认真审阅，及时出具书面意见。

解析：

本条是关于注册专家及时审阅"有条件接受注册"项目补充材料的规定。

（1）根据《注册工作规程》第二十条，有条件接受发行注册的项目，注册办公室 3 个工作日内将注册专家意见汇总后反馈给企业；

（2）企业或相关中介机构 10 个工作日内提交补充材料；

（3）注册办公室在收到补充材料后，经初评人和复核人确认后，将提交给注册专家审阅；

（4）注册专家应及时出具对补充材料的意见；

（5）注册办公室负责注册会议后续操作。

## 第五章　注册专家的评价和管理

**第二十七条**　秘书处负责组织对注册专家进行市场调查和评议。

解析：

本条是关于注册专家评价的原则规定。

本条款重申了秘书处对注册专家的管理和评价方式。

**第二十八条**　秘书处根据协会有关规定，以及市场调查和评议情况，每年定期对注册专家的工作进行评价，评价结果分为优秀、称职和不称职三种。

注册专家评价结果为优秀的，秘书处可以通过颁发荣誉证书、函告推荐单位等形式进行奖励。

解析：

本条是关于注册专家评级结果及奖励方式的规定。

本条明确了对注册专家的三种评价结果及对评价结果为优秀的注册专家的奖励方式。

**第二十九条**　注册专家违反本办法的，秘书处应当根据情节轻重，分别通过谈话提醒、函告推荐单位、解聘等措施进行处理。

解析：

本条是关于注册专家自律处分措施的规定。

本条款明确对违反本办法规定的注册专家的处理方式。

**第三十条** 注册专家有下列情形之一的，秘书处应当提议常务理事会予以解聘：

（一）违反相关法律规定和协会有关规定的；

（二）评价结果为不称职的；

（三）两次（含）以上无故不出席注册会议的；

（四）注册专家提出辞聘申请的；

（五）协会认为不适合担任注册专家的其他情形。

解析：

本条是关于解聘注册专家情形的规定。

本条明确解聘注册专家的情形，如注册专家本人提出申请的，可以参照附件二出具辞聘申请。

## 第六章 附 则

**第三十一条** 本办法由协会秘书处负责解释。

解析：

本条是关于《注册专家管理办法》解释权的规定。

本条明确《注册专家管理办法》的解释权归属于协会秘书处。

**第三十二条** 本办法自发布之日起施行。

解析：

本条是关于《注册专家管理办法》施行日期的规定。

本条明确《注册专家管理办法》的实施日为发布之日。

# 《非金融企业债务融资工具市场自律处分
# 会议专家管理办法》

(2012 年 7 月 6 日第三届常务理事会第一次会议审议通过，
自 2012 年 10 月 1 日起施行)

## 制定背景及意义

为保障银行间债券市场自律规范文件规定能够得到有效落实，保障市场成员合法权益，维持市场良好运行环境，在推出《非金融企业债务融资工具市场自律处分规则》（以下简称《自律处分规则》）的基础上，应市场成员迫切呼吁，协会组织投资者、发行人、承销商、律师事务所、会计师事务所等市场成员，根据《自律处分规则》以及交易商协会的相关自律规定，制定了《非金融企业债务融资工具市场自律处分会议专家管理办法》（以下简称《专家管理办法》），并经会员推荐组建了"非金融企业债务融资工具市场自律处分会议专家库"（以下简称专家库），以确保规范、有序、高效地召开自律处分会议，明确自律处分会议专家尽职履责要求，推进自律处分工作顺利开展。2012年 7 月 6 日，《专家管理办法》和专家库名单经交易商协会第三届常务理事会第二次会议审议通过，于 2012 年 7 月 16 日正式发布，自 2012 年 10 月 1 日起施行。

《自律处分规则》是自律处分体系的核心制度安排，明确了自律处分以"市场事、市场决"为根本理念，实施自律处分会议议定制度，由市场专家共同对违规行为进行审议并做出处分决定或意见。《专家管理办法》从自律处分会议专家管理角度对《自律处分规则》做了细化规定和补充。《专家管理办法》规定了自律处分会议专家的产生过程、受聘条件、工作评价和奖惩情况，规范了专家从推荐、评议到公示名单的具体流程，提出了专家库的构成及专家任期要求，明确了专家应承担的基本工作职责、履职规定、回避情形。与此同时，协会秘书处组织会员单位开展自律处分专家推荐遴选工作。经会员推荐、并征求债券市场专业委员会意见，遴选出首批自律处分会议专家共 97 名，其中投资者代表 19 名、律师 20 名、会计师 20 名、其他市场机构专家 38 名。

《专家管理办法》的发布与实施，专家库的顺利组建，夯实了自律管理的制度基础，将有利于《自律处分规则》的贯彻落实，进一步加强市场自律管理，保障银行间债券市场持续、健康、快速发展。

## 总体框架

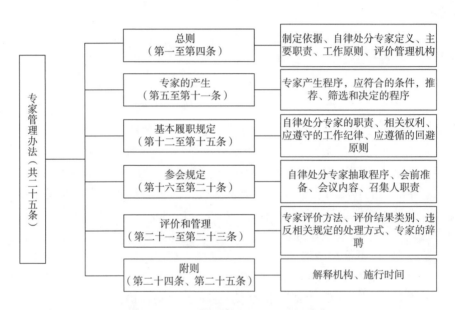

图 4-5  《专家管理办法》总体框架图

《专家管理办法》共六章二十五条。第一章"总则"，阐述了制定自律处分专家管理办法的依据，自律处分专家的定义、主要职责、工作原则和评价管理机构；第二章"专家的产生"，明确了自律处分专家的产生程序及任期；第三章"基本履职规定"，明确了自律处分专家的职责、相关权利、应遵守的工作纪律，以及应遵循的回避原则；第四章"参会规定"，明确了参会专家的抽选程序和在自律处分会议中各个环节的工作内容；第五章"评价和管理"，对自律处分专家评价方法、评价结果的类别、自律处分专家违反相关规定的处理方式、自律处分专家辞聘等内容进行了明确；第六章"附则"，说明了解释权和施行时间。

## 条款解析

### 第一章　总　则

第一条　为规范非金融企业债务融资工具市场自律处分会议专家的相关行为，提高自律处分工作的透明度，完善自律处分工作机制，根据《非金融企业债务融资工具市场自律处分规则》以及中国银行间市场交易商协会（以下简称交易商协会）相关自律规定，制定本办法。

解析：

本条规定了《自律处分专家管理办法》制定目的与依据。

本条款明确了制定本办法的目的是为规范非金融企业债务融资工具市场自律处分专家业务行为，主要依据为《非金融企业债务融资工具市场自律处分规则》以及交易商协会其他自律规定。

第二条　自律处分会议专家（以下简称专家），是指经规定的条件和程序产生，由交易商协会聘任，出席自律处分会议并发表处分意见的专业人士。专家根据相关自律规定，以个人名义参加自律处分会议，独立发表处分意见，履行相关职责。

解析：

本条界定了自律处分专家的定义和职责范围。

（1）专家的定义。首先，专家来源于银行间市场专业人士，这体现了"市场事，市场决"的理念；其次，自律处分专家的产生程序是严谨、严格、规范的，自律处分专家需按照本办法的相关规定程序产生，经由交易商协会会员（以下简称会员）推荐，债券市场专业委员会评议，秘书处提名，常务理事会审议决定，体现了自律处分专家的专业性、权威性。

（2）职责范围。自律处分专家以个人名义出席自律处分会议，审议违规行为，独立发表处分意见，履行相关职责。

第三条　专家履行职责遵循独立、客观、公正的原则。

解析：

本条是关于自律处分专家工作原则的规定。

本条款规定了自律处分专家工作的基本原则。自律处分专家不受相关利益方干扰，独立发表意见；且应实事求是、公平、公允地按规则指引和职业道德操守开展工作。

**第四条** 交易商协会秘书处（以下简称秘书处）负责对专家的工作进行评价和管理。

**解析：**

本条是关于自律处分专家管理的规定。

自律处分专家是对债务融资工具市场违规行为进行审议并做出决议的重要角色，需要有专门人员对其工作进行记录和总结、定期评价和管理，该条款明确了此职责由交易商协会秘书处负责。

## 第二章 专家的产生

**第五条** 专家由交易商协会会员（以下简称会员）推荐，债券市场专业委员会评议，秘书处提名，常务理事会审议决定。

**解析：**

本条是关于自律处分专家产生机制的规定。

本条款明确了自律处分专家的产生机制。会员单位提名后由协会债券市场专业委员会根据被提名对象资质以及拟组建的自律处分专家库专家类型和数量进行评议并将结果通报协会秘书处，秘书处根据有关规定复核后将符合条件的候选人名单提交常务理事会审议决定。

**第六条** 专家应符合下列条件：

（一）坚持原则，公正廉洁，勤勉尽责；

（二）熟悉相关法律法规和交易商协会相关自律规定；

（三）熟悉经济、金融、会计、法律等专业知识，精通相关业务，具有较高职业声誉；

（四）有五年以上相关工作经验；

（五）自愿接受交易商协会管理，并以独立身份审议违规行为，发表自律处分意见；

（六）交易商协会要求的其他条件。

**解析：**

本条是关于自律处分专家条件要求的规定。

本条款从道德水准、职业操守、专业水平、工作经验等方面明确了自律处分专家应当具备的条件，会员单位在推荐自律处分专家时，应对照上述条件。

**第七条　专家库由投资者代表、律师、会计师和其他市场机构代表等组成。**

解析：

本条规定了自律处分专家库的组成结构。

本条款明确了自律处分专家库需包含投资者代表、律师、会计师及其他市场机构的专业人士。为确保自律处分工作的公正、客观和专业，自律处分专家的构成应能够涵盖市场各类型机构的专业人士。具体而言，首先，自律处分的根本目的是保护投资者合法利益，因此自律处分专家中必须有投资机构代表；其次，由于律师熟悉法律和相关规则，不但能够为自律处分提供专业性意见，同时也能见证和保障自律处分工作的合法合规；最后，自律处分工作可能涉及财务、审计、工程等相关专业问题的判断，也需相关专业人士提供专业意见。因此，自律处分专家库的组成结构如此设计。

**第八条　会员推荐专家的，应向秘书处提交推荐函、被推荐人基本情况表、被推荐人从业经历与业绩证明材料。**

解析：

本条是关于推荐自律处分专家的规定。

本条款明确了会员单位推荐自律处分专家应提交的材料。

**第九条　经债券市场专业委员会评议，秘书处根据评议情况，拟定专家名单，提交常务理事会审议通过形成专家库。**

解析：

本条是关于秘书处评议自律处分专家的规定。

本条款明确了秘书处收到会员单位推荐后的处理流程，自律处分专家需由债券市场专业委员会评议，最终由常务理事会审议确定。

**第十条　经常务理事会审议通过的专家名单应及时在交易商协会网站进行公示。**

解析：

本条规定了自律处分专家的公示制度。

本条款明确了秘书处应及时公示自律处分专家名单，相关信息可在协会网站查阅。

**第十一条　专家由交易商协会聘任，每届任期两年，可以连任。**
解析：
本条规定了自律处分专家的聘期及连任制度。

本条款明确了自律处分专家由交易商协会聘任后，每届任期为两年，换届时自律处分专家被会员单位再次推选的，并经履行相应的聘任程序之后可以再次当选并连任。

## 第三章　基本履职规定

**第十二条　专家的职责是：根据交易商协会相关自律规定参加自律处分会议、审议违规行为、发表自律处分意见；提供与自律处分相关的专业咨询意见；完成交易商协会委派的其他自律处分相关工作。**
解析：
本条规定了自律处分专家的职责。

本条款明确了自律处分专家作为市场机构推荐的专业人士，其职责首先是参加自律处分会议并审议违规行为、发表自律处分意见；其次，在调查或者审议违规行为的过程中根据需要对自律处分提供相关专业意见，完成其他自律处分相关工作。

**第十三条　专家有义务向交易商协会报告任何以不正当手段对其施加影响的相关机构或个人。**
解析：
本条规定了自律处分专家反映影响独立性行为的义务。

自律处分专家应遵循客观、独立的原则参与违规行为审议，不受相关机构或个人干扰，独立发表专业意见。对于自律处分过程中发生的对其施加影响的行为，自律处分专家应及时履行报告的责任和义务。

**第十四条　专家履行职责时应遵守以下规定：**
（一）不得委托他人参加自律处分会议；
（二）不断提升自己的业务能力和专业水平，参加交易商协会组织的相关业务培训；

（三）妥善保管自律处分会议材料，保守处分对象以及其他相关机构和个人的秘密；

（四）不得泄露专家信息、讨论内容和审议情况；

（五）不得为本人或他人谋取不正当利益；

（六）不得干扰其他专家正常发表意见；

（七）交易商协会的其他有关规定。

**解析：**

本条规定了自律处分专家的义务。

本条款明确了注册专家履职时应遵守尽职、保密、廉洁、公正等工作纪律。

第十五条　专家在审议违规行为之前，有下列情形之一的，可能损害自律处分会议公正性的，应及时提出回避：

（一）个人或其近亲属现任处分对象或其关联方的董事、监事、高级管理人员的；

（二）个人或其近亲属、所在工作单位现为处分对象提供承销、评级、审计、法律、信用增进等服务的；

（三）可能影响其公正履职的其他情形。

**解析：**

本条规定了自律处分专家的回避义务。

为切实贯彻独立、客观、公正原则，自律处分专家在工作中应遵循回避原则，本条款列举了应当回避的情形包括专家本人及其近亲属在自律处分期间担任处分对象重要职务或为处分对象提供债务融资工具业务相关服务等。

## 第四章　参会规定

第十六条　自律处分会议办公室从专家库中随机排序顺次确定不少于五名专家参加自律处分会议，其中投资者代表、律师至少各一名。自律处分会议召集人从参会专家中随机确定。

在审议专业性较强的违规行为时，须至少抽取两名相关专家。

**解析：**

本条规定了自律处分会议参会专家的确定规则。

本条款明确了自律处分参会专家的人数、产生原则以及人员结构的要求。

第十七条　参会专家在确认参会后，因故不能到会的，应提前说明情况。

**解析：**

本条规定了自律处分专家不能参会的告知义务。

本条款明确了自律处分参会专家的人数、产生原则以及人员结构的要求，具体释义可参见《自律处分会议工作规程》第七条的相关解析。

第十八条　参会专家出席自律处分会议前，应认真审阅自律处分会议材料，形成工作底稿，做好审议准备工作。

**解析：**

本条规定了自律处分专家参会准备要求。

本条款明确了自律处分专家参会前需认真了解有关事实及证据等会议材料，并形成工作底稿，充分做好自律处分会议审议的准备工作。

第十九条　参会专家应按时出席自律处分会议，听取自律处分调查情况汇报，对违规行为进行审议，并独立发表意见。

**解析：**

本条规定了自律处分专家的参会要求。

自律处分专家应按时参会，在自律处分会议召开期间认真听取调查人员汇报调查相关情况，包括涉嫌违规行为的有关事实、相关证据、有关自律管理规定等；并对违规行为进行审议，独立发表意见。

第二十条　自律处分会议召集人负责主持会议，组织参会专家讨论并发表意见，汇总并形成处分议案和组织投票等事项。

**解析：**

本条规定了自律处分会议召集人的义务。

本条款明确了自律处分会议召集人的相关工作职责。

## 第五章　评价和管理

第二十一条　秘书处每年定期对专家的工作进行评价，评价结果分为称职和不称职两种。

**解析：**

本条规定了对自律处分专家的评价机制。

本条款明确了由交易商协会秘书处定期对自律处分专家的工作表现进行评价，评价结果分为称职和不称职两类。

第二十二条　专家违反本办法第十四条、第十五条、第十九条规定的，根据情节严重程度可给予诫勉谈话、通报批评、警告、严重警告或公开谴责处分，可并处责令改正。

专家履职过程中涉嫌违反法律、行政法规的，交易商协会可将其移交行政主管部门或司法机关处理。

解析：

本条规定了对自律处分专家的自律处分措施。

本条款明确了对未能尽职履责的自律处分专家可以采取的自律处分措施，并保留将其移交行政主管部门或司法机关予以处理的权利，实现了自律处分与行政或司法处罚的衔接，有利于规范自律处分专家履职过程中的行为，保障自律处分的公平、公正、合规。

第二十三条　专家有下列情形之一的，秘书处应提请常务理事会予以解聘：

（一）违反相关法律法规的；

（二）评价结果为不称职的；

（三）给予通报批评及以上自律处分的；

（四）专家提出辞聘申请的；

（五）交易商协会认为不适合担任专家的其他情形。

专家解聘后两年内不得再次受聘。

解析：

本条规定了解聘自律处分专家的情形。

本条款明确了自律处分专家违法违规、未能尽职履责、主动申请等予以解聘的情形。

## 第六章　附　则

第二十四条　本办法由秘书处负责解释和修订。

解析：

本条规定了办法的解释权。

第二十五条　本办法自 2012 年 10 月 1 日起施行。

解析：

本条规定了办法的生效日期。

# 《银行间债券市场非金融企业债务融资工具承销协议文本》

## 制定背景及意义

自中国人民银行将非金融企业债务融资工具的发行注册工作移交中国银行间市场交易商协会（以下简称协会）实行自律管理以来，债务融资工具市场持续快速健康发展，为企业利用直接债务融资工具改善融资结构，促进国民经济平稳较快发展作出了重要贡献。在市场迅速扩容的同时，因缺乏示范性承销协议文本，发行方与主承销方谈判效率低下，成本过高，制约了债务融资工具承销业务的发展。应市场成员的普遍要求，协会起草发布了《银行间债券市场非金融企业债务融资工具承销协议文本（2010 年版)》（以下简称《承销协议文本》），对非金融企业债务融资工具承销行为进行自律规范，明确发行方和主承销方的权利义务，维护相关当事人合法权益。

## 文本约束范围

债务融资工具发行采用主承销商负责制，在债务融资工具存续期间，主承销方仍然担负着后续管理等具体义务。因此，文本的约束范围覆盖了债务融资工具发行至兑付全过程。在具体条文设置上，文本采取了重承销环节，轻后续管理环节的写法，通过条款设置将后续管理环节、付息和本金兑付环节有关权利义务，指向协会的相关自律规则。这样既保证了协议文本的完整性，同时也达到了各方签署本协议的根本目的。

## 文本框架

《承销协议文本》由承销协议、补充协议两部分组成。正本共二十四条。

第一条与第二条为文本的一般性规定，包括"定义"和"协议的构成与效力等级"。

第三条至第十条按发行全过程和协议各方角色对协议涉及的权利义务进行了约定。其中第四条"债务融资工具的发行"从发行人的角度对发行人在整个发行过程中的权利义务进行了约定。第五条"债务融资工具的承销"从主承销方的角度对主承销方在整个承销过程中的权利义务进行了约定。

第十一条至第二十条是为保证本协议顺利实施而约定的条款。其中第十一条"声明、保证和承诺"条款是本协议明确约定的不可更改条款。

第二十一条至第二十四条为一般合同的必备条款。

《承销协议文本》第二部分"补充协议"为本次起草标准文本的创新部分，通过采取补充协议的模式，既可以在承销协议中引导市场认可的协议条款，又给予双方对"承销方式及募集资金划付"、"承销费用及支付"等核心条款和其他条款进行修改的权利，既达到引导市场行为的目的，同时不剥夺协议双方依据《中华人民共和国合同法》（以下简称《合同法》）等相关法律法规享有的平等民事权利。

## 重要条款解析

### 第二条　协议的构成与效力等级

2.1　本协议由以下部分构成：

2.1.1　《银行间债券市场非金融企业债务融资工具承销协议（2010 年版）》（以下简称《承销协议》）；

2.1.2　《银行间债券市场非金融企业债务融资工具承销协议补充协议（2010 年版）》（以下简称《补充协议》，若有）。

2.2　上述文件构成协议各方之间单一和完整的协议（以下简称"本协议"）。

《补充协议》（若有）与《承销协议》不一致的，《补充协议》有优先效力。

**解析：**

本条约定了《承销协议文本》的文本体例。根据本条内容，《承销协议文本》由《承销协议》和《补充协议》两部分组成。通过进行主协议和补充协议的区分，既可以在主协议中约定引导性条款，同时又不违背合同自由原则，允许协议各方通过补充协议对主协议内容进行修改，兼具原则性与灵活性。

**第三条　对承销方的委任**

3.1　发行方委任乙方作为本协议项下债务融资工具发行的_____［请选择填写：主承销商、联席主承销商］。

发行方委任丙方（若有）作为本协议项下债务融资工具发行的_____［请选择填写：联席主承销商、副主承销商］。

主承销方同意接受发行方委任，按照本协议的约定协助发行方进行债务融资工具的注册/备案、销售及后续管理等工作。

3.2　发行方委任_____方作为本协议项下债务融资工具发行的簿记管理人。

_____方同意接受发行方委任，负责本协议项下债务融资工具的簿记建档工作。

3.3　簿记建档的配售结果及最终发行利率由主承销方协商确定。

**解析：**

本条约定了两家机构担任主承销方情形下的内部责任分配。由两家机构担任某一债务融资工具主承销时，主承销各方不对对方的包销额度承担连带责任是符合市场实践、法律关系较为清晰的选择。同时，考虑到簿记建档的职责需要，由单方操作更高效，责任更清晰，故本条第3.2款引导协议各方明确由唯一簿记管理人负责簿记建档工作，如此则便于发行方与主承销方的沟通及相关义务不履行情形下的责任承担，同时也不排除各方在《补充协议》中约定联席簿记的情况。在此方式下，为规范市场上个别发行人干预定价扰乱市场的情况，保护发行方和主承销方的合法权益，本条尊重簿记建档特别赋予主承销方的自由裁量权，明确约定在利率区间由发行方和主承销方协商确定的前提下（第四条第4.3款），第3.3款约定簿记建档的最终发行利率及配售结果由主承销方确定。

**第五条　债务融资工具的承销**

5.2　除《补充协议》另有约定外，本协议项下债务融资工具承销采取余额包销的方式进行。

在丙方存在时，乙方、丙方包销的额度比例为_____。主承销方之间不对对方的包销额度承担连带责任，每一主承销方对其承销义务的违约不构成其他主承销方的违约。

**解析：**

目前市场上可见的债务融资工具承销方式有余额包销、代销和全额包销。考虑到大部分债务融资工具承销均选取余额包销方式，《承销协议文本》根据主流方式起草，据此约定相关权利义务，同时允许各方通过《补充协议》约定其他方式。同时，由两家机构担任某一债务融资工具主承销方时，主承销各方不对对方的包销额度承担连带责任是符合市场实际、法律关系较为清晰的选择。本条对上述法律关系予以明确，在给予各方自由约定包销的额度比例的前提下，约定"主承销方之间不对对方的包销额度承担连带责任，每一主承销方对其承销义务的违约不构成其他主承销方的违约。"

### 第七条　费用及支付

7.5　在本协议项下债务融资工具获得交易商协会注册后的有效期内，如果发行方放弃发行本次注册债务融资工具全部额度或在两年注册有效期内没有发行，发行方仅需向主承销方支付发行顾问费。除非《补充协议》另有约定，发行顾问费金额为债务融资工具注册额度的_____％，并在其放弃全部额度之日起五个工作日内或注册有效期结束后五个工作日内向主承销方支付。在丙方存在时，除非《补充协议》另有约定，上述发行顾问费在乙方、丙方之间的分配比例与本协议第五条第5.2款约定的包销额度分配比例相同。

**解析：**

本条第7.5款明确写入了"发行顾问费"条款，明确"如果发行方放弃发行本次注册的债务融资工具全部额度或在两年注册有效期内没有发行，发行方仅需向主承销方支付债务融资工具发行顾问费"，并写明了建议收费金额及支付时限。希望通过有效的市场引导保护主承销方正当权益。

### 第十条　债务融资工具的后续管理

10.1　债务融资工具存续期间，主承销方应按法律及交易商协会相关自律规范文件规定，持续对发行方开展跟踪、监测、调查等后续管理工作，以及时准确地掌握发行方风险状况及偿债能力，持续督导发行方履行信息披露、还本付息等义务。发行方应积极配合主承销方的后续管理工作。

10.2　除非《补充协议》另有约定，簿记管理人负责牵头开展后续管理工作。

**解析：**

本条充分考虑了主承销商负责制之下的后续管理问题。在债务融资工具存续期间，主承销方仍然担负着后续管理等具体义务。与传统的承销协议相比较，关于主承销方债务融资工具后续管理责任的安排，虽然扩大了主承销方的责任范围，但是这一安排完全适合债务融资工具现阶段的发展特征及有关法律与自律规定，对于维护银行间债券市场的稳健发展具有重要的意义。为了避免《承销协议文本》履行过程中出现推诿履行主承销方后续管理责任的情形，强化责任主体，提高工作效率，本条第10.2款明确约定，"除非补充协议另有约定，簿记管理人负责牵头开展后续管理工作"。

**第十一条  声明、保证和承诺**

11.1  各方是根据中国法律设立、有效存续并正常经营的企业法人。

11.2  各方保证遵照《银行间债券市场非金融企业债务融资工具管理办法》等法律及交易商协会相关自律规范文件开展注册发行工作。

11.3  各方已按其应适用的法律及交易商协会相关自律规范文件办理一切必要的手续，并取得一切必要的登记及批准，且在该等法律及交易商协会相关自律规范文件项下拥有必要的权利，以便签署本协议和履行其在本协议项下的各项义务。

11.4  各方已采取一切必要的内部行为，使其获得授权签订并履行本协议，其在本协议上签字的代表已获正当授权签署本协议，并使各方受本协议约束。

11.5  各方签署本协议和履行其在本协议项下的义务，不会违反任何法律及交易商协会相关自律规范文件、该方的公司章程或内部规章、约束该方的任何合同或文件。

11.6  各方没有正在进行的或潜在的可能严重影响其签署或履行本协议能力的诉讼、仲裁、政府调查、其他法律或行政程序。

11.7  主承销方保证不从事违反《银行间债券市场非金融企业债务融资工具承销人员行为守则》等交易商协会相关自律规范文件的行为，包括但不限于就利率区间、利率水平、发行规模、注册时间等不确定事项向发行方做出承诺；发行方保证不要求主承销方从事此类行为。

11.8  本协议各方在此向其他签署方承诺，其将不会因其与其他签署方或其他第三方之间的任何债权债务关系而影响本协议的执行。

**解析：**

本条是本协议明确约定的不可更改条款。除一般合同必设约定外，本条充分考虑了对协议双方的自律，对于规范市场行为，引导市场健康发展有重要作用。本条明确规定"主承销方保证不从事违反《银行间债券市场非金融企业债务融资工具承销人员行为守则》的行为"，并规定"发行方保证要求主承销方从事此类行为"。这一规定体现了协会对相关行为的引导思路。

### 第十二条 先决条件

12.1　主承销方所承担的每期债务融资工具销售义务，以下列各项条件已于发行日前得到全部满足为先决条件：

12.1.1　本协议项下债务融资工具的发行符合《银行间债券市场非金融企业债务融资工具管理办法》及交易商协会相关自律规范文件规定，已经依法获得监管部门、交易商协会等相关机构的批准、许可或注册/备案；

12.1.2　发行方已根据《银行间债券市场非金融企业债务融资工具信息披露规则》等法律和交易商协会相关自律规范文件，及时、准确、完整地公开披露了与本协议项下债务融资工具有关的各类信息；

12.1.3　发行方和主承销方已经就债务融资工具的发行规模、期限、利率/价格区间等达成一致，并可书面签署《利率区间确认函》；

12.1.4　发行方未违反其在本协议和发行文件中的任何实质性义务及任何声明、保证和承诺，未发生本协议第十三条、第十四条、第十五条规定的重大不利事件、违约事件、不可抗力等情况；

12.1.5　发行方与中央国债登记结算有限责任公司等托管机构签订了相关登记、托管及兑付协议；

12.1.6　发行方所聘请的会计师事务所、律师事务所、信用评级机构等中介机构出具的专业意见持续合法有效且未发生任何重大不利变化；

12.1.7　信用增进协议或相关文件（若有）持续合法有效且信用增进方案未发生任何重大不利变化；

12.1.8　各方在《补充协议》中约定的其他条件（若有）。

12.2　在上述先决条件全部满足之前，主承销方已经作出的任何决定和采取的任何行动不应被视为其承担本协议项下债务融资工具销售义务。

12.3　主承销方有权放弃上述一项或多项先决条件对当期债务融资工具的适用；多方担任主承销方的，上述放弃先决条件的行为应经主承销方各方协商一致。

**解析：**

本条"先决条件"是主承销方承担每一期债务融资工具销售义务的前提，通过"发行方和主承销方已经就债务融资工具的发行规模、期限、利率等达成一致"等先决条件的设置,既能有效保护主承销方的权利,而且约定"主承销方有权放弃上述一项或多项先决条件对当期债务融资工具的适用"。与传统的承销协议相比较,在现行债务融资工具法律和自律体系下,债务融资工具的主承销商不仅承担债务融资工具的销售义务,还需要承担注册、备案及后续管理义务。因此,承销协议生效条件的设置必然需要考虑主承销商的工作范围,不能对不同的合同义务的履行仍然设定同样的条件。本条约定的销售义务先决条件从法律技术上比较好地解决了上述问题。本条第12.1条约定"主承销方所承担的每期债务融资工具的销售义务,以下列各项条件已经于发行日得到全面满足为先决条件"。对于协议设定的先决条件,本条第12.3款还赋予主承销方放弃先决条件的权利,充分体现了协议的原则性和灵活性。不过,实践当中需要特别注意的是,在发行人委任了两个或两个以上主承销商担任主承销方的情况下,单个主承销商无权单方放弃先决条件,全体主承销商必须就先决条件的放弃达成一致意见。

### 第十三条　重大不利事件

13.1　如果在簿记建档结束前发生国家货币管理当局调整货币政策,包括但不限于基准利率调整、法定准备金率调整或汇率制度变更等情况,对债务融资工具发行产生实质性不利影响或障碍,发行方和主承销方均有权暂缓债务融资工具发行。

13.2　如果主承销方发生下列情况,且足以对顺利承销债务融资工具造成实质性不利影响的,应立即通知发行方。发行方有权暂停或停止发行事宜,并按法律及交易商协会相关自律规范文件、债务融资工具发行文件的约定采取措施:

13.2.1　主承销方的经营状况发生重大变化;

13.2.2　主承销方的承销资质发生变化;

13.2.3　主承销方发生未能清偿到期债务的违约情况;

13.2.4　主承销方作出减资、合并、分立、解散及申请破产的决定;

13.2.5　主承销方涉及重大诉讼、仲裁事项或受到重大行政处罚;

13.2.6　主承销方董事、监事、高级管理人员涉及重大民事或刑事诉讼,或已就重大经济事件接受有关部门调查;

13.2.7　其他足以对主承销方顺利承销债务融资工具造成重大不利影响的情形。

13.3　如果发行方发生下列情况,足以对发行或偿还债务融资工具造成实质性不利影响的,应立即通知主承销方。主承销方有权暂缓或停止发行事宜,并按法律及交易商协会相关自律规范文件、债务融资工具发行相关文件的约定采取措施：

13.3.1  发行方经营方针和经营范围发生重大变化；

13.3.2  发行方生产经营外部条件发生重大变化；

13.3.3  发行方涉及可能对其资产、负债、权益和经营成果产生重要影响的重大合同；

13.3.4  发行方占同类资产总额20%以上资产的抵押、质押、出售、转让或报废；

13.3.5  发行方发生未能清偿到期债务的违约情况；

13.3.6  发行方发生超过净资产10%以上的重大损失；

13.3.7  发行方作出减资、合并、分立、解散及申请破产的决定；

13.3.8  发行方涉及需要澄清的市场传闻；

13.3.9  发行方涉及重大诉讼、仲裁事项或受到重大行政处罚；

13.3.10  发行方董事、监事、高级管理人员涉及重大民事或刑事诉讼，或已就重大经济事件接受有关部门调查；

13.3.11  其他对投资者作出投资决策有重大影响的事项。

**解析：**

与当前市场上采用的各种形式的债务融资工具发行人与主承销商签署的承销协议相比，本条内容在强调了主承销方终止承销权利的同时，还特别突出了发行人终止发行的权利，较好地平衡了双方当事人之间的利益。对于债务融资工具的发行而言，影响其发行决策的因素主要集中在各种利率影响方面。本条内容所设定基准利率调整、法定准备金率调整、汇率制度变更基本上涵盖了现阶段金融市场上可能对债券利率产生重大影响的核心因素，比较好地契合了现阶段的金融市场发展状况。至于上述针对主承销商所设定的一些暂停或停止发行的情形，在目前阶段对于发行人的决策影响可能不是特别明显。但是，随着金融市场的发展，一些在资本金管理以及风险控制能力方面存在不足的金融机构，可能会因此承担较大的承销压力。

**第二十条  协议的签署和生效**

20.1  本协议经各方法定代表人或授权签字人签字并加盖公章或者合同专用章后生效。协议各方之间可根据需要签署《补充协议》。此前各方就本协议项下债务融资工具发行达成的任何承诺、谅解、安排或约定与本协议不一致的，以本协议为准。

20.2  协议各方在签署《承销协议》和《补充协议》之后应自觉遵守本

协议。

20.3  主承销方应根据法律及交易商协会相关自律规范文件的要求及时将《承销协议》和《补充协议》（及其修改）送中国银行间市场交易商协会备案。

**解析：**

本条为不可更改条款，写明了协议的签署、生效及效力，并针对目前市场上通过各种协议和安排产生的不正当竞争及各种利益输送等，约定"此前各方就本协议项下债务融资工具发行达成的任何承诺、谅解、安排或约定与本协议不一致的，以本协议为准"。并且规定"协议各方在《承销协议》和《补充协议》之后不再另行签署与本协议项下债务融资工具承销发行相关的协议、合同和/或其他文件等。"同时，为便于协会对市场行为自律管理，协议文本约定主承销方应"及时将《承销协议》和《补充协议》（及其修改）送中国银行间市场交易商协会备案"。

**第二十一条  协议的修改**

21.1  在不违反中国法律的前提下，协议各方可在《补充协议》中对《承销协议》有关条款进行特别约定或对《承销协议》未尽事宜进行补充约定，但不得修改或排除承销协议的下述内容：

21.1.1  第一条第1.19款对"中国法律/法律"的定义；

21.1.2  第二条"协议的构成与效力等级"；

21.1.3  第十一条"声明、保证和承诺"；

21.1.4  第二十条"协议的签署和生效"；

21.1.5  第二十一条；以及

21.1.6  第二十三条第23.1款、第23.4款和第23.5款。

**解析：**

本条是对本协议不可更改条款的统一约定，明确写明本协议"构成与效力等级"、"声明、保证和承诺"、"签署和生效"及第二十三条"法律适用及争议的解决"是不可更改条款，体现了协会维护市场秩序的用心。

# 《银行间债券市场非金融企业债务融资工具承销团协议文本》

## 制定背景及意义

自人民银行将非金融企业债务融资工具发行注册工作移交协会实行自律管理以来，债务融资工具市场持续快速健康发展，承销工作范围不断扩大。因缺乏示范性承销团协议文本，主承销方在组织承销团过程中，需采用不同版本和签署模式的承销团协议，谈判效率偏低。应市场成员的普遍要求，协会起草市场专家起草发布了《银行间债券市场非金融企业债务融资工具承销团协议文本（2010 年版）》（以下简称《承销团协议文本》），以维护承销团各方在参与承销过程中的合法权益，降低谈判时间和谈判成本，提高效率，明确对随意退团行为及不履行承销团协议行为的处理方式，同时也有利于协会对主承销方组团承销债务融资工具进行自律管理。

## 文本框架

《承销团协议文本》由《承销团协议》、《补充协议》和交易有效约定三部分构成。正本共十九条。

第一条至第三条为协议文本的一般性规定。

第四条至第六条是协议文本的核心条款，对簿记建档方式下的债务融资工具的承销安排和主承销方的余额包销、承销商的承购包销方式进行了详细规定，并对承销商的基本承销额及其效力进行了详细规定。

第七条至第十五条是为保证本协议顺利实施而约定的条款。其中第七条"声明、保证和承诺"是本协议明确约定的不可更改条款。

第十六条至第十九条为一般合同文本的必备条款。

《承销团协议文本》第二部分通过采取补充协议的模式，既可以在《承销团协议》中导入市场认可的协议条款，同时不影响协议双方依据《合同法》享有的平等民事权利。

《承销团协议文本》第三部分，即交易有效约定包括组团邀请函、参团回函、申购说明、申购要约、配售确认及缴款通知书及签署机构预留印鉴表六个附件。通过上述结构形式，使集中签署、长期有效的方式成为可能。

## 重要条款解析

《承销团协议》重点对债务融资工具承销团成员在参与债务融资工具承销过程中的权利义务进行约定，其核心关注点如下：

**第二条 协议的构成与效力等级**

2.1 本协议由以下部分构成：

2.1.1 《银行间债券市场非金融企业债务融资工具承销团协议（2010 年版）》（以下简称《承销团协议》）；

2.1.2 《银行间债券市场非金融企业债务融资工具承销团协议补充协议（2010 年版）》（以下简称《补充协议》，若有）；

2.1.3 《银行间债券市场非金融企业债务融资工具承销团协议交易有效约定（2010 年版）》（以下简称交易有效约定），包括组团邀请函、参团回函、申购说明、申购要约以及配售确认及缴款通知书等。

2.2 上述三部分文件构成本协议各签署方之间单一和完整的协议（以下简称本协议）。

2.3 《补充协议》（若有）与《承销团协议》不一致的，《补充协议》有优先效力；就一次具体组团承销而言，在《承销团协议》、《补充协议》和交易有效约定出现不一致时，效力优先顺序如下：交易有效约定、《补充协议》、《承销团协议》。

**解析：**

本条约定了《承销团协议文本》的文本体例。根据本条内容，文本由《承销团协议》、《补充协议》和交易有效约定（包括组团邀请函、参团回函、申购说明、申购要约以及配售确认及缴款通知书）三部分构成，并明确约定《补充协议》（若有）与《承销团协议》不一致的，《补充协议》有优先效力；就一次具体组团承销而言，在《承销团协议》、《补充协议》和交易有效约定出现不一致时，效力优先顺序如下：交易有效约定、《补充协议》、《承销团协议》。

### 第四条　债务融资工具的承销安排

4.1　除非《补充协议》另有约定，本协议项下债务融资工具的承销通过簿记建档集中配售的方式进行。

4.2　根据与发行方签署的《承销协议》，主承销方负责发行方申请债务融资工具注册和发行全过程，同时负责组建承销团承销债务融资工具，承销商应积极配合并协助主承销方工作。

4.3　某期债务融资工具的承销商名单根据组团邀请函和参团回函确定。在当期债务融资工具发行前，主承销方向具备债务融资工具承销资质并已签署《承销团协议》的金融机构发送组团邀请函，邀请其参与主承销方组建的当期债务融资工具承销团。该金融机构如同意参团，则按照组团邀请函的要求，及时将加盖其预留印鉴（样式见附件六）或法人公章的参团回函传真给主承销方，参团回函一经传真至主承销方，即表明其正式参加当期债务融资工具承销团，并有义务按本协议约定承销当期债务融资工具。组团邀请函是主承销方发出的要约，参团回函作为承销商做出的正式承诺，共同构成当期债务融资工具交易有效约定的一部分。

4.4　发行开始前，主承销方应根据法律及交易商协会相关自律规范文件协助发行方通过指定媒体披露《发行公告》、募集说明书等交易商协会要求披露的发行文件。

4.5　本协议项下债务融资工具的发行利率/价格区间由发行方和主承销方协商确定。

4.6　本协议各签署方同意并确认，某期债务融资工具的销售按照下列规定进行：

4.6.1　簿记管理人依据本协议的规定全权管理、操作簿记建档程序；

4.6.2　债务融资工具应全部通过簿记建档集中向承销团成员配售；簿记管理人以外的承销团成员应根据发行公告及申购说明等相关资料于有效申购时间内将加盖其预留印鉴或法人公章的申购要约传真至簿记管理人；主承销方根据簿记建档等情况确定每期债务融资工具的发行利率/价格，并据此统计有效申购金额，确定各承销团成员获得配售的债务融资工具数量，然后由簿记管理人向其他承销团成员发送当期债务融资工具的配售确认及缴款通知书；

4.6.3　承销商的基本承销额根据每期债务融资工具组团邀请函和参团回函确定；

4.6.4　债务融资工具的配售原则为：如果簿记建档的最终结果显示，当期债务融资工具的有效申购总金额不超过当期债务融资工具的簿记建档额，则当期债务融资工具的全部有效申购要约申购金额将获得100%配售；如果当期债务融资工具的有效申购总金额大于簿记建档额，则由主承销方协商确定承销商获得配售的金额；每一承销商获得配售的金额不得超过其申购要约的有效申购金额。

4.7　募集资金的收缴和划付由簿记管理人按《承销协议》的有关约定统一安排，并按照本协议的有关约定执行。

4.8　某期债务融资工具发行结束后，主承销方负责统计当期债务融资工具的发行情况。

4.9　各承销商同意上述承销安排，分别并且共同确认如下事项，包括但不限于：

4.9.1　由主承销方与发行方协商确定有关债务融资工具发行、登记与托管、付息与兑付、上市等相关事宜，签署包括《承销协议》在内的有关协议；

4.9.2　由主承销方与发行方协商确定某期债务融资工具的发行利率/价格区间，若发行方和主承销方无法就某期债务融资工具发行利率/价格区间达成一致，承销商认可并接受主承销方所做的决定；

4.9.3　由主承销方向债务融资工具发行有关主管机构、登记托管机构等递交有关文件。

**解析：**

本条是本协议的核心条款之一，对簿记建档方式下的债务融资工具的承销安排作了详细约定，并且为各方选择其他承销方式预留了空间。该条对交易有效约定相关文件的法律效力，协议签署方的权利、义务和责任进行了详细说明，明确约定"某期债务融资工具的承销团成员名单根据主承销方的组团邀请函和承销商的参团回函予以确定"及"承销商的基本承销额根据该期债务融资工具组团邀请函和参团回函确定"，并对债务融资工具的配售程序、配售原则进行了详细约定。

**第五条　承销责任和承销费用**

5.1　除非《补充协议》另有约定，对于本协议项下债务融资工具，主承销方以余额包销方式承销，承销商以承购包销方式承销。

5.2　本协议项下债务融资工具的发行可对承销商设基本承销额，非经主承销方许可，承销商不得退团、拒绝或放弃认购基本承销额，且其所承销金额不得低于基本承销额。如组团邀请函发行要素表中所列事项发生任何变化，主承销方应根据承销商要求免除其基本承销额。

5.3　发行工作开始后，承销商应当按照主承销方的要求，将发行进展情况及有关问题以传真方式及时通报主承销方；如遇突发事件，应按照本协议约定的方式迅速通报主承销方。

5.4　承销商应确保其债务融资工具的销售对象符合法律及交易商协会相关自律规范文件的有关规定，并自行承担违反上述规定导致的一切责任。

5.5　承销商应确保按获配承销额承销某期债务融资工具。

5.6　承销商须按照配售确认及缴款通知书最终确定的获配承销额将相应款项及时足额划入簿记管理人指定账户。某期债务融资工具发行款项的收款账户及缴款时限由簿记管理人在配售确认及缴款通知书中确定。上述缴款时限以到账时间为准。若有承销商违反上述规定的，簿记管理人有权处置违约承销商逾期未划付承销款项对应的当期债务融资工具。

5.7　承销商承销当期债务融资工具的销售佣金以配售确认及缴款通知书确定的金额为销售佣金计算基础。

5.8　簿记管理人在足额收到发行方支付的当期债务融资工具承销费后的五个营业日内，向履约承销商支付当期债务融资工具销售佣金，并将上述款项划至其在申购要约中指定的账户。如发行方未按时、足额将承销费划至簿记管理人指定账户，簿记管理人无义务为其垫付销售佣金，但簿记管理人有义务向发行方催缴和追偿。

5.9　如簿记管理人要求提供发票或类似记账凭证，承销商应按照簿记管理人要求及时开具发票或类似记账凭证，该记账凭证票面总金额应与其获得的销售佣金金额相等。

5.10　如承销商在申购要约中指定的收款账户发生变动，承销商应当在簿记管理人向其支付销售佣金之前书面通知簿记管理人更新后的仍以该承销商为收款人的收款账户信息，并在该书面通知上加盖其预留印鉴或法人公章。

5.11　每一承销商同意并确认按照本协议规定承担相应的责任和义务；除非本协议另有约定，每一承销商无义务保证承销团其他承销商履行本协议项下的义务。

**解析：**

本条对主承销方的余额包销、承销商的承购包销方式进行了详细规定，并对承销商的基本承销额及其效力进行了详细规定，是本协议的创新条款和核心条款之一。针对承销团成员不履行基本承销额义务，在发行时退团的情况，本条第5.2款明确约定，"本协议项下债务融资工具的发行可对承销商设基本承销额，非经主承销方许可，承销商不得退团、拒绝或放弃认购基本承销额，且其所承销金额不得低于基本承销额。如组团邀请函发行要素表中所列事项发生任何变化，主承销方应根据承销商要求免除其基本承销额"。通过将随意退团、拒绝或放弃认购基本承销额等认定为违约，承销商的承销责任变得更加明确、刚性，同时为了保护承销商权利，本条也约定"如组团邀请函发行要素表中所列事项发生任何变化，主承销方应根据承销商要求免除其基本承销额"。条文充分考虑了主承销方和承销商的权利义务平衡，有利于形成良好的市场秩序。

### 第八条　先决条件

8.1　本协议各签署方在某期债务融资工具承销中履行本协议中的义务以下列各项条件已得到全部满足为先决条件：

8.1.1　针对当期债务融资工具的《承销协议》得以正式签署并生效；

8.1.2　上述《承销协议》规定的先决条件得以全部实现，但被主承销方在签署《承销协议》时按照相关约定放弃的先决条件除外，主承销方按照相关约定放弃先决条件应不损害承销商的利益。

8.2　若上述第8.1款约定的先决条件在主承销方主承销的某期债务融资工具没有实现，本协议将自动对当期债务融资工具不适用，但不影响其他债务融资工具适用本协议。

8.3　如果本协议项下某期债务融资工具因上述第8.2款规定的情形而不适用本协议，主承销方无需对承销商的任何损失承担责任。但如果主承销方因本条上述第8.2款规定的情形而获得相应的补偿时，主承销方应根据承销商的承销份额及损失情况，在所获补偿额内适当对承销商予以补偿。

**解析：**

本条是协议签署方在某期债务融资工具承销中履行本协议中的义务的前提，考虑到本协议的文本结构及集中签署方式，每一具体债务融资工具相关信息只能在每次组团时在交易有效约定相关文件中进行明确，所以若本协议的权利义务在签署后一直适用于签署方也无实际意义。因此，约定"协议签署方在某一具体债务融资工具承销项目中履行本协议的义务取决于针对该债务融资工具承销项目的《承销协议》得以正式签署并生效"等前提条件，并且还通过本条约定使《承销协议》中的先决条件适用于本协议，有效保护了协议签署方的合法权益。同时为避免多方签署长期有效的弊端，本条约定"若上述第8.1款约定的先决条件在主承销方主承销的某期债务融资工具没有实现，本协议将自动对该期债务融资工具不适用，但不影响其他债务融资工具仍然适用本协议"。

**第十五条 协议的签署和生效**

15.1 《承销团协议》经签署方法定代表人或授权签字人签字并加盖公章、报交易商协会备案后即对签署方生效，本协议各签署方之间可根据需要签署《补充协议》。

15.2 除非根据本协议约定终止，或因其他重大变化需要重新修订和重新签署，《承销团协议》一经签署对签署方长期有效。

15.3 除各期债务融资工具交易有效约定外，本协议各签署方在《承销团协议》、《补充协议》之后不再另行签署与本协议项下债务融资工具承销相关的协议、合同和/或其他文件等。

15.4 各方在签署本协议之后，有关债务融资工具的组团承销行为适用本协议。除非法律要求或各方另有约定，对于本协议各签署方之间在签署本协议之前进行的，且在签署本协议时尚未履行完毕的债务融资工具承销项目，仍适用原协议。

15.5 主承销方应按照法律及交易商协会相关自律规范文件的要求及时将《承销团协议》《补充协议》（及其修改）和各期债务融资工具的交易有效约定送中国银行间市场交易商协会备案。

**解析：**

本条确立了市场成员积极倡导的多对多文本签署模式。现在市场采用的单一项目签订协议和单一主承销商与众多承销商签订年度协议模式存在一些不足。《承销团协议》对适用于所有债务融资工具的权利义务进行约定，由具备承销商资质的机构一次签署后长期有效。各期债务融资工具承销组团时，通过交易有效约定明确每次组团的具体发行要素和权利义务，这种签署模式能够更为有效地规范市场行为。对已签署的《承销团协议》的效力问题，本条明确约定"除非根据本协议约定终止，或因其他重大变化需要重新修订和重新签署，《承销团协议》一经签署对签署方长期有效"，并且"除各期债务融资工具交易有效约定外，本协议各签署方在《承销团协议》《补充协议》之后不再另行签署与本协议项下债务融资工具承销相关的协议、合同和/或其他文件等"。同时，为便于协会对组团行为进行自律管理，约定主承销方应"及时将《承销协议》和《补充协议》（及其修改）送中国银行间市场交易商协会备案"。此外，本条还对新老签署方式的过渡作了较为明确的法律安排。

# 后　记

　　《非金融企业债务融资工具规则解析》由中国银行间市场交易商协会编写。主编时文朝同志设计了全书的整理框架，副主编杨农同志主持召开审稿会并提出了宝贵修改意见。本书由交易商协会注册办公室、后督中心、市场创新部及会员与法律事务部的业务骨干编写。各规则撰写者如下：

　　发行注册规则、短期融资券业务指引、中期票据业务指引、集合票据业务指引、募集说明书指引、尽职调查指引、定价估值工作指引、注册工作规程、注册专家管理办法（交易商协会注册办公室：王晓芳、冯涛、李洪良、唐辉、何非、刘东鑫、王天奇、喻美、傅曼莉，汤杰）；

　　非公开定向发行规则、信息披露规则、资产支持票据指引、承销协议文本、承销团协议文本（交易商协会市场创新部：杜俊生、和英）；

　　后续管理指引（交易商协会后督中心：穆文婷、朱赟）；

　　应急管理指引（交易商协会后督中心：张毓、宋沐洋）；

　　自律处分规则、自律处分工作规程（交易商协会后督中心：宋沐洋、刘超、伍寅啸）；

　　自律处分专家管理办法（交易商协会后督中心：刘超）；

　　持有人会议规程（交易商协会后督中心：宋沐洋、刘超）；

　　现场调查规程（交易商协会后督中心：王力凯、楚娟娟）；

　　中介服务规则（交易商协会会员与法律事务部：贾腾、张春雷）。

　　本书在写作阶段，王天奇、和英、朱赟、贾腾、王吉等同志参与审稿和校对，中国金融出版社为本教材的编辑出版做了大量工作，在此一并感谢。

中国银行间市场交易商协会

**2013 年 5 月**